Die
Transportversicherung.

Von

Dr. Eugen Freiherr von Liebig,
Geheimem Regierungsrat im Kaiserlichen Aufsichtsamt für Privatversicherung
und Dozenten für Versicherungswesen.

2 Teile:

I. Teil. Die Seeversicherung.

II. Teil. Die Binnentransportversicherung.

Berlin 1914.
J. Guttentag, Verlagsbuchhandlung,
G. m. b. H.

Die
Seeversicherung.

Systematische Darstellung des Seeversicherungswesens.

Von

Dr. Eugen Freiherr von Liebig,

Geheimem Regierungsrat im Kaiserlichen Aufsichtsamt für Privatversicherung und Dozenten für Versicherungswesen.

Berlin 1914.

J. Guttentag, Verlagsbuchhandlung,

G. m. b. H.

Vorwort.

Die vorliegende Arbeit ist der Niederschlag der von mir seit mehreren Jahren an der Handelshochschule Berlin gehaltenen Vorlesungen über Transportversicherung. Es handelt sich hierbei nicht um eine erschöpfende Darstellung, sondern lediglich um eine Einführung in das für jeden Kaufmann so interessante und bedeutungsvolle Gebiet des Transportversicherungswesens und -rechts. Der I. Teil befaßt sich mit der Seeversicherung, während in einem II. Teile die Binnentransportversicherung behandelt werden soll.

Berlin W, im Dezember 1913.

Dr. von Liebig.

Inhaltsübersicht.

I. Abschnitt. **Geschichtliche Entwicklung der Transportversicherung** 1

I. Abschnitt. **Rechtliches** 40

I. Der Gegenstand der Seeversicherung 42

II. Die Vertragsparteien bei der Seeversicherung. — Die Versicherungspolice. — Die Versicherungssumme. — Der Versicherungswert 48

III. Der Umfang der Gefahr 52

IV. Dauer der Versicherung. Beginn und Ende der Gefahr 68

I. Beginn und Ende der Gefahr bei Reiseversicherungen 69

II. Beginn und Ende der Gefahr bei Zeitversicherungen 71

V. Der Umfang des Schadens 72

VI. Die Pflichten des Versicherten im Versicherungsfalle 81

VII. Die Bezahlung des Schadens 86

VIII. Die Aufhebung der Versicherung und Rückzahlung der Prämie, die Veräußerung der versicherten Sache, die Verjährung 88

III. Abschnitt. **Technisches** 92

I. Der Grundsatz der Individualisierung des Risikos. 92

II. Der Grundsatz der Verteilung und der Teilung der Gefahr 117

III. Die Einzelpolice und die laufende Police (Generalpolice) 156

IV. Die Prämienbewegung in der Seeversicherung und ihr Zusammenhang mit der Entwicklung des Nachrichtenverkehrs, der Verbesserung der Schiffsbautechnik und der Seeverkehrsverhältnisse. — Sonstige Einflüsse auf die Prämiengestaltung 183

IV. Abschnitt. **Verbände und Statistik** 209

I. Der Verein Hamburger Assekuradeure 209

II. Der Verein Bremer Seeversicherungsgesellschaften und der Verein Lübecker Seeversicherer 214

III. Der Internationale Transportversicherungsverband 215

IV. Die Internationale Vereinigung der Seeversicherer 220

V. Der Zentralverband der Privatversicherung 221

Sachregister 223

Verzeichnis der Abkürzungen.

ASVB. Allgemeine Seeversicherungs-Bedingungen von 1867.
BGB. Bürgerliches Gesetzbuch vom 18. August 1896
HGB. Handelsgesetzbuch vom 10. Mai 1897.
VAG. Reichsgesetz über die privaten Versicherungsunternehmungen vom 12. Mai 1901
VVG. Reichsgesetz über den Versicherungsvertrag vom 30. Mai 1908.
Z.f d.g.V.W. Zeitschrift für die gesamte Versicherungs-Wissenschaft.

Ein Literaturverzeichnis über Transportversicherung findet sich bei Dr. C Neumann: Systematisches Verzeichnis der Literatur des deutschen Sprachgebiets über das private Versicherungswesen Berlin 1913 S. 199—222.

I. Abschnitt.

Geschichtliche Entwicklung der Transportversicherung.

„Kein Institut auf dem weiten Rechtsgebiete verdient eine eingehende Beschreibung seines geschichtlichen Lebens so sehr, wie die Seeversicherung, die älteste Art der Versicherung, Mutter und Vorbild vieler anderer Arten, die in unseren Tagen für die Wohlfahrt der Menschen so notwendig sind wie das tägliche Brot zur Erhaltung des Lebens. Denn wie an kein Rechtsinstitut, so knüpft sich an sie ein überreiches Interesse. Vor allem liegt ihr der eminent humane Gedanke zugrunde, eine Verbrüderung der schwächeren Menschheit gegen die verheerenden Wirkungen der gewaltigen Kräfte der Natur zu sein. Wenn das Meer mit seinen Schrecken und Gefahren und die entfesselten Elemente der Natur Schiff und Ladung zerstört haben, wenn ein einziger Tag, eine einzige Stunde ein ganzes Vermögen, das Resultat eines langen, an mühevoller Arbeit und Entbehrungen reichen Lebens vernichtet, dann bewahrt die Genossenschaft der Versicherer den Heimgesuchten vor traurigem Schicksal, sie ersetzt ihm seinen Schaden und verteilt denselben unter ihre Mitglieder, daß keins ein großes Opfer bringt.

Ein gleich hohes Interesse bietet die Seeversicherung insofern dar, als ihr Einfluß auf die Entwicklung des Welthandels und der menschlichen Kultur sowie auf die politische Geschichte aller Weltteile und Völker von unermeßlicher Bedeutung war und fortwährend ist.

Denn sie und nur sie allein gibt dem Kaufmann das Bewußtsein der Sicherheit in seinen Unternehmungen, sie verleiht ihm die Energie zur Verfolgung weit angelegter Pläne, sie allein ermöglicht einen lebhaften, die Schätze und Reichtümer der Erde ausbeutenden und die Völker annähernden Handel, der, wenn sein bisheriges Gebiet zu enge und weniger fruchtbringend wird, die Begierde nach kühnen Entdeckungsreisen und die Lust zu gewinnreichen Seefahrten nach entlegenen und unbekannten Weltteilen entflammt.

Man frage sich, welchen Einfluß ein Verbot der Seeversicherung, wie es 1568 unter Philipp II. für die Niederlande erging, in heutiger Zeit auf den Seehandel überhaupt und namentlich auf den transatlantischen haben würde und denke sich dieses Verbot wirksam durchgeführt und das Verbotene ohne Surrogat. Zweifellos wäre der Handel auf ein Minimum reduziert und unseren europäischen Lebensverhältnissen würden die tiefsten Wunden geschlagen[1])."

Die verschiedenen wissenschaftlichen Versuche[2]), die Entstehung dieses wichtigen Instituts bereits in die Zeit des Altertums, insbesondere in die Zeit des römischen Altertums zu verweisen, sind wohl heutzutage als endgültig mißglückt anzusehen[3]). Die Mehrzahl der modernen Schriftsteller ist darüber einig, daß dem Römischen Rechte die Seeassekuranz nicht bekannt gewesen sei.

Man führte zum Beweis ihrer Existenz bei den Römern die hier und da im Corpus juris vorkommende Klausel: „Si navis ex Asia venerit" oder „si navis non venit" an; aber es dürfte wohl zweifellos sein, daß es sich hier nicht um ein Verkehrsinstitut, sondern lediglich um „Schulbeispiele" zur Veranschaulichung des Wesens der Bedingungen handelte. Der Umstand, daß das Corpus juris weder einen eigenen Namen

---

[1]) Dr. Karl Ferdinand Reatz: Geschichte des europäischen Seeversicherungsrechts, I. Teil Leipzig 1870. S 2ff

[2]) Park: System of the law of Insurance und John Duer: Law and Practice of Marine Insurance Bd. I S 26 Dr. L. Herzfeld: Handelsgeschichte der Juden des Altertums 1879 weist im II. Abschnitt seines Werkes, welches den jüdischen Handel von 230 v. Chr. bis zur talmudischen Zeit behandelt, darauf hin, daß es bei den Juden des Altertums Verabredungen auf Handelsflotten gegeben habe, daß, wenn ein Schiff ohne Verschulden des Eigentümers verloren ging, diesem der Wert desselben von den Besitzern der übrigen Schiffe ersetzt werden mußte.

[3]) L Goldschmidt: Universalgeschichte des Handelsrechts. Stuttgart 1891. S. 357.

für das angebliche Verkehrsinstitut, noch irgendwelche Rechtsnormen für dasselbe aufstellt, dürfte Beweis genug dafür sein, daß die Seeversichung den Römern unbekannt war. Auch einige Stellen aus römischen Klassikern [zwei aus Livius[1]) und eine aus Suetonius[2])] hat man zum Beweis dafür anführen zu können geglaubt, daß den Römern das Institut der Seeversicherung bereits bekannt gewesen sei.

Wie Reatz[3]) aber überzeugend nachweist, handelt es sich in den angeführten Fällen keineswegs um Versicherung, sondern lediglich um einen Kaufvertrag mit einer vertragsmäßigen Regulierung der Gefahrfrage zwischen Verkäufer und Käufer. Es fehlt in diesen Fällen vor allem an dem charakteristischen Merkmal der Versicherung: der Prämie.

Ebenso hat man aus einer Stelle bei Cicero[4]) die Existenz einer wahren Seeversicherung herauslesen zu können geglaubt[5]). Aber auch diese Annahme weist Reatz mit guten Gründen als irrtümlich zurück und sagt schließlich: „Der absolute Mangel an positiven Zeugnissen der juristischen und Profanschriftsteller ist aber selbst das beredteste Zeugnis von der gänzlichen Unbekanntschaft der Römer mit diesem Institute. Wären die Vorbedingungen der Seeversicherung in der römischen Welt vorhanden gewesen, so hätte dieselbe entstehen, im Laufe eines Jahrhunderts dem Handelsverkehr des Mittelländischen Meeres sich mitteilen und nach und nach ihn völlig durchdringen müssen. Denn eine überaus nützliche Erfindung, wie die Seeversicherung, kann nicht entstehen und verschwinden, sondern muß sich immer mehr ausbreiten, solange der Handel selbst nicht völlig zugrunde geht. Eine unbedingt notwendige Folge des lebhaften Gebrauches der Seeversicherung würde aber gewesen sein, daß Rechtsstreitigkeiten entstanden wären, daß sich gewohnheitsrechtliche Satzungen gebildet, daß die

---

1) Livius, lib. XXIII cap. 49 und lib. XXV cap. 3.

2) Suetonius, vit. Claudii. cap. 18.

3) Reatz. a. a. O. S. 16ff.

4) Cicero, ad familiares lib. 2 ep. 17 c. 4.

5) Reimarus in Büsch' und Ebelings Handlungsbibliothek Bd. III, ferner Pardessus: Collection de lois maritimes Bd I S. 73ff. und Emérigon: Traité des assurances Bd. I S. 2.

großen römischen Juristen des neuen interessanten Rechtsinstituts sich in demselben, ja noch verstärktem Maße angenommen hätten, wie des Seewurfs, des Seedarlehns und anderer seerechtlicher Gegenstände, daß uns eine große Menge von Entscheidungen und wissenschaftlichen Untersuchungen und schließlich auch Anordnungen der gesetzgebenden Gewalten hinterlassen worden wären. Von allem dem ist nicht eine einzige Spur vorhanden, und dies ist der beste Beweis dafür, daß unser Institut den Römern völlig fremd war[1])".

Legt man sich die Frage vor, ob denn der antike Seehandel so wenig bedeutend war, daß sich nicht die Abwendung der Seegefahr als ein Bedürfnis aufgedrängt hätte, so haben wir die beste Antwort hierauf von dem bekannten Handelsrechtslehrer Goldschmidt, welcher die Seeschiffahrt und den Seehandel des Altertums folgendermaßen schildert[2]):

„Der antike Seehandel war nicht, wie vielfach angenommen wird, ein etwa nur auf die Küstenfahrt beschränkter, sondern weite Hochseereisen auf gewaltigen Schiffen, nicht allein im Mittelmeer, sondern auch im Atlantischen Ozean, im Roten und Persischen Meere waren üblich. Die regelmäßige Handelsschiffahrt umfaßte so gut die nordischen Meere wie die Ostküste Afrikas und den Indischen Ozean; riesige Getreideflotten versorgten Italien, später Byzanz mit dem notwendigsten Nahrungsmittel. Seekursbücher verzeichnen genau die üblichen Stationen; der kurz vor dem Jahre 77 n. Chr. verfaßte Periplus maris Erithraei gibt ein anschauliches Bild der ostafrikanischen Handelsfahrt bis in den Indischen Ozean, wo Ceylon ein regelmäßiges Ziel bildete; auch weiter hinaus hat sich die Seefahrt nach Hinterindien, ja wohl bis nach China hin erstreckt, wie andererseits bereits durch die Phönizier und die Massalioten das nordwestliche Europa dem Seeverkehr aufgeschlossen war.

An Größe, wie an Fahrtschnelligkeit[3]) kamen die damaligen

---

[1]) Reatz a. a. O. S. 24f.

[2]) Zeitschrift für das gesamte Handelsrecht Bd. XXXV S. 69 ff.

[3]) Wilhelm Götz: Die Verkehrswege im Dienste des Welthandels 1888.

Götz berechnet die Tragkraft der regelmäßigen Transportschiffe

Kauffahrteischiffe den heutigen, sicherlich den Segelschiffen, gleich. Die Piraterie war seit dem Beginn der Kaiserzeit im Bereich der römischen Herrschaft fast gänzlich verschwunden. An gefährlichen Küsten waren Leuchttürme errichtet[1]. Astronomie und nautische Geographie waren ausreichend entwickelt, um auch in Ermangelung des noch unbekannten Kompasses[2] der Seefahrt annahernde Sicherheit zu gewähren.

Kurz, die Seefahrt der römischen Kaiserzeit, Erbin der tausendjährigen phönikisch-hellenischen Erfahrungen, noch immer neben einem allerdings vortrefflich geordneten Straßennetz in erster Linie den gewaltigen Verkehr des Weltreichs vermittelnd, dürfte schwerlich gegen das Seewesen sogar der modernen europäischen Welt vor dem Beginn des 18. Jahrhunderts, insbesondere aber vor Einführung der Dampfkraft und der erst dem letzten Jahrhundert angehörigen Vervollkommnung nautischer Geographie und Astronomie zurückstehen."

Diese Schilderung Goldschmidts von der Bedeutung und Größe des antiken Seehandels muß unbedingt zur Bejahung der Frage führen, ob sich bei solchen Verhältnissen das Bedürfnis nach einer Abwendung der Seegefahren nicht geltend gemacht habe. Selbst, wenn wir aber dieses Zeugnis von der Bedeutung des antiken Seehandels nicht hätten, müßten wir annehmen, daß der natürliche Trieb des Menschen, sein Eigentum vor den Gefahren der Elemente zu schützen, ihn dazu geführt hätte, nach Mitteln und Wegen zu suchen, um die seinem Eigentum bei der Schiffahrt drohenden Gefahren zu verringern oder abzuwenden. Wenn man jedoch bedenkt, welche Zeiträume das Menschengeschlecht auf allen Gebieten

---

zwischen Rom und Alexandria im ersten Jahrhundert der Kaiserzeit auf 700—800 t, d. h. „nahe so viel als die Mittelmeerschiffe des Triester Lloyd", und die Fahrtgeschwindigkeit bei günstigem Winde im Mittelmeer auf etwa 21—22, im Indischen Ozean auf 18—20 geographische Meilen im Tag.

[1] Z. B. in Alexandria, Ravenna, Ostia Plinius h. n. 36. 12; Caesar de bello civ. 3. 112; Sueton Claud. 20.

[2] Der Kompaß wurde im Jahre 1302 von Flavio Gioja in Amalfi erfunden.

der menschlichen Einrichtungen durchlaufen mußte, bis seine Triebe zu Ideen, diese Ideen vom Einfachen zum Komplizierten und Entfernteren sich durchrangen, dann wird man begreifen, daß es einer langen Entwicklungszeit bedurfte, bis die Versicherungsidee in ihrer wahren Gestalt zur Entstehung gelangte.

So können wir denn auch bei der Seeversicherung den Weg vom Einfachen zum Komplizierten im Laufe der Jahrhunderte verfolgen:

Das nächstliegende Mittel, die an und für sich unabwendbaren Gefahren der Seeschiffahrt für den einzelnen, der sein Eigentum dem Meere anvertraute, zu vermindern, lag in der künstlich (gesetzlich oder vertraglich) konstruierten Gefahrengemeinschaft, die wir schon aus sehr alten Rechtsinstituten kennen lernen.

Bereits das (phönikisch-) hellenisch-römische Institut der Lex Rhodia de iactu sah eine solche Gefahrengemeinschaft in der Seeschiffahrt zwischen den Eigentümern des Schiffes und denen der Ladung vor. Diese gesetzliche Bestimmung (Si levandae navis gratia jactus mercium factus est, omnium contributione sarciatur, quod pro omnibus datum est. Tit. Dig. de lege Rhodia de iactu 14, 2), aus der sich das heutige handelsrechtliche Institut der „großen Haverei" entwickelt hat, schrieb vor, daß, wenn eine Seegefahr Schiff und Ladung bedrohte, zu deren Abwendung der Führer des Schiffes Opfer bringe, alle, die gefährdet waren, gemeinsam den Schaden zu tragen haben.

Aber weder dieses Mittel, noch die der Lex Rhodia de iactu nachgebildete Koinonia und Chreokoinonia des byzantinischen Rechts[1]) konnte der Kaufmannswelt des Altertums genügen, erstens weil zur damaligen Zeit Schiffs- und Ladungsinteressent wohl häufig in einer Person vereinigt waren, von einer Gefahrengemeinschaft infolgedessen keine Rede mehr sein konnte, und zweitens weil dieses Institut in allen den Fällen völlig versagte, in denen es sich um einen Totalverlust des Schiffes und der Ladung handelte.

Auch die späterhin sich entwickelnden Rechtsinstitute der Commenda, des Agermanament und der Colonna boten kein

[1]) Näheres siehe Goldschmidt in der Zeitschrift für das gesamte Handelsrecht. Bd. 35 S. 75 ff.

ausreichendes Mittel für das Bedürfnis der Verminderung oder Abwälzung der Seegefahren: 1. Die Commenda[1]) bestand darin, daß der Geldgeber einem Kaufmann oder Schiffer das Kapital mit dem Auftrag übergab, Waren damit zu kaufen und diese zu Schiff nach einem bestimmten Ort zu bringen, um sie dort mit möglichst großem Gewinn zu verkaufen, von dem eine vereinbarte Quote dem Geldgeber zukam, wogegen der letztere jegliche Gefahr des Commendagutes (nicht nur die Seegefahr!), ausgenommen natürlich grobes Verschulden des Empfängers, trug.

Die Commenda war eines jener zahlreichen mittelalterlichen Treuverhältnisse und wurde im Handelsleben als eine Sozietät zwischen Kapital und Arbeit angesehen. Der eine Sozius warf das Kapital in die Gemeinschaft, der andere die Arbeit. Als Surrogat der Assekuranz trat die Commenda dadurch mehr und mehr in die Erscheinung, daß sich diese societas dahin entwickelte, daß auf beiden Seiten nicht bloß einer, sondern mehrere Socii standen, so daß also auf seiten der Geldgeber eine Teilung der Gefahren eintrat[2]).

2. Beim Agermanament verabredeten der Schiffsherr und die Ladungsbeteiligten, welche Waren auf dem Schiff hatten, durch Vertrag die gemeinschaftliche Tragung aller Seeunfälle und der zur Abwendung der Gefahr erforderlichen Kosten[3]).

3. Die Colonna bestand darin, daß die Inhaber der Schiffsanteile, die Eigentümer der verfrachteten Waren, Kapitalisten, welche sich mit einer bestimmten Geldsumme an dem Unternehmen beteiligten und die auf dem Schiff dienenden Seeleute eine Sozietät eingingen und nach Beendigung der Reise den Gewinn und Verlust nach festen, vorher bestimmten Quoten unter sich teilten, jedoch so, daß niemand mehr als seinen Einsatz verlieren konnte[4]). Auch hier haben wir es

---

[1]) W. Silberschmidt: Die Commenda in ihrer frühesten Entwicklung 1884.

[2]) L. Goldschmidt: Universalgeschichte des Handelsrechts. Stuttgart 1891. S. 254 ff.

[3]) L. Goldschmidt in der Zeitschrift für das gesamte Handelsrecht Bd. 35 S. 232 ff.

[4]) L Goldschmidt: Universalgeschichte des Handelsrechts. Stuttgart 1891. S. 270 f.

also mit einer Gefahrengemeinschaft, mit der Teilung der Gefahr unter die einzelnen Mitglieder einer societas zu tun.

Man mußte deshalb von einem anderen, wirksameren Mittel Gebrauch zu machen suchen, und dieses Mittel wurde in einer völligen Abwälzung der Gefahr auf eine oder mehrere andere Personen gefunden.

Diese Abwälzung der Seegefahr auf andere Personen erfolgte mittels des sogenannten Seedarlehens (foenus nauticum — pecunia traiecticia oder nautica — *ναυτικὸν δάνεισμα* — *ἔκδοσις*), welches in seiner späteren Entwicklung zu mehrfachen Instituten des Handelsrechts führte (z. B. zum Bodmereivertrag) und aus dem sich auch schließlich die Prämienversicherung „herausschälte“[1]).

Die ältesten verbürgten Quellen über diese Institution gehen zurück auf die Blütezeit des athenischen Handels. „Gesetzliche Aufzeichnungen liegen freilich nicht vor, wohl aber reichliches praktisches Material in den Reden des Demosthenes, auch bei Lysias und in den Schriften Xenophons. In der griechischen Entwicklung erkennen wir die Basis der römischen. Schon sehr früh ist hier jedenfalls für die Römer in der Berührung mit den Griechen, man denke an die Kolonisation derselben in Unteritalien und Sizilien, die Veranlassung gegeben worden zur Aufnahme des foenus nauticum, die sich im Wege der gewohnheitsmäßigen Übung vollzog[2]).“

Gleich von vornherein hervorzuheben ist, daß wir es beim Seedarlehen nicht etwa mit einem der Assekuranz verwandten oder assekuranzähnlichen Institut zu tun haben, sondern mit einem richtigen, dem Kreditbedürfnis des Kaufmanns dienenden Darlehen.

Diesem kaufmännischen Kreditbedürfnis konnte das herkömmliche Darlehen — mutuum — des Römischen Rechts aus formellen Gründen nicht genügen. Das Kreditbedürfnis des gewöhnlichen Mannes und das des Kaufmanns haben nämlich eine völlig verschiedene wirtschaftliche Qualität. Während

---

[1]) L. Goldschmidt: Universalgeschichte des Handelsrechts. Stuttgart 1891. S. 362.

[2]) Dr. Bernhard Matthiaß: Das foenus nauticum und die geschichtliche Entwicklung der Bodmerei. Würzburg 1881. S. 4.

der gewöhnliche Mann den Kredit in Anspruch nimmt, nur um einem gerade bei ihm vorhandenen Bedarf an Mitteln abzuhelfen, nimmt der Kaufmann meistens Kredit zum Zwecke der **Spekulation.** In letzterem Falle wird der Kapitalist vor allem bei Hergabe seines Darlehens, bei der Festsetzung der Bedingungen, vor allem der Zinsen, unter denen er darleiht, die Spekulation des darlehensuchenden Kaufmanns mit in Berechnung ziehen.

Hierbei standen ihm aber die einschränkenden Zinsgesetze, die für die gewöhnliche Form des römischen Darlehens — mutuum — galten, entgegen. Unter diesen Umständen wäre, da der Kapitalist ein spekulatives Darlehen zu den gesetzlich zulässigen Zinssätzen nicht herzugeben gewillt gewesen wäre, dem Kreditbedürfnis des Kaufmanns nicht abgeholfen gewesen, hätte man nicht eine neue besondere Form des Darlehens in der des Seedarlehens gefunden. Das Seedarlehen diente also einer entwickelteren Geldwirtschaft, war aber ein reines Darlehen, wenn auch ein Darlehen besonderer Art.

Die besonderen Eigentümlichkeiten dieses Darlehens waren folgende:

I. Es kommt nur im Seetransport vor.

II. Das dargeliehene Kapital oder Waren als Surrogat desselben müssen auf einem Schiffe der Seegefahr ausgesetzt werden.

III. Die Pflicht zur Rückzahlung des geliehenen Kapitals und zur Zahlung der bedungenen Zinsen tritt nur dann ein, wenn das Schiff mit der pecunia traiecticia den Bestimmungshafen erreicht.

IV. Der Gläubiger trägt nur die Seegefahr; tritt der Verlust des Schiffes oder der pecunia traiecticia auf andere Weise ein, so gilt die Bedingung der Rückzahlungspflicht als erfüllt[1]).

Das, was den Kapitalisten des Altertums zur Hergabe derartig spekulativer Darlehen, bei denen er die Gefahr des Seetransports auf seine Schultern völlig übernahm, veranlaßte, war die Höhe der hierfür gezahlten Zinsen, die sich durchschnittlich

---

[1]) Spitta, Th.: Die geschichtliche Entwicklung des foenus nauticum. Erlangen 1896 (Inauguraldissertation). S. 8.

auf 24—36 % stellten trotz der ausdrücklichen Beschränkung derselben auf 12 % durch Justinian in der l. 26 C. de usuris 4, 32. Das Seedarlehen des Altertums bot demnach dem Kaufmann nicht nur die Möglichkeit sein spezielles Kreditbedürfnis zum Zwecke seines Geschäftes zu befriedigen, sondern es bot ihm auch die Möglichkeit der Abwälzung der Seetransportgefahr auf den Darleiher. Mit einem gewissen Recht wird es deshalb auch von Jhering das „Assekuranzgeschäft des Altertums" genannt[1]), wenn auch, wie wir hier nochmals hervorheben wollen, nicht der in dieses Institut hereinspielende Assekuranzgedanke das Maßgebende für das Seedarlehen war, sondern das kaufmännische **Kreditbedürfnis**[2]). Wenn Jhering den Standpunkt vertritt[3]), daß der Seedarlehenszins überhaupt kein Zins, sondern lediglich Assekuranzprämie ist, so dürfte die Anschauung des berühmten Gelehrten wohl heutzutage nirgends mehr in vollem Umfange geteilt werden. Es war und blieb jahrhundertelang ein **Darlehen** auf spekulativer Grundlage.

Daß bei diesem Darlehen aber der „Assekuranzgedanke" den betreffenden Kapitalisten, welche dieses Geschäft gewerbsmäßig betrieben, bereits zum Bewußtsein kam, darf daraus geschlossen werden, daß sie ihre Kapitalien nicht in eine Unternehmung steckten, sondern auf möglichst viele Schiffsreisen verteilten, um einen Ausgleich der Gefahren, denen sie ihre Kapitalien aussetzten, herbeizuführen[4]), ein Grundsatz — der Grundsatz der Verteilung der Gefahr —, der einer der wichtigsten der heute entwickelten Assekuranztechnik ist.

So wissen wir z. B. von Cato, dem Älteren, daß er zur Vermeidung großer Verluste den Grundsatz verfolgte, das Seedarlehen auf möglichst viele Schiffe zu verteilen[5]).

---

[1]) Jhering: Jahrbücher für die Dogmatik des Privatrechts, Bd. XIX S 4 ff.

[2]) Adolf Schaube: Der Versicherungsgedanke in den Verträgen des Seeverkehrs vor der Entstehung des Versicherungswesens. Zeitschrift für Sozial- und Wirtschaftsgeschichte. II. Bd. S. 166 f.

[3]) Jhering, a. a. O. S. 20 ff.

[4]) Sieveking: Das Seedarlehen des Altertums. Leipzig 1893.

[5]) Plutarch. Cato maior. Cap. 21 siehe Kleinschmidt: Das foenus nauticum. Heidelberg 1878. S. 20.

„Als die typische Form der Seedarlehensverträge erscheint folgende: Ein Unternehmer, der sich auf eine Seereise begibt, der tractans, bekennt sich mit der einfachen Formel cepi, accepi a te, öfter auch mit dem ausdrücklichen Zusatz cepi mutuo, zum Empfange einer angegebenen Summe von einem an Land bleibenden Kapitalisten. Für den Fall, daß ein genau bezeichnetes Schiff die in Aussicht genommene Seereise glücklich besteht, verspricht er die Erstattung des Darlehens innerhalb eines vom Tage der Ankunft des Schiffes an einem genannten Orte laufenden Termins; die Höhe der rückzuerstattenden Summe wird entweder direkt angegeben, oder der Zinsfuß „de tribus quatuor", „de quatuor quinque" ($33\,^1/_3$, $28\,^0/_0$) und ähnliches wird besonders bestimmt. In den meisten Fällen geht das Seedarlehen auf Hin- und Rückreise; die Rückerstattung erfolgt „sana eunte et redeunte (veniente) navi, d. h. wenn das Schiff mit seiner Ladung behalten am Bestimmungsorte eintraf und mit der Rückladung behalten zurückkehrte[1])."

In dieser Form ersetzten die Seedarlehen des römischen Rechts dem Unternehmer die ihm fehlende Assekuranz bis an den Anfang des 13. Jahrhunderts.

Die Seedarlehensverträge des 13. Jahrhunderts wichen von der oben angegebenen typischen Form der bisher gebräuchlichen Verträge in mancher Beziehung ab.

„Zunächst hat sich ihre äußere Form geändert. Traten in den Verträgen des 12. Jahrhunderts die hohen Seedarlehenszinsen unverhüllt zutage, so ist man nun sorgfältig bemüht, dieselben zu verbergen; die beiden Deckformen, unter denen das Seedarlehen noch im 14. Jahrhundert, in der Zeit des ausgebildeten **Versicherungsdarlehens**, auftritt, sind gerade in dieser Zeit üblich geworden. Kein Zweifel, daß dies unter dem Druck des kirchlichen Verbots des Seedarlehens geschah; bekanntlich gehört das Dekretale „Naviganti vel eunti ad nundinas", das das Seedarlehen mit dürren Worten als Wucher verurteilte, zu den Stücken des großen von Gregor IX. eingeführten kirchlichen Gesetzbuches, das seine Entstehung erst diesem Papste selbst verdankt; 1234 spätestens muß das Ver-

---

[1]) A. Schaube, a. a. O. S. 168 ff.

bot ergangen sein, von da ab muß seine Wirkung bemerkbar werden. In der Tat sehen wir, wie man sich unmittelbar nach Erlaß des Verbots um eine deckende Form bemühte; schon aus dem August 1234 kennen wir einen Fall, wo ein offenbares Seedarlehen als Kaufgeschäft dargestellt wird. Im Jahre 1248 tritt uns das Seedarlehen zum erstenmal unter der Form des Cambium (Wechsel), die der Kirche als unanstößig galt, entgegen. Daneben tritt anderwärts die Deckform des angeblich unverzinslichen Darlehens, des Mutuum gratis et amore, auf. Die Darstellung als Cambium setzt in dieser ganzen Zeit beim Seedarlehen ausnahmslos noch das Vorhandensein der Münzdifferenz voraus; sobald diese fehlt, tritt die andere Deckform ein.

Schon dieser Vorgang zeigt uns, wie man sich äußerlich mit dem kanonischen Verbote des Seedarlehens abzufinden suchte; in Wahrheit blieb der Seedarlehenszins in derselben Höhe wie vorher bestehen, auch wenn von ihm im Seedarlehensvertrage nicht mehr die Rede war.

Bemerkenswert ist ferner, daß die noch im 12. Jahrhundert so außerordentlich beliebte Begebung des Seedarlehens auf Hin- und Rückreise nunmehr völlig verschwunden ist; fast ohne Ausnahme beziehen sich die in den uns bekannten Notariatsakten des 13. Jahrhunderts enthaltenen Seedarlehen nur auf einfache Fahrt. Damit scheint uns dann die weitere Veränderung in innerem Zusammenhange zu stehen, daß die im 12. Jahrhundert noch sehr seltene Erscheinung, daß dem Gläubiger das der Seegefahr ausgesetzte Gut des Schuldners ganz oder zum Teil als Spezialpfand bestellt wurde, nunmehr einen recht weiten Umfang angenommen hat[1])."

Die Frage, ob, wie Goldschmidt[2]) und auf ihn sich stützend Blumhardt[3]) annimmt, der Assekuranzgedanke durch das kanonische Wucherverbot gefördert wurde und ob das Seedarlehen des 13. Jahrhunderts einen stärkeren Assekuranzgehalt besitzt als das Seedarlehen der früheren Jahr-

---

[1]) Schaube, a. a. O. S. 178ff.

[2]) Universalgeschichte des Handelsrechts. Stuttgart 1891. Bd. I S. 363 f.

[3]) Der Einfluß des kanonischen Wucherverbots auf die Entwicklung der Assekuranz. Z. f. d. g. V. W. Bd. XI S. 70

hunderte, muß verneint werden; wo uns im 13. Jahrhundert die Verträge erlauben, auch die Umstände, unter denen sie geschlossen sind, klarer zu erkennen, da sehen wir doch, daß in der großen Mehrzahl der Fälle keineswegs der Versicherungsgedanke den entscheidenden Grund zur Aufnahme von Seedarlehen gebildet hat[1]).

„Erst mit Beginn des 14. Jahrhunderts betrat man mit dem Seedarlehen zu Versicherungszwecken (Versicherungsdarlehen) die Pforte, von der aus man auf geradem Wege zur echten Versicherung gelangen mußte[2]).

Der Versicherungsnehmer nahm ein Darlehen auf, das dem Werte des Gegenstandes der Versicherung entsprach; bei Waren pflegte im Vertrage betont zu werden, daß die Darlehensaufnahme zum Ankauf derselben erfolgt sei. Die Versicherungssumme also ward vorweg geleistet; sie war es, die immer zur Auszahlung gelangte.

In welcher Höhe das Darlehen wirklich empfangen war, wird in den uns vorliegenden Verträgen ausnahmslos verschwiegen; das Versicherungsdarlehen wird von vornherein auf die Summe ausgestellt, die von dem Versicherten im Falle der behaltenen Ankunft des Gegenstandes der Versicherung zu erstatten war. In diese Summe war also der Preis der Versicherung vorweg mit einbezogen. Die Differenz zwischen der wirklich empfangenen und der im Versicherungsvertrage genannten, zur Rückzahlung bestimmten Summe stellt aber natürlich keine reine Versicherungsprämie dar; sie begreift vor allen Dingen auch die Zinsen des geliehenen Kapitals in sich; auch konnte, wenn es sich um Rückzahlung des Darlehens in anderer Münze handelte, eine Wechselgebühr, und wenn die Rückzahlung an einem andern Orte vorgesehen war, wie es häufig geschah, eine Geldübermittlungsgebühr darin enthalten sein: alles ist vorgeleistet — ideell natürlich nur —, denn eine wirkliche Zahlung wäre dem Darleiher einer weit höheren Summe gegenüber sinnlos ge-

---

[1]) Schaube, a. a O. S. 178 ff.

[2]) Adolf Schaube: Die wahre Beschaffenheit der Versicherung in der Entstehungszeit des Versicherungswesens. Jahrbücher fur Nationalökonomie und Statistik. Dritte Folge. V. Bd S. 40 f., 473 ff

wesen. Der Versicherte erhielt eben von der angegebenen Versicherungssumme um so viel weniger, als die Gesamtheit der von dem Versicherer aus dem Geschäft erhobenen Forderungen betrug. Kein Zweifel, daß das kanonische Verbot des Seedarlehens für die Darstellung des Vertrags bestimmend gewesen ist.

Kam das versicherte Objekt behalten an, so war der Versicherte zur Erstattung der vollen im Vertrage angegebenen Summe verpflichtet. Dafür daß diese Zahlung in vertragsmäßiger Weise erfolgte, bürgte in erster Linie das Objekt selbst, das dem Versicherten als Spezialpfand bestellt war.

Ging der Gegenstand des Versicherten durch Seegefahr völlig zugrunde, so entfiel einfach jede Verpflichtung des Versicherten; das empfangene Darlehen blieb als Ersatz für seinen Verlust in seiner Hand. Bei teilweisem Verlust erfolgte eine dem Schadenswerte entsprechende Ermäßigung der vom Versicherten am Zahlungstermine zurückzuerstattenden Summe.

Es liegt auf der Hand, daß der Versicherungsgedanke in der Form des Versicherungsdarlehens noch nicht rein enthalten war. Nicht bloß Versicherung ist der Zweck des Vertrags; der Vertrag dient dem Versicherungsnehmer gleichzeitig dazu, sogleich mit dem Abschluß des Vertrags in den Besitz eines Kapitals zu gelangen.

Nachdem das Versicherungsdarlehen aber erst einmal eingebürgert war und man zum vollen Bewußtsein der Vorteile, die es dem Handel zu bieten vermochte, gelangt war, war es natürlich, daß man danach strebte, sich diese Vertragsform mit ihren Vorzügen auch in den Fällen nutzbar zu machen, wo ein Geldbedürfnis für den Versicherungsnehmer nicht vorlag. Für diese Fälle galt es eine technische Schwierigkeit zu überwinden. Wenn das Risiko ungünstig ablief, so war das Verfahren allerdings höchst einfach und praktisch: der Versicherungsnehmer blieb eben ohne weiteres im Besitze der Versicherungssumme. In der großen Mehrzahl der Fälle aber lief das Risiko natürlich günstig ab; dann war die Zahlung der Versicherungssumme wie ihre Rückzahlung ganz überflüssig gewesen; der Versicherungsnehmer hatte für ein Darlehen, dessen er an sich nicht bedurfte, unnötigerweise hohe Zinsen entrichtet.

Man mußte also in solchen Fällen darauf denken, die für den Zweck der Versicherung überflüssige und das Geschäft nur belastende Doppelzahlung zu vermeiden. Dies war auf die einfachste Weise dadurch zu erreichen, daß der Versicherungsnehmer dem Darleiher die Versicherungssumme, die dieser nach der hergebrachten Form zu erlegen gehabt hätte, kreditierte, und zwar bis zum etwaigen Eintreten des Falles, in welchem die Zahlung der Versicherungssumme allein zweckentsprechend war. Trat dieser Fall überhaupt nicht ein, lief also das Risiko günstig ab, so war der Vertrag damit hinfällig geworden.

Es mußte also in gewissem Sinne eine Umkehrung des bisherigen Verhältnisses der vertragschließenden Parteien vorgenommen werden.

Bisher war man von dem Fall der günstigen Beendigung des Risikos ausgegangen, und der Versicherungsnehmer war der versprechende Teil gewesen, der für diesen Fall die Rückzahlung der Versicherungssumme verhieß. Nun ging man von dem Ausnahmefall, der ungünstigen Beendigung des Risikos aus; der Versicherungsgeber wurde der versprechende Teil; er verhieß, die Versicherungssumme zu zahlen, den Fall ausgenommen, daß das Risiko günstig ablief. Der Preis des Versicherungsgeschäfts behielt bei dieser Umkehrung dieselbe Stelle, die er schon beim Versicherungsdarlehen eingenommen hatte. Da nun aber eine Vorwegzahlung der Versicherungssumme durch den Versicherer nicht mehr erfolgte, konnte auch die Prämie nicht mehr einfach einbehalten werden; eine wirkliche Auszahlung derselben durch den Versicherungsnehmer war damit notwendig geworden.

Ganz von selbst aber mußten die für das entliehene Kapital berechneten Zinsen sowie eine etwaige Geldübermittlungs- und Wechselgebühr in Wegfall kommen, da eine effektive Vorleistung der Versicherungssumme nicht mehr stattfand; so blieb die Prämie allein übrig, die bloße Risikogebühr. Im wesentlichen ist es erst diese Umkehrung des Versicherungsgeschäfts, die Kreditierung der bisher vorzuleistenden Versicherungssumme gewesen, die die Prämie zu einem selbständig für sich stehenden Faktor des Versicherungswesens gemacht hat [1]).“

Hiermit ist die Forderung Goldschmidts erfüllt, wenn er sagt: „Soll aus dem Seedarlehen als solchem die wahre Prämienversicherung hervorgehen, so muß einerseits die Verbindung der Assekuranz mit dem Kreditgeschäft gelöst, andererseits die von den Gebrauchszinsen losgelöste Prämie bedingungslos von dem Spekulanten (Versicherungsnehmer) geschuldet oder gar im voraus unwiderruflich entrichtet werden[2]).“

Die ältesten uns bis jetzt bekannten Verträge dieser Art, die als wirkliche und echte Versicherungsverträge zu bezeichnen sind, entstammen dem genuesischen Notariatsarchiv und beginnen mit dem Jahre 1347.

Der erste, vom 23. Oktober 1347 datierte Vertrag betrifft eine Kaskoversicherung, der zweite, am 15. Januar 1348 aufgenommene, betrifft eine Warenversicherung. Beide Urkunden wurden von E. Bensa aufgefunden und veröffentlicht.

Dieser Gelehrte hat sich hierdurch ein bleibendes Verdienst um die wichtige Frage der Entstehung der echten Versicherung erworben[3]). Im ersten Falle hat Bartolomeo Basso sein Schiff für die Fahrt von Genua nach Mallorka bei Giorgio Leccavello mit 107 Pfund genuesisch versichert, während im zweiten ein von dem Wollhändler Giovanni da Giunta von Genua nach Palermo verfrachteter Posten von 19 Ballen lombardischer Tuche mit 200 Pfund bei Niccolo Cattaneo versichert wird.

Die Fassung dieser Versicherungsverträge kann jeden, der dieselben für sich allein, außerhalb des Zusammenhangs der geschichtlichen Entwicklung betrachtet, nur höchst sonderbar berühren.

---

[1]) Adolf Schaube: Der Übergang vom Versicherungsdarlehen zur reinen Versicherung. Jahrbücher für Nationalökonomie und Statistik. Dritte Folge, VI. Bd. S 481 ff.

[2]) L Goldschmidt: Universalgeschichte des Handelsrechts. Stuttgart 1891. S. 363

[3]) E. Bensa: Il contratto di assicurazione nel medio evo. Genova 1884 Documenti Nro. 3 S. 192 u. Nro. 4 S. 194. Der Text, ohne Urkundenabdruck, ist auch in französischer Übersetzung erschienen von M. Jules Valery, Paris 1897.

Jemand empfängt ein zinsfreies Darlehen; er verpflichtet sich dieses Darlehen innerhalb eines bestimmten Zeitraums zurückzuerstatten; diese Verpflichtung soll aber hinfällig werden, falls der eben nicht unwahrscheinliche Fall eintritt, daß ein bestimmt bezeichnetes, dem Darlehnsgeber gehöriges Objekt (Schiff oder Ware) eine bestimmt umschriebene Seereise innerhalb dieses Zeitraums glücklich besteht. Und dabei behauptet der Darlehnsempfänger, dessen zinsfreie Schuld mit dem Moment der behaltenen Ankunft des Objekts erlöschen soll, damit ein Risiko zu übernehmen!

Auf die Prämie wird bei dieser Fassung des Vertrags keinerlei Bezug genommen. Sie war als Gebühr für das Versicherungsgeschäft vorweg entrichtet und so lag für ihre Erwähnung im Vertrage ein besonderer Anlaß nicht mehr vor.

Es erhebt sich nun die Frage, wann diese für die weitere Entwicklung des Versicherungsgeschäfts so wesentliche Vereinfachung des Versicherungsdarlehens zuerst angewendet worden sein mag. Daß Bensa gerade die allerersten Verträge dieser Art aufgefunden haben sollte, werden wir doch nicht anzunehmen haben; ein wenig vor 1347 werden wir wohl zurückgehen dürfen. Weit aber schwerlich[1]." Man darf wohl annehmen, daß die ersten echten Versicherungsverträge in der Zeit zwischen 1341 und 1347 geschlossen wurden.

Und zwar wird die neue Form gleichzeitig für die Kasko- und Warenversicherung zur Anwendung gekommen sein.

In der Stundung der beim früheren Versicherungsdarlehen vorzuleistenden Versicherungssumme durch den Versicherungsnehmer liegt der entscheidende Wendepunkt; **wir stehen hier an der Ursprungsstelle der echten Versicherung.**

In der Folgezeit finden wir echte Versicherungsverträge in anderer Form vor als in der des zinslosen Darlehens, nämlich in der des Kaufs.

Der erste Vertrag, den wir in dieser Form kennen, stammt aus dem Jahre 1370[2]; für die Geschichte des Versicherungswesens ist dieses Dokument auch darum bedeutsam, weil es

[1]) Schaube am zuletzt angeführten Orte S. 485.

[2]) Bensa a. a. O. S. 200, Dok. 8.

das erste Beispiel des Vorkommens der Rückversicherung und der Versicherung für fremde Rechnung ist.

Bei dieser Form der Verträge erklärt der Versicherer nicht mehr ein Darlehen erhalten zu haben, zu dessen Rückzahlung er sich gegebenenfalls verpflichtet; vielmehr will er nur einen Kauf abgeschlossen haben, wobei die Erlegung des Kaufpreises nicht sofort, sondern erst später und zwar im gleichen Falle wie die Erstattung jenes Darlehens erfolgen soll, nämlich dann, wenn das Versicherungsobjekt durch Seegefahr in Verlust gerät; andernfalls soll der Kaufvertrag hinfällig sein.

Die Veränderung der Versicherungsverträge aus der Form der zinslosen Darlehen in die Form des Kaufes ist zweifellos aus Rücksicht auf Schwierigkeiten, die sich aus dem kirchlichen Wucherverbot ergaben, vorgenommen worden.

Es kam nämlich des öfteren vor, daß die Versicherer im Versicherungsfalle sich weigerten, Zahlung zu leisten, indem sie sich auf das kirchliche Wucherverbot stützten und sich an die kirchlichen Gerichtshöfe und Behörden mit dem Einwande des Wuchers wandten.

Der Doge von Genua, Gabriel Adorno, erließ deshalb am 22. Oktober 1369 ein Dekret[1]), in dem er sich gegen diejenigen wendet, die sich ihren vertragsmäßigen Verpflichtungen durch den Einwand, daß der geschlossene Vertrag ein wucherischer oder unerlaubter sei, entziehen wollten. Dabei sollte es keinen Unterschied machen, ob dieser Einwand vor einem geistlichen oder weltlichen Gericht erhoben sei; ipso iure sollte derjenige, der sich einer solchen Einrede bediente, einer Geldbuße schuldig sein, die der Hälfte der Summe gleichkam, deren Zahlung er verweigerte. Das Dekret betont weiterhin die Nachteile, die für den genuesischen Handel und die Abfertigung der Schiffe entstehen müßten, wenn die Wirksamkeit jener Verträge durch derartige Einwände hinfällig gemacht werden könnte.

In unmittelbarem Anschluß an dieses Dekret von 1369 wurde ein Ausweg gesucht, um die Versicherungsvertragsform derartig zu gestalten, daß die Einrede des wucherischen

[1]) Bensa, a. a. O. S. 149/50; Leggi Nr. 1.

Charakters des Vertrags von vorneherein ausgeschlossen schien und diesen Ausweg fand man in der Form des Kaufes, die wir denn schon 1370 finden.

Gemäß dem anerkannten Grundsatz: „emptio tollit praesumptionem usurae" schob man dem Einwande des Wuchers einen Riegel vor. Außerdem bot diese Form des Kaufes eine Handhabe für den Eigentumsübergang der versicherten Waren auf den Versicherer[1]). Die Prämie blieb, wie bei der Form des zinslosen Darlehens, ganz außerhalb des Vertrags, konnte dies auch, da sie ja vorher entrichtet war. „Während sich in den zahlreichen notariellen Versicherungsinstrumenten, die uns aus Genua erhalten sind, die echte Versicherung noch lange unter verhüllenden Formen verbarg, tritt uns seit dem vorletzten Dezennium des 14. Jahrhunderts der Versicherungsvertrag in Toskana auch formell in voller Reinheit entgegen. Die ältesten bekannten Verträge dieser Art liegen in einer pisanischen Urkunde von 1384 und einer florentinischen von 1397 vor[2]); nicht von Notaren, sondern von Sensalen, die das Versicherungsgeschäft vermittelt hatten, sind beide aufgenommen; damit hängt denn auch eng zusammen, daß sie nicht in der lateinischen, sondern in der Volkssprache abgefaßt sind. Offenbar ist eben auch in dem Umstande, daß die Abfassung dieser Verträge von praktischen Geschäftsleuten herrührt, der Hauptgrund dafür zu erblicken, daß sich uns diese Verträge mit solcher Offenheit präsentieren.

Bemerkenswert bei der Police vom Jahre 1384 (nach pisanischem Stil vom Jahre 1385 — das pisanische Jahr begann mit dem 25. März) ist noch, daß uns in derselben zum erstenmal die Ristornoklauseln entgegentreten. (Sollte das genannte Schiff die Reise nach Porto Pisano überhaupt nicht antreten, so zahlen die Versicherer die empfangenen 5% voll zurück, kommt es aber nach Porto Pisano oder Livorno ohne Ladung für den Versicherten mitzuführen, worüber diesem die Beweislast obliegt, so zahlen sie nur $4^1/_2$% zurück, den Rest sollen die Versicherer für ihre Mühe behalten.) Die Versicherer

[1]) L Goldschmidt: Universalgeschichte des Handelsrechts, Stuttgart 1891 S. 365.

[2]) Bensa, a. a O S. 210 Dok. Nr. 11 und S. 217 Dok. Nr. 14.

übernehmen in diesen Policen jede denkbare Art von Seegefahr, die innerhalb des angegebenen Zeitraums sich ereignen kann. In der Urkunde von 1384 finden wir ferner die Vorleistung der Risikogebühr (Prämie) und ihre Höhe ausdrücklich erwähnt. (Für diese Gefahrübernahme erhalten die Versicherer und erklären sie bereits empfangen zu haben fünf Florin vom Hundert.) So finden wir alle Elemente eines ausgebildeten Versicherungsvertrags in diesen toskanischen Verträgen von 1384 und 1397 vollkommen entwickelt. Man kann sagen: erst dadurch, daß die Versicherung auch in einer selbständigen, ihr eigentümlichen Form auftrat, ist sie zu einem besonderen, allein auf sich selbst ruhenden Rechtsgeschäfte geworden; diese fremder Stützen nicht mehr bedürfende Selbständigkeit bekundet sich vor allem auch darin, daß das Versicherungsgeschäft sich nun auch besonderer, ihm eigentümlicher Termini bedient. Lange Zeit waren die Ausdrücke assecurare, sicurare, securitas für jede Art äußerer Sicherstellung Gebrauch, ob es sich nun um Bestellung von Bürgen, Kautionen, Pfändern oder um sicheres Geleit oder um sonst ein Schutzversprechen handelte — was ja, wie die verschiedenen Arbeiten der Assekuranzschriftsteller beweisen, vielfach zu falschen Hypothesen über die Entstehung der Versicherung geführt hat —, nach der Beseitigung der Vorleistung der Versicherungssumme bezeichnete man den Vertrag nunmehr seinem alleinigen Zweck entsprechend kurz und richtig als ein „Versichern". Mit zweifelloser Beziehung auf das Versicherungswesen ist der Ausdruck zuerst im Jahre 1354 nachweisbar.

Der uns so geläufige Ausdruck „Prämie" begegnet uns in der Entstehungszeit des Versicherungswesens noch nicht. Zum ersten Male finden wir ihn in der Ordonanz von Sevilla vom Jahre 1556 [1]).

Der Ausdruck „Polize" findet sich zuerst in einer genuesischen Verordnung vom Jahre 1401.

Wie nun in der Entstehungsgeschichte des Versicherungswesens der Übergang zur reinen Versicherung in formeller Beziehung mit der Ausbildung eines auch in seiner äußeren Fassung dem Wesen der Versicherung entsprechenden Ver-

[1]) Pardessus: Collection de lois maritimes antérieures au dixhuitième siècle Paris 1826—1845 Bd. V. Kapitel 37.

sicherungsvertrags als abgeschlossen angesehen werden kann, so kann materiell ein solcher Abschluß in dem Umstand gefunden werden, daß neben dem Gedanken der Gefahrabwälzung der andere Grundsatz, auf dem das Versicherungswesen beruht, der Gedanke der Gefahrverteilung, zur allgemeinen Durchführung gelangt. Die Ansätze zu dieser Entwicklung lassen sich hier bis in die Zeit des antiken Seedarlehens zurückverfolgen (s. oben S. 10); in der Zeit, als das Seedarlehen in das Versicherungsdarlehen sich umgewandelt hatte, kann man schon von einer gewohnheitsmäßigen Befolgung dieses Grundsatzes sprechen. In den letzten beiden Jahrzehnten des 14. Jahrhunderts ist es eine ganz allgemeine Erscheinung, daß an jeder Schiffs- oder Warenversicherung eine ganze Anzahl von Geschäftsleuten beteiligt ist, die einzelne Anteile der Versicherungssumme in abgerundeten, nicht zu hohen Beträgen übernommen haben. Die Versicherung mit den verschiedenen Versicherern pflegt in einem einzigen Vertrage abgeschlossen zu werden; die Anteile bewegen sich gewöhnlich in der Höhe von 50, 100, 150 Goldfloren. In derartig verhältnismäßig niedrig bemessenen Beträgen Versicherungsanteile zu zeichnen, ist in dieser Zeit ganz allgemeiner Brauch gewesen; dafür beteiligte sich der einzelne an verschiedenen Versicherungen. So bezeugt uns Bensa[1]), daß er in den Akten des genuesischen Notars Teramo di Maggiolo vom Jahre 1392 ein und denselben Versicherer, Bartolommeo Delfino da Passano, an 16 Versicherungsverträgen mit einer Gesamtsumme von 1500 Goldfloren beteiligt gefunden habe. Wir sehen, die Gefahrverteilung unter zahlreiche Versicherer, der Ausgleich der Risiken durch Beteiligung an zahlreichen Unternehmungen war in dieser Zeit schon ausgebildetes System. Überall treten, wie wir sagen könnten, Versicherungsgesellschaften als Versicherer auf; nur sind diese Gesellschaften nicht ständiger Art, sondern bilden sich (wie heute noch bei Lloyds in London), für jeden einzelnen Fall der Versicherung besonders und von neuem und setzen sich demgemäß immer wieder in verschiedener Weise zusammen[2]).“

---

[1]) Bensa. a. a O., S. 79.

[2]) Adolf Schaube am letzt angefuhrten Orte S. 495 ff.

Nach diesen Ausführungen dürfen wir es als geschichtlich erwiesen annehmen, daß die moderne Prämienversicherung, die zuerst als Seeversicherung in die Erscheinung getreten ist, in der ersten Hälfte des 14. Jahrhunderts entstanden ist und ihre Heimat in Italien hat.

Dieser Ansicht war bereits Pardessus[1]), der die Entstehung der ersten Versicherung allerdings einige Jahre früher annimmt (er hält es für zweifellos, daß die Versicherung gegen Prämie schon im Jahre 1330 in Florenz bekannt und im Gebrauch gewesen sei) als sie heute nach den von Bensa ermittelten Urkunden geschichtlich erwiesen ist und Goldschmidt[2]), der die Entstehung der Prämienversicherung noch früher (1319) angesetzt hatte, kehrte an der Hand des neuen Bensa'schen Materials zur Ansicht Pardessus' zurück. Anderer Meinung ist Reatz, der die Entstehung des Versicherungswesens nach Portugal unter die Regierungszeit König Fernandos (1367—1383) verweist[3]). „Mehr als ein Jahrhundert", sagt Reatz, „vor dem universalhistorischen Weltereignisse der Entdeckung Indiens auf dem Seewege vollzog sich in der Hauptstadt Portugals mit der Gründung einer auf Gegenseitigkeit beruhenden Seeversicherungsgesellschaft ein legislativer Akt, in welchem Europa die älteste Quelle und den Ausgangspunkt seiner Seeversicherung erkennen muß. Dieser Akt fällt in die Regierungszeit des Königs Fernando (1367—1383); Jahr und Tag seines Erlasses ist uns unbekannt. Ein portugiesischer Schriftsteller Ferdinand Lopes, der um das Jahr 1434 eine Chronik des Königs Fernando schrieb, hat den Inhalt jenes Gesetzes referiert: Nach den wesentlichsten Bestimmungen dieses Gesetzes findet man eine auf Gegenseitigkeit beruhende Gesellschaft aller portugiesischer Schiffseigentümer zum Zweck des Ersatzes von Seeschäden gegründet. Der Beitritt zur Gesellschaft ist eine Zwangspflicht. Nur der völlige Verlust des Schiffes und bedeutendere Schäden werden vergütet und dies nur dann, wenn der Schaden nicht

---

[1]) Pardessus a. a. O., Bd. IV S. 566f., Bd. V S. 331.

[2]) L. Goldschmidt: Zur Geschichte der Seeversicherung in: Juristische Abhandlungen, Festgabe f. G. Beseler, Berlin 1885, S. 219.

[3]) Reatz, a. a. O., S. 42ff.

durch Schuld des Eigentümers oder der Schiffsmannschaft herbeigeführt ist. Bei der Schadensberechnung wird der Wert des Schiffes zur Zeit des Unfalls zugrunde gelegt und der Wert der geretteten Schiffsteile an jenem Werte abgezogen. Vor der Abreise unterliegt die Seetüchtigkeit des Schiffes einer amtlichen Untersuchung. Der Beitrag der Gesellschafter zu den Schadensersatzsummen wird auf zweierlei Weise geleistet. Zunächst in Gestalt einer Art Prämie, indem von dem Gewinne jeder Reise 2 % in die gemeinschaftliche Kasse gezahlt werden müssen, welchem Fonds primär die erforderlichen Schadensersatzsummen zu entnehmen sind. Reicht derselbe nicht aus, so wird das Fehlende auf sämtliche Schiffseigentümer nach Verhältnis der durch Sachverständige ermittelten Werte ihrer Schiffe ausgeschlagen und falls nicht ganz besondere Gründe zu einer Zahlungsfrist vorliegen, mit Ausschluß jeder Beschwerde sofort beigetrieben.“

So interessant diese geschichtliche Aufzeichnung aus der Regierungszeit Fernandos auch ist und so viel Beweiskraft ihr auch vielleicht bezüglich des damals bereits empfundenen Bedürfnisses der Verteilung der einzelne treffenden Schäden auf die Gesamtheit der Interessenten beizumessen ist, so wenig hat die Errichtung dieser Gegenseitigkeitsversicherung mit der Entwicklung der Versicherung gegen Prämie irgend etwas zu tun.

Es handelt sich hier lediglich um einen Akt staatsmännischer Klugheit im Interesse der Erhaltung und Förderung der nationalen Seeschiffahrt, um einen Akt, der den Motiven nach am besten mit der Errichtung der öffentlichen Feuerversicherungsanstalten in den deutschen Staaten im XVIII. Jahrhundert verglichen werden kann.

Die Weiterentwicklung des Versicherungswesens und der Übergang von dieser Versicherung auf Gegenseitigkeit zur Versicherung gegen feste Prämie erscheinen mir von Reatz doch etwas zu kühn ausgedacht. Reatz führt nämlich aus:

„Ist aber das fernandinische Gesetz die älteste Quelle des Seeversicherungsrechts, dann ergibt sich die Notwendigkeit und der Weg der Umwandlung der von ihm geschaffenen, auf Gegenseitigkeit beruhenden Versicherung in eine solche gegen Prämie von selbst. Denn nach der, jenem alten Institute gegebenen Organisation wurde über alle Schiffe, ihren durch Sachverständige ermittelten Wert, über die Beschaffenheit ihrer Ausrüstung, Zeit ihres Abgangs und Ort ihrer Bestimmung, ebenso über die Zahl der verlorenen Schiffe, ihren Wert, über die Größe des Schadens, über Art und Ort des Seeunglücks und andere einflußreiche Umstände genau Buch geführt und man konnte und mußte nach Ablauf einer größeren Zahl von Jahren erkennen, daß im Eintreten der Unglücksfälle eine gewisse Regelmäßigkeit bestehe, man lernte das Verhältnis der verlorenen Schiffe und Werte zu den wohlbehalten zurückgekehrten kennen und ersah aus der Summe der während jenes längeren Zeitraums geleisteten Beiträge, in ihrem Verhältnis zu den gleichzeitig dem Meere anvertrauten Werten, den Durchschnittspreis der Gefahr.

Als man einmal zu dieser Erkenntnis gelangt war und sich der Unvollkommenheiten und lästigen Fesseln der durch das Fernandinische Gesetz gegründeten Versicherung bewußt wurde, mußte sich die Privatspekulation des gegebenen Stoffes bemächtigen und man gelangte zur Versicherung gegen Prämie."

Diese Konstruktion hat, wie man auf den ersten Blick erkennen muß, so viel Unnatürliches und Gesuchtes an sich und setzt eine Kenntnis und Verwertung der statistischen Wissenschaft voraus, wie man sie für jene Zeit sicherlich nicht annehmen darf.

Der Gedanke von Reatz[1]), daß nur eine auf Grund langjähriger Beobachtungen hergestellte „Statistik" zur Entstehung der Prämienversicherung geführt haben könne, wird am besten dadurch widerlegt, daß die heute so entwickelte Seeversicherung nur zum geringsten Teile auf „Statistik" begründet ist, sondern nahezu ausschließlich auf reiner Empirie beruht (vgl. den Abschnitt über Statistik S. 218).

Seine Idee, daß die Prämienversicherung jedes Versicherungszweigs sich auf die Erfahrungen einer Versicherung auf Gegenseitigkeit stützen müsse, ist durch die Geschichte aller Versicherungszweige widerlegt. Nicht nacheinander, sondern nebeneinander haben sich diese beiden Versicherungssysteme entwickelt.

---

[1]) Reatz, a. a O., S 41f

Das Seeversicherungsrecht Barcelonas, dessen erste Ordonanz vom Jahre 1435 stammt, und das von Reatz unter Verwendung vielfacher Hypothesen auf die aus jener portugiesischen Gegenseitigkeitsgründung heraus sich entwickelnde und von den Catalanen übernommene Prämienversicherung zurückgeführt wird, läßt sich auf Grund des heutigen Standes der Wissenschaft viel einfacher und natürlicher erklären.

Als sich in der Mitte des 14. Jahrhunderts in Italien die Prämienversicherung durchgesetzt hatte, mußte bei dem innigen Zusammenhang der Seehandel treibenden Nationen[1]) und bei der Rolle, welche namentlich die italienischen Kaufleute in der damaligen Handelswelt spielten — waren doch in allen Handelsemporien der damaligen Zeit die italienischen Handelshäuser vertreten — diese neue und für den gesamten Handelsverkehr so bedeutsame Errungenschaft der gesamten Handelswelt in kürzester Zeit bekannt werden.

Kein Wunder ist es deshalb, daß alsbald die Prämienversicherung in der ganzen Handelswelt der damaligen Zeit in Aufnahme kam und daß sich im Laufe weniger Jahrzehnte ein gewisses Gewohnheitsrecht im Versicherungswesen ausbildete, das sich schließlich zu gesetzlichen Bestimmungen verdichtete. Daß das uns zufälligerweise als ältestes überlieferte Seeversicherungsrecht Barcelonas aus dem Jahre 1435 nicht die erste Sammlung diesbezüglicher gesetzlicher Bestimmungen war, ergibt sich aus der Einleitung der Ordonanz von 1435, wo es heißt: „Da in vorigen Zeiten nur wenige Assekuranzordnungen gegeben worden[2]).“

Daß sich das Seeversicherungswesen in kurzer Zeit auf die meisten handeltreibenden Nationen jener Zeit, und zwar vorwiegend durch die Angehörigen seines Heimatlandes — die Italiener — verbreitete, läßt sich urkundlich erweisen. So ist uns aus der Sammlung Bensa's eine Police (Dok. 10) bekannt,

---

[1]) Adolf Schaube: Handelsgeschichte der romanischen Völker des Mittelmeergebiets.

[2]) Pardessus, a. a. O., Bd. V S. 330. Pöhls: Darstellung des Seeassekuranzrechts Th. 1 S. 9.

Über weitere seerechtliche Bestimmungen vgl. im übrigen: Goldschmidt: Universalgeschichte des Handelsrechts, Stuttgart 1891. S. 378ff.

wonach Oktobonus de Marini und Constantinus Portonarius, beide Genuesen, in Brügge auf das Schiff des Gotifredo Marini de Portuveneri und seiner Mitreder eine Seeversicherung von 600 scudi auri gegen eine Prämie von 8 % für eine Reise übernahmen. Auch sind uns aus den Jahren 1444—1477 eine Reihe von Urteilen des Schöffenstuhls zu Brügge über Versicherungsfälle bekannt geworden[1]).

Die Versicherer sind in diesen Fällen meistens Italiener und als Versicherungsnehmer kommen vorwiegend Italiener, Franzosen und Portugiesen in Betracht. Die diesen Urteilen zugrunde liegenden Vertragsurkunden sind auch sämtlich in italienischer Sprache abgefaßt.

„Ganz ebenso wie nach den Niederlanden werden die Italiener das Versicherungsschäft früh nach Lombardstreet übertragen haben. Auch hier hatten die Lombarden, wie sie in England genannt wurden, schon früh den Geldmarkt in ihren Händen. Denn gerade England, dem dank seiner großen Wollausfuhr und der durch sie bedingten günstigen Handelsbilanz sehr erhebliche Massen von Edelmetall zuflossen, war für den mittelalterlichen Geldverkehr von besonderer Bedeutung. Die italienischen Kaufleute besaßen deshalb schon damals mächtige Geschäftshäuser in England und vermittelten, als Agenten des Papstes und als Bankiers und Gläubiger der englischen Könige vielfach begünstigt, den Wiederabfluß des Geldes zum Festlande. Mit Sicherheit läßt sich annehmen, daß sie ihre Warenladungen, im Verkehr zwischen England und Italien ebenso, wie im Verkehr zwischen Flandern und Italien, schon im 14. Jahrhundert versicherten. Assekuranzen auf Fahrten von Pisa und Livorno nach London werden in einer Quelle aus der Zeit von 1442 erwähnt. Die früheste, bis jetzt in den Archiven Venedigs aufgefundene urkundliche Nachricht über eine Versicherung, die in England abgeschlossen ist, stammt aus dem Jahre 1512. Diese Versicherung wurde in London auf Schiffe und Waren für die Reise von der damals venetianischen Insel Kreta nach England zu einer Prämie von 10 % genommen[2]). In der

---

[1]) L. Gilliodts van Severen: Coutume de la ville de Bruges. Bruxelles 1875 Bd. II S. 104 ff.

[2]) Frederick Martin: The history of Lloyds and of marine insurance in Great Britain. London 1876 S. 27.

ersten Hälfte des 16. Jahrhunderts bestanden in London bereits selbständige, fest ausgeprägte Usancen, die auch auf das niederländische Versicherungswesen maßgebenden Einfluß gewannen[1])".

Daß bei den übrigen Mittelmeerromanen, mit denen die Italiener in engem Handelsverkehr standen, die Versicherung durch die letzteren rasch Eingang fand, ist natürlich.

Verhältnismäßig spät fand die Seeversicherung Eingang bei den deutschen Kaufleuten. Obwohl die hanseatischen Kaufleute in dem Kontor zu Brügge und im Stahlhof[2]) zu London zweifellos mit der Einrichtung der Seeversicherung ebenso frühzeitig wie die dort ansässigen Kaufleute anderer Nationen bekannt wurden, so machte sich offenbar das Bedürfnis nach Seeversicherung bei ihnen nicht in der Weise geltend, wie z. B. für die Italiener. „Während die Italiener langwierige Transporte von den Küsten des Mittelmeers durch die Straße von Gibraltar nach Brügge oder London ausführten, auf Schiffen, welche im Vergleich zu den hanseatischen sehr groß waren und Warenmassen von bedeutendem Werte in sich bargen, war der hanseatische Warenhandel in der Hauptsache auf den Verkehr zwischen den hanseatischen Kontoren in London, Brügge und Bergen und die Fahrten von und nach den Seestädten der Ost- und Nordseeküste beschränkt. Die Schiffe, mit denen dieser Verkehr ausgeführt wurde, waren von sehr bescheidener Größe. Die Werte, welche bei Fahrten nach dem Mittelmeere auf dem Spiele standen und die Gefahren der Seereisen, deren Verlauf bei solchen Fahrten unabsehbar war, können demnach mit den Verhältnissen des hanseatischen Schiffahrtsverkehrs nicht in eine Linie gestellt werden. Überdies aber bedienten sich die Hanseaten anderer Mittel, um das Risiko der Seefahrt für den einzelnen zu vermindern. Das Schiffseigentum wurde in Schiffsparten zerlegt und so die Gefahr des Kasko- und des Frachtverlustes auf mehrere verteilt. Zur Verminderung der Gefahr des Warentransportes

---

1) G. A. Kieselbach: Die wirtschafts- und rechtsgeschichtliche Entwicklung der Seeversicherung in Hamburg. Hamburg 1901 S. 5 f.

2) F. Plaß: Geschichte der Assekuranz und der Hanseatischen Seeversicherungsbörsen Hamburg 1902, S. 36 ff.

pflegte der deutsche Kaufmann die Waren auf mehrere Schiffe zu verteilen und auf das einzelne Schiff nur einen beschränkten Wert zu riskieren. Da die Schiffe regelmäßig in größeren Flotten segelten, bot sich hierzu genügende Gelegenheit. Auf diese Weise lief der Befrachter wenigstens nicht die Gefahr, mit dem Untergange eines einzelnen Schiffes einen zu erheblichen Verlust zu erleiden [1]."

Gegen Piraterie schützten sich die hanseatischen Kaufleute durch Ausrüstung der Schiffe mit Waffen, durch starke Bemannung und schließlich durch bewaffnetes Geleite (Konvoischiffe). Zwar ist uns bekannt, daß schon in der ersten Hälfte des 16. Jahrhunderts von deutschen Kaufleuten vereinzelte Versicherungen an fremden Versicherungsbörsen (Antwerpen und Brügge) abgeschlossen wurden [2], doch darf man für die allgemeine Einführung der Seeversicherung in Deutschland, besonders in Hamburg, als Zeitpunkt wohl erst das Ende des 16. Jahrhunderts annehmen.

Aller Wahrscheinlichkeit nach waren es niederländische Kaufleute, welche um das Jahr 1585 vor den Wirren des niederländisch-spanischen Krieges geflohen waren und in Hamburg sich niederließen, welche die technischen Kenntnisse des fortgeschrittenen Handels der westlichen Märkte, insbesondere der Antwerpener Börse mit ihrer ausgebildeten Geld- und Kreditwirtschaft in das hamburgische Geschäftsleben hinübertrugen.

Mit der infolgedessen zunehmenden Entwicklung des hamburgischen Geldverkehrs, mit der Einführung der Wechsel- und Bankgeschäfte, fand auch das Assekuranzgeschäft in Hamburg Eingang.

Wie die Italiener die Seeversicherung nach den Niederlanden übertragen haben, so haben die Niederländer sie nach Hamburg verpflanzt.

Um dieselbe Zeit ließen sich in Hamburg eine Anzahl reicher portugiesischer Emigrantenfamilien nieder, die wegen ihres jüdischen Glaubens aus dem Heimatlande vertrieben worden waren. Desgleichen fanden sich dort einige Spanier

---

[1]) Kiesselbach, a. a. O., S. 7 f.

[2]) Adolf Hofmeister in den hansischen Geschichtsblättern 1886 S. 169 ff. (Police des Gottschalk Remlynkrade aus dem Jahre 1531).

und Italiener ein, die vermutlich ebenfalls aus den Niederlanden kamen[1]).

Die ersten uns bekannten oder überlieferten Seeversicherungsverträge, die in Hamburg selbst abgeschlossen waren, stammen aus den Jahren 1588, 1590 und 1591[2])

Die Form der Abfassung der Hamburgischen Policen stützte sich auf die niederländischen Formulare und die Policen waren auch bis zur Einführung der hamburgischen Assekuranz- und Havereyordnung im Jahre 1731 meistenteils in holländischer Sprache abgefaßt, ein Beweis dafür, daß die eingewanderten Niederländer den damaligen Versicherungsverkehr beherrschten.

Auch sind uns aus jener Zeit bereits Streitigkeiten über Assekuranzsachen bekannt geworden. Der Liber sententiarum, ein gewissenhaft geführtes Gerichtsbuch der Stadt Hamburg, enthält als ältestes Urteil in Assekuranzsachen eine Entscheidung vom 26. August 1590[3]). Ein zweiter Rechtsfall beschäftigte das Gericht erst zwei Jahre später, in der Folgezeit aber häuften sich die Fälle so, daß für die Erledigung derselben in erster Instanz als Gericht ein Kollegium der „Admiralität" angeordnet wurde (1623)[4]).

Von Hamburg aus griff das Assekuranzgeschäft im Laufe des XVII. Jahrhunderts auch auf die übrigen deutschen Seestädte, namentlich Lübeck und Bremen über.

Da in jener Zeit das gesamte Assekuranzgeschäft von Einzelassekuradeuren betrieben wurde, so mußten bei Risiken von besonders erheblichem Umfange damals noch in der Regel die Kräfte ausländischer Versicherungsplätze (Amsterdam, Antwerpen, Rotterdam, Middelburg und London), unter denen Amsterdam eine besonders hervorragende Rolle spielte, herangezogen werden, da für große Werte volle Deckung an den deutschen Plätzen nicht zu bekommen war.

Diese sich naturgemäß auch an andern Versicherungsbörsen geltend machende Beschränkung in der Aufnahmefähig-

---

1) Kiesselbach, a. a. O., S. 13.

2) Plaß, a. a. O., S. 52 ff. Kiesselbach, a. a. O., S 15 ff.

3) Plaß, a. a. O., S. 54.

4) Ebenda S. 98 ff.

keit besonders großer Risiken mußte mit der Zunahme des Handelsverkehrs und der Assekuranz notwendigerweise zur Bildung von Kapitalassoziationen, zur Errichtung von Versicherungsgesellschaften führen.

Die erste Seeversicherungsgesellschaft, von der wir wissen, daß sie längeren Bestand hatte, ist die im Jahre 1668 in Paris gegründete Assekuranzkompagnie; in England bildeten sich im Jahre 1720 zwei Seeversicherungskompagnien, die Royal Exchange und die London Assurance Corporation, in Kopenhagen wurde im Jahre 1726 und in Stockholm im Jahre 1750 die erste Seeversicherungsgesellschaft errichtet. So kann es uns nicht wundern, daß auch in Hamburg, wo das Abströmen der Versicherungsgeschäfte nach dem reichen, in der damaligen Zeit über nahezu 100 Makler verfügenden Amsterdam unliebsam bemerkt wurde, bereits im Jahre 1720 das Projekt zur Gründung einer Assekuranzaktiengesellschaft auftauchte [1]).

Der ganze Plan trug indessen von vornherein so sehr den Stempel des heißblütigen Spekulationsgeistes, in dessen Atmosphäre er entstanden war, an sich, daß das Unternehmen, selbst wenn es zur Ausführung gekommen wäre, dem hamburgischen Assekuranzmarkte schwerlich hätte dauernden Nutzen bringen können. Es war die Zeit, wo die Law'schen Zettelbankoperationen und der sogenannte Südseekompagnieschwindel zuerst die Börsen Frankreichs und Englands, dann aber auch die der übrigen Handelsstaaten in einen wilden Spekulationstaumel hineingerissen hatten. In Amsterdam und an andern Börsen des Auslandes waren soeben neben zahllosen Aktienunternehmungen anderer Art auch eine Menge von Assekuranzgesellschaften (von denen die Amsterdamer aber bald wieder zusammenbrachen, während die Londoner sich erhielten) ins Leben gerufen; da schien auch Hamburg nicht zurückstehen zu dürfen. Nach dem Plane der Gründer (der geistige Urheber war ein Makler Namens Markus Russe) [2]) sollte die Gesellschaft ein Grundkapital von 8 Millionen M. Banko [3]) in Aktien zu je

---

[1]) Kiesselbach, a. a. O., S. 45f.

[2]) Plaß, a. a. O., S. 127ff.

[3]) 1 M. Banko ist 1,50 M. nach unserem heutigen Gelde.

4000 M. Banko haben. Die Beschaffung des für die damaligen Verhältnisse geradezu ungeheuren Kapitals machte nicht die geringsten Schwierigkeiten. Anfang Juli wurde die Aufforderung zum Zeichnen erlassen und bereits am 15. Juli war die vorgesehene Summe um 1 Million M. Banko überzeichnet. Gleichzeitig aber begann, noch ehe die Gesellschaft ins Leben getreten war, eine wilde Börsenspekulation, die den Kurs der Aktien von 100 in wenigen Tagen auf 250 hinauftrieb.

Diese Verhältnisse ließen ein weiteres Gesellschaftsprojekt entstehen, das mit einem Grundkapital von 900000 M. Banko ins Leben treten sollte; aber der Senat schritt gegen diese wilde Börsenspekulation ein, verbot den Aktienhandel und versagte beiden Gesellschaften die obrigkeitliche Genehmigung zur Errichtung.

So blieb denn das hamburgische Assekuranzgeschäft in seinen alten Bahnen, dasselbe wurde nach wie vor von Einzelassekuradeuren betrieben und es mußten die ausländischen Assekuranzbörsen in Anspruch genommen werden, sobald es sich um erheblichere Werte handelte.

Daß trotzdem das Assekuranzgeschäft in Hamburg eine immerhin ansehnliche Bedeutung beibehielt ergibt sich aus der Tatsache, daß zur besseren Grundlage für die aus den Versicherungsverträgen entstehenden Rechtsstreitigkeiten „ein Hochweiser Rath“ der Stadt Hamburg im Jahre 1731 eine „Assekuranz- und Havareyordnung“ publizierte.

Im Laufe der zweiten Hälfte des XVIII. Jahrhunderts nahm der Handelsverkehr und Hand in Hand mit ihm die Seeassekuranz infolge des Aufblühens der transatlantischen Länder einen allgemeinen Aufschwung, so daß sich in Hamburg bei dem Versicherungsbetrieb der Einzelassekuradeure die beschränkte Deckungsmöglichkeit der ständig zunehmenden Werte des Handelsverkehrs ganz besonders geltend machte. Das Bedürfnis nach starken Kapitalassoziationen nach dem längst bestehenden Vorbild anderer ausländischer Assekuranzbörsen trat um jene Zeit besonders scharf hervor.

„Die unmittelbare Veranlassung zur Entstehung der ersten Hamburger Assekuranzgesellschaft war die Handelskrisis des Jahres 1763, welche in Amsterdam wie in Hamburg zahlreiche

Zusammenbrüche, und zwar auch unter den Assekuradeuren, zur Folge hatte. Da nun noch immer viele Versicherungen, und zwar während des Siebenjährigen Krieges in besonders erheblichem Maße, von Hamburg aus bei den Amsterdamer Kapitalisten genommen wurden, so erwuchsen der Hamburger Kaufmannschaft und Rhederei durch die Fallissemente vieler dortiger Assekuradeure schwere Verluste[1])."

Diese Verhältnisse führten zur Errichtung der ersten Assekuranzkompagnie in Hamburg[2]). Die Gesellschaft trat 1765 ins Leben mit einem Stammkapitale von 500000 Rtlr. in 500 Aktien bei 20% barer Einzahlung. Sie zeichnete auf ein und dasselbe Risiko bis zu 10000 oder 15000 Rtlr. Damit war die Möglichkeit geschaffen, jetzt auch am Hamburger Platze für umfangreichere Werte Versicherung zu finden.

In demselben Jahre, in dem in Hamburg der Betrieb der Seeversicherung durch die Gründung der ersten Assekuranzkompagnie einen starken Rückhalt erhielt, wurde in Berlin der Grundstein zu einem Schwesterbau der Seeversicherung — der Binnentransportversicherung — gelegt, durch die Errichtung einer Assekuranzkompagnie (Assekuranzkammer) in Berlin, welche von Friedrich dem Großen mit einem ausschließlichen Privilegium für 30 Jahre ausgestattet wurde[3]).

Beide Gebäude — die See und die Binnentransportversicherung — wurden, wie wir im weiteren Verlaufe unserer

---

1) Kiesselbach, a. a. O, S. 53f.

2) Plaß, a a O., S. 156ff.

3) Zeitschrift für Recht, Verfassung und Verwaltung der Versicherungsgesellschaften von Dr. F. Wallmann, I. Jahrgang S 107 Berlin 1867.

Wie aus der an dieser Stelle abgedruckten Verfassung hervorgeht, war diese mit einer Million Taler (25% Bareinzahlung) ausgestattete Gesellschaft zwar anfänglich auch für den Betrieb der Seeversicherung bestimmt. Sie hat auch, wie Plaß, a. a. O., S 170 berichtet, alsbald in Hamburg eine ihrer ersten Geschäftsstellen errichtet, hat aber offenbar infolge mangelnder Erfahrung ihrer leitenden Organe schlechte Geschäfte auf dem Gebiete der Seeversicherung gemacht, so daß sie, wie aus einer archivalischen Studie von Dr. W. Altmann in der Zeitschrift für die gesamte Versicherungswissenschaft Bd II S. 214 ff. über ihre Nachfolgerin, die „Preußische Neue Assekuranzkompagnie von 1792", hervorgeht, die auswärtigen Kontore einzog und sich vorwiegend dem Betrieb der bis dahin geschichtlichen Darstellung sehen werden, etwa ein Jahrhundert später zu dem Gesamtbau der „allgemeinen Transportversicherung“ vereinigt.

Die guten Erfolge der ersten Hamburgischen Assekuranzkompagnie auf dem Gebiete der Seeversicherung führten in kurzer Zeit zur Errichtung weiterer Gesellschaften in Bremen (1769) und in Hamburg (1771) und späterhin auch in Riga (1783) und in Lübeck (1795).

Infolge des mächtigen Aufschwungs, den die Hamburger Assekuranzbörse mit dem 1793 beginnenden Kriege der Seemächte gegen Frankreich erlebte, schossen in Hamburg neue Assekuranzkompagnien wie Pilze aus dem Boden.

Im Jahre 1805 -- also nur 40 Jahre nach Gründung der ersten Assekuranzkompagnie — waren in Hamburg 40 Gesellschaften, darunter mehrere Vertretungen auswärtiger (englischer und österreichischer) Gesellschaften, und 13 Privatassekuradeure tätig, welche im Laufe dieses Jahres Versicherungen über den Betrag von 308 Millionen Mark Banko (462 Millionen Mark in heutigem Gelde) abschlossen.

Die gegen das Ende des Jahres 1806 erfolgende Besetzung der Stadt Hamburg durch die Franzosen und der sich daran knüpfende Verlust der Neutralität bezüglich aller aus England und den englischen Kolonien kommender Waren, sowie die Aufbringung und Wegnahme zahlreicher in Hamburg versicherter Schiffe und Güter durch die Engländer versetzte der so glänzend entwickelten Hamburger Assekuranzbörse den Todestoß. Auch die oben S. 32 in der Anmerkung erwähnte „Preußische Neue Assekuranzkompagnie von 1792“ scheint in diesen Kriegswirren ihr Ende gefunden zu haben.

Im Jahre 1814 befanden sich nur noch neun Hamburger Kompagnien am Leben. Hamburgs Assekuranzgeschäft war, wie Hamburgs Handelsstellung überhaupt, vollständig vernichtet und mußte von Grund aus neu aufgebaut werden.

---

unbekannten Stromversicherungen auf der Weichsel, Elbe und Oder zuwandte.

Im Anschluß an die Gründung der Assekuranzkompagnie von 1765 erließ Friedrich der Große 1766 auch die preußische Assekuranz- und Haverey-Ordnung.

Nach der Befreiung Hamburgs von der Franzosenherrschaft schien sich die Assekuranzbörse anfangs wieder rasch zu erholen, es trat aber alsbald wieder ein Rückschlag ein, der hauptsächlich der erfolgreichen Konkurrenz der englischen Assekuradeure zuzuschreiben ist[1]).

„Erst als seit dem Ende der zwanziger Jahre der Handel und der Schiffahrtsverkehr sowohl mit den nun unabhängigen südamerikanischen Ländern als auch mit Nordamerika und Westindien, insbesondere nach dem Abschlusse der Handelsverträge mit den Vereinigten Staaten und mit Brasilien 1827, einen Aufschwung nahm, begann auch der Umfang des Assekuranzgeschäfts wieder zuzunehmen." Im Jahre 1852 waren in Hamburg wieder 22 Assekuranzkompagnien tätig, während die Zahl der Privatassekuradeure bis auf einige wenige zusammengeschmolzen war.

Hamburgs Assekuranzbörse beherrschte das ganze Gebiet des nordischen und östlichen Handels, während den übrigen deutschen Assekuranzmärkten nur mehr oder weniger lokale Bedeutung innewohnte.

Mit dem Anbruch des Zeitalters der Telegraphie und der transatlantischen Dampfschiffahrt in den fünfziger Jahren des vorigen Jahrhunderts begann für das Seeversicherungsgeschäft eine neue Epoche. „Mit dem allgemeinen wirtschaftlichen Aufschwunge, welchen Handel und Verkehr infolge der neuen Erfindungen auf dem Gebiete des Verkehrswesens nahmen, ging eine Steigerung des Wohlstandes Hand in Hand, welche auf allen wirtschaftlichen Gebieten auch in der Gründung neuer Unternehmungen ihren Ausdruck fand. Auch im Transportversicherungsgewerbe suchten alsbald an vielen Orten neue Kapitalien Anlage. Im Binnenlande, wie auch an manchen Seeplätzen, die bisher Versicherungsgeschäfte nicht gehabt hatten, wurden nun Seeversicherungsgesellschaften errichtet. Die Einrichtung von Telegraphen, mittels deren man innerhalb weniger Stunden mit andern Orten Nachrichten auswechseln konnte, hatte ferner zur Folge, daß zahlreiche Gesellschaften an andern Plätzen Agenturen errichteten und auf diese Weise ihre Geschäfte

[1]) Kiesselbach, a. a. O., S. 66 f.

zu vermehren begannen. Denn erst die Möglichkeit, auf telegraphischem Wege jeden Augenblick dem Agenten Anweisungen erteilen und Mitteilungen von ihm erhalten zu können, gab den Versicherungsgesellschaften den Mut, in ausgedehnterem Maße sich durch Agenturen an dem Geschäfte anderer Börsen zu beteiligen"[1]).

Im Jahre 1872 bestanden in Hamburg neben 23 Lokalkompagnien 22 Agenturen auswärtiger Seeversicherungsgesellschaften, welche das Geschäft der Hamburger Kompagnien erheblich beeinträchtigten, so daß diese im Laufe der Zeit (1884) dazu übergehen mußten, durch Errichtung auswärtiger Agenturen diese Einbuße an Geschäften wieder wett zu machen.

Im Anfange der siebziger Jahre des vorigen Jahrhunderts begann die bereits oben angedeutete Umbildung des Seeversicherungsgeschäfts in ein „allgemeines Transportversicherungsgeschäft".

Das Stromversicherungsgeschäft, das, wie oben erwähnt, durch die 1765 errichtete Berliner Assekuranzkompagnie eingeführt und durch ihre Nachfolgerin, die „Preußische Neue Assekuranzkompagnie von 1792" in ausgedehnterem Maße fortgeführt wurde, hatte sich im Laufe des 19. Jahrhunderts stark entwickelt, was durch eine Reihe von Gründungen auf diesem Gebiete zum Ausdruck kam (1818 die Rheinschiffahrts-Assekuranzanstalt in Mainz, 1819 die Wasser-Assekuranzkompagnie in Magdeburg, 1827 die Breslauer Assekuranzkompagnie, 1829 die Leipziger Fluß-Assekuranzkompagnie usw.); mit der Einführung der Eisenbahnen in Deutschland vom Beginn der dreißiger Jahre des vorigen Jahrhunderts an, machte sich das dringende Bedürfnis nach Aufnahme der Landtransportversicherung[2]) geltend, was wiederum die Errichtung von neuen Gesellschaften zur Folge hatte (1841 die Land- und Wasser-

---

[1]) Kiesselbach, a. a. O, S. 86.

[2]) Vereinzelte Landtransportversicherungen kennen wir allerdings schon aus dem 14. Jahrhundert; aus dem 16. und 17. Jahrhundert sind uns auch Versicherungen für den Frachtverkehr zu Lande und auf Flüssen bekannt, die namentlich an der Antwerpener Börse abgeschlossen wurden; ferner ist noch zu erwähnen die zu Anfang des 19. Jahrhunderts von einigen Gesellschaften (österreichischen und deutschen) betriebene Versicherung des Frachtverkehrs von und zu der Leipziger Messe.

Transport-Versicherungsgesellschaft in Berlin; 1845 die Agrippina, See-, Fluß- und Landtransport-Versicherungsgesellschaft in Köln, in demselben Jahre die Düsseldorfer allgemeine Versicherungsgesellschaft für See-, Fluß- und Landtransport usw.), so daß wir bereits am Schlusse der ersten Hälfte des vorigen Jahrhunderts ein stark entwickeltes Binnentransportversicherungsgeschäft neben dem Seeversicherungsgeschäft vor uns haben.

Mit dem Aufkommen der sogenannten „durchgehenden Konnossemente“ Anfangs der siebziger Jahre des vorigen Jahrhunderts beginnt nun eine neue Epoche in der Transportversicherung.

„Dem Streben des Kaufmannstandes nach größtmöglicher Vereinfachung der geschäftlichen Operationen sind, insoferne Güter den Gegenstand derselben bildeten, anfangs einige Rheder, bald nachher Rheder in großer Anzahl dadurch entgegengekommen, daß sie sich für solche Fälle, in welchen ein einzelner Seetransport dem Zwecke der Verladung nicht vollständig entsprochen hätte, zur Übernahme kombinierter Transporte erboten. Nicht selten ereignet es sich, daß Güter nach entlegenen überseeischen Plätzen zu befördern sind, ohne daß eine direkte Verbindung zwischen dem Abfertigungsorte und dem Bestimmungsplatze besteht, was ausnahmslos dann der Fall ist, wenn der letztgedachte Platz überhaupt nur auf dem Landwege zu erreichen ist. Es gibt indessen auch Fälle, in welchen zwar eine direkte Seeverbindung zwischen Abfertigungsort und Bestimmungsplatz besteht, der direkte Weg aber, in Betracht der Weite des dorthin führenden Seewegs oder wegen seiner Kostspieligkeit, mit Ersparung von Zeit und den Umständen nach von Kosten, durch Teilung des Seetransports und Einschiebung eines Landtransports ersetzt werden kann. Die Rheder erboten sich, für alle Fälle der vorgedachten Arten die zu verladenden Güter durch von ihnen auszuführende Gesamttransporte nach deren definitiven Bestimmungsplätzen zu schaffen. Das Anerbieten der Rheder ist von zahlreichen Verladern angenommen worden. Die Benützung der denselben zur Verfügung gestellten kombinierten oder wie die Benennung später üblich geworden ist, der „durchgehenden (oder durchstehenden) Transporte“ bot denn auch den Verladern in mehreren Beziehungen Vorteile dar.

Sie ersparten durch die neue Art der Güterversendung nicht selten Zeit und Kosten, jedenfalls Mühe. Früher mußte man da, wo direkte Transportierung nicht möglich war, oder doch nicht regelmäßig zur Benützung sich darbot, an den infolgedessen zu berührenden Zwischenplätzen Spediteure bestellen, mit welchen zu korrespondieren und denen Provision zu zahlen war. Das hörte nunmehr auf. Andererseits verminderten sich für die Übernehmer der Gesamttransporte bei der verhältnismäßig großen Anzahl der von ihnen ausgeführten Beförderungen und infolge von ihrerseits getroffenen ökonomischen Einrichtungen die Kosten der Zwischenstationen, so daß sie in manchen Fällen, wenn auch wohl nicht in deren Mehrzahl, die Gesamtfrachten billiger stellen konnten, als der Kostenaufwand der Verlader für die Güterbeförderung früher betragen hatte. Meistens sind es die Inhaber großer Dampfschifflinien, welche den besprochenen Betrieb führen und sich durch Kontrakte mit Eisenbahnverwaltungen oder anderen Landtransportübernehmern, den Umständen nach mit den Inhabern anderer Dampfschifflinien, in den Stand setzen, die an den Zwischenstationen eintreffenden Güter regelmäßig und ohne Verzug weiter befördern lassen zu können[1]."

Aus dieser Aufnahme der Transporte auf „durchgehende Konnossemente"[2]), welche sich im Laufe der Zeit immer mehr einbürgerten, erwuchs nun für die Seeversicherer die Notwendigkeit auch die Gefahren des Landtransportes und des Transportes auf Flüssen und Binnengewässern zu übernehmen.

Während früher entsprechend der Trennung in See- und Landtransporte auch getrennte Versicherungen (entsprechendenfalls sogar bei verschiedenen Versicherern) genommen werden mußten, verlangten nunmehr die Ablader die Übernahme der Versicherung des Gesamttransportes, und zwar o h n e j e d e U n t e r b r e c h u n g. Der Versicherer sah sich deshalb gezwungen auch die Gefahren der erforderlichen Umladungen,

---

[1]) Dr. J. F. V o i g t: Zum See- und Versicherungsrecht, Jena 1880, S. 1ff.

[2]) F. W. S c h l o d t m a n n: Über den Seetransport auf sogenannte „durchgehende Konnossemente" Zeitschrift für das gesamte Handelsrecht Bd. XXI, S. 384ff.

der Lagerung auf den Quais, den Werften, Hulkschiffen, Bahnhöfen und in den Zollhäusern mit zu übernehmen, wodurch er sein Risiko ungemein erhöhte, namentlich durch die in die Transportversicherung eingeschlossene Übernahme der Feuersgefahr.

So wird z. B. heute Baumwolle vom Verlassen der Ginpresse[1]) bis zur Fabrik, Wolle von der Auktion an bis zur Fabrik versichert. (Versicherungen von Haus zu Haus).

Hieraus entstand nun eine weitgehende Verschmelzung der Seeversicherung mit der Binnentransportversicherung zu einer „allgemeinen Transportversicherung". Mit Rücksicht auf diese Umgestaltung der Seeversicherung, wie sie sich durch die Einbürgerung der durchgehenden Konnossemente herausbildete, mußten denn auch im Jahre 1881 die ASVB. von 1867, welche für die deutsche Seeversicherung hauptsächlich maßgebend sind, umgeändert und ergänzt werden.

Auch das Gesetz über den Versicherungsvertrag vom 30. Mai 1908 nahm auf die neue Entwicklung der Transportversicherung Rücksicht, indem es im § 147 im Interesse einer übersichtlicheren Rechtslage bestimmte, daß für derartige kombinierte See- und Binnentransportversicherungen, auch soweit die Binnentransportversicherung in Frage kommt, von einzelnen Bestimmungen über die Binnentransportversicherung abgesehen, die Vorschriften des HGB. über die Seeversicherung entsprechende Anwendung finden.

War, wie wir im Verlaufe unserer geschichtlichen Darstellung gesehen haben, der Betrieb der Transportversicherung von allem Anfang an auf einer gewissen internationalen Grundlage aufgebaut, so kann naturgemäß heutzutage bei der außerordentlichen Ausdehnung und Vervollkommnung des Verkehrswesens und bei der großen Zunahme des Handelsverkehrs der einzelnen Nationen sämtlicher Weltteile untereinander von einer **nationalen** Transportversicherung nicht mehr im Entferntesten die Rede sein; es kann zwar errechnet werden, inwieweit die einzelne Nation an dem Transportversicherungsgewerbe beteiligt ist, die Grundlagen aber der Transportversicherung sind nicht wie bei

[1]) Die Ginpressen sind kleine Pressen, in denen die Baumwolle nur notdürftig gepreßt wird, um dann per Bahn nach den großen Pressen gebracht zu werden, wo sie für den Versand bearbeitet wird.

anderen Versicherungszweigen nationale, sondern sie werden durch die Verhältnisse des Weltmarktes bestimmt und beherrscht.

Auf keinem Gebiete des Versicherungswesens macht sich der Wettkampf der Nationen so bemerkbar, wie auf dem Gebiete der Transportversicherung, weil man es hier mit der Konkurrenz der ganzen Welt zu tun hat.

II. Abschnitt.

Rechtliches.

Das deutsche Seeversicherungsrecht ist im Handelsgesetzbuch für das Deutsche Reich vom 10. Mai 1897, welches durch das Gesetz, betreffend Änderung der Vorschriften des HGB. über die Seeversicherung vom 30. Mai 1908 eine Reihe von Abänderungen erfahren hat, kodifiziert. Während im zehnten Abschnitt des vierten Buches des HGB. die Versicherung gegen die Gefahren der Seeschiffahrt behandelt ist, beschäftigen sich die übrigen Abschnitte des vierten Buches mit dem gesamten Seehandel, Bestimmungen, die vielfach in das Gebiet des eigentlichen Seeversicherungsrechts herübergreifen.

Die Vorschriften der VVG. vom 30. Mai 1908 finden auf die Seeversicherung keine Anwendung; die des VAG. vom 12. Mai 1901 nur insoweit, als die Seeversicherung von Versicherungsvereinen auf Gegenseitigkeit betrieben wird und als dem Bundesrat die Ermächtigung erteilt ist, anzuordnen, daß bestimmte Vorschriften dieses Gesetzes auch auf Unternehmungen, welche die Transportversicherung zum Gegenstande haben, Anwendung finden (§ 116 VAG.). Von dieser Befugnis hat der Bundesrat bisher keinen Gebrauch gemacht. Außerdem kommen für die Seeversicherung noch das Reichsgesetz über die Angelegenheiten der freiwilligen Gerichtsbarkeit vom 17./20. Mai 1898, welches in den §§ 149—158 das Dispacheverfahren regelt, und das Gesetz vom 27. Juli 1877, betreffend die Untersuchung von Seeunfällen wegen der durch den Spruch des Seeamts eventuell begründeten Regreßpflicht in Betracht. Im übrigen kommen, soweit das HGB. nichts anderes bestimmt, entsprechendenfalls auch die Vorschriften des BGB. zur Anwendung [1]).

Die Seeversicherungsverträge werden an den deutschen Seeplätzen in der Regel auf Grund der ASVB. von 1867 abgeschlossen. Die Versicherungsbedingungen der Bremischen Seeversicherungs-Gesellschaften von 1875, welche auf ihren Vorgängern von 1818 und 1845 beruhen, haben eine rein lokale Bedeutung.

Soweit von den Seeversicherungs-Gesellschaften, namentlich im Binnenlande andere allgemeine Bedingungen verwendet werden, sind diese den einschlägigen Bestimmungen der ASVB. von 1867 großenteils nachgebildet.

Daneben kommt es vor, daß deutsche Seeversicherer auch zu den Bedingungen von London, Rotterdam, Amsterdam, Antwerpen, Paris, Havre und anderen Börsen- und Seeplätzen zeichnen [2]).

Die jedoch in den weitaus meisten Fällen zur Anwendung kommenden ASVB. von 1867 sind aufgebaut auf den Grundsätzen des Allgemeinen Deutschen Handelsgesetzbuches [3]), welches in den deutschen Staaten im Jahre 1862 in Kraft trat.

Wenn sich die ASVB. auch in der Hauptsache dem Wortlaut der gesetzlichen Bestimmungen anschließen, so bringen sie doch vielfach Zusätze erklärenden Charakters und teilweise auch Abweichungen vom Gesetz, und zwar sowohl erweiternder, als auch einschränkender Art, die sich auf den bis dahin in

---

[1]) Den nachstehenden Ausführungen liegen hauptsächlich die Werke zugrunde:

H. Tecklenborg: ASVB. 1867, Bremen 1868;

Voigt-Seebohm: Das deutsche Seeversicherungsrecht, Jena 1887;

Dr. G. Sieveking: Das deutsche Seeversicherungsrecht, Berlin 1912;

Entwurf der Hamburger Assekuranz-Makler zu den ASVB. von 1910, Hamburg 1909.

[2]) Die Seeversicherungs-Bedingungen ausländischer Börsenplätze siehe: Dr. P. Brüders: Seeversicherungs-Jahrbuch 1913, Hamburg 1913, S. 96—142.

[3]) Eine vergleichende Darstellung der gesetzlichen Bestimmungen in den hauptsächlichsten Staaten Europas findet sich bei Th. Andersen: Die Seeversicherung. Hamburg 1888.

Hamburg geltenden „Revidierten Allgemeinen Plan Hamburgischer Seeversicherungen“ vom Jahre 1853 stützen[1]).

Infolge des Gesetzes, betreffend Aenderung der Vorschriften des HGB. über die Seeversicherung vom Jahre 1908 werden die ASVB. von 1867 zurzeit einer Revision unterzogen, deren Beendigung in baldiger Aussicht steht.

I. Der Gegenstand der Seeversicherung.

Gegenstand der Seeversicherung kann — mit zwei gesetzlich bestimmten Ausnahmen — jedes in Geld schätzbare Interesse sein, welches jemand daran hat, daß Schiff oder Ladung die Gefahren der Seeschiffahrt[2]) bestehe (§ 778 HGB., § 1 ASVB.).

Diese gesetzliche Bestimmung hat zwingenden Charakter und bedeutet, daß ein gültiger Seeversicherungsvertrag von einer Person oder für eine Person (§ 781 HGB., § 4 ASVB.) nur geschlossen werden kann, wenn diese Person ein Interesse ganz besonderer Art hat. Dieses Interesse muß nämlich darin bestehen, daß die körperlichen Gegenstände, Schiff oder Ladung, die in der Zukunft liegenden drohenden

---

[1]) Uber die geschichtliche Entwicklung der ASVB. von 1867 vgl.: Voigt-Seebohm: Das deutsche Seeversicherungsrecht Jena 1887, S. XXII ff, ferner Kiesselbach, a. a O., S. 134 ff.

[2]) Unter Gefahren der Seeschiffahrt versteht man nicht nur die Gefahren, welche fur Schiff oder Ladung mit der eigentlichen Seeschiffahrt verbunden sind, sondern auch die Gefahren, welche fur sie wahrend der Zeit verbunden sind, in der sie im Hafen liegen, wenn nur die Versicherungszeit sich auch auf die Liegezeit erstreckt.

Der Begriff der „Seeschiffahrt“ ist in der Praxis sogar auch auf die Zeit des Baues und des Stapellaufs des Schiffes ausgedehnt worden, so daß Schiffe vielfach durch Seeversicherung von der Kiellegung an oder vom Stapellauf bis zur Abnahme des Schiffes gedeckt werden, ebenso wie sie während des Liegens im Hafen oder während der Reparatur im Dock durch Seeversicherung gedeckt werden.

Daß Stapellaufrisiken unter Umständen recht bedeutende Risiken darstellen können, beweist der Vorfall mit dem 10000 Tonnen fassenden, für den Lloyd Italiano bestimmten Dampfer Principessa Jolanda, welcher im Hafen von Genua im Jahre 1907 beim Stapellauf vollständig verloren ging, ein Schaden, der den Versicherern mehrere Millionen Mark kostete (50% des Wertes von 5548000 Lire).

Gefahren der Seeschiffahrt bestehen und dieses Interesse muß in allen Fällen, ob es sich um ein zur Zeit der Versicherungsnahme bestehendes, ein zukünftiges oder ein eventuelles handelt, einen objektiv schätzbaren Geldwert besitzen, der als Versicherungswert dem Vertrage zugrunde gelegt werden kann.

Interessen, welche sich nicht an Schiff oder Ladung knüpfen, wie z. B. das Interesse, welches eine Firma an der glücklichen Ankunft eines Ingenieurs an einem überseeischen Bestimmungsort hat und solche Interessen, die nicht objektiv in Geld schätzbar sind, wie z. B. rein subjektive (Affektions-) Interessen können nicht Gegenstand der Seeversicherung sein.

Ein Vertrag darüber, daß Schiff oder Ladung die Gefahren der Seeschiffahrt bestehe, ohne daß die Person, die den Vertrag schließt oder für die er geschlossen wird, ein Interesse daran hat, welches genau den gesetzlich bestimmten Anforderungen entspricht, stellt keinen gültigen Seeversicherungsvertrag dar, sondern eine Wette, die nach den zwingenden Vorschriften des bürgerlichen Rechts (§ 762 BGB.) eine Verbindlichkeit nicht begründet.

Solche Wettassekuranzen (Polices d'honneur), bei welchen das Interesse lediglich durch den Abschluß des Versicherungsvertrags zum Ausdruck gebracht wird, können, wie die Erfahrung lehrt, zu unlauteren Manipulationen schlimmster Art führen und sind deshalb mit vollem Recht nichtig[1]).

Man hat mehrfach versucht, die Interessen, die Gegenstand der Seeversicherung sein können, wissenschaftlich zu systematisieren.

---

[1]) In England, wo man den Versicherten von der Verpflichtung, das Interesse zu bezeichnen, durch die sehr verbreitete Klausel „policy proof of interest" zu entbinden pflegte, wurde dies auch als ein großer Übelstand empfunden und es wurde deshalb im Jahre 1909 durch die sogenannte Churchill Bill der Abschluß solcher Seeversicherungsverträge (P. P. I. Policen) verboten und für strafbar erklärt. Die Strafe beträgt bis zu sechs Monaten Gefängnis oder Geldstrafe bis zu 100 £. Eine Verfolgung ist nur auf Anordnung des Attorney-General (Oberste Staatsanwalt) zulässig. Dieses Gesetz ist als eine Ergänzung des Marine Insurance Act von 1906 anzusehen, der ohnehin die rechtliche Ungültigkeit eines solchen Vertrags vorsieht.

So unterscheidet z. B. der bekannte Versicherungsrechtslehrer V. Ehrenberg[1]) drei große Interessengruppen:

A. die Interessen des Transportunternehmers;

B. die Interessen der Ladungsbeteiligten;

C. die Interessen der Gläubiger des Rheders oder der Ladungsinteressenten an Schiff und Ladung.

Manes[2]) teilt diese Interessen ein

1. in solche, die unmittelbar mit dem Körper des Schiffes oder der Ladung verbunden sind;
2. in solche, die nur mittelbar durch Verbindung mit den Produkten des Schiffes oder der Ladung verbunden sind;
3. in solche, die mit Akzessionen derselben verbunden sind;
4. in solche, die mit Surrogaten derselben verbunden sind.

Der Gesetzgeber führt im § 779 HGB. (§ 2 ASVB.) eine Reihe solcher versicherbaren Interessen als Beispiele an; daß es sich bei Aufführung dieser Interessen nur um einige Beispiele handelt, und daß auch andere, hier nicht aufgezählte Interessen, die den Voraussetzungen des § 778 HGB. entsprechen, versichert werden können, ergibt sich aus dem Worte „insbesondere", wenn er sagt: „Es können insbesondere versichert werden."

Unter den versicherbaren Interessen werden nun diejenigen aufgeführt, die im Versicherungsverkehr die größte Rolle spielen.

Hier kommen in allererster Linie in Betracht die Interessen[3])

---

[1]) Assekuranzjahrbuch von Ehrenzweig: Das Interesse bei der Seeversicherung Bd. XXII S. 3 ff.

[2]) Handwörterbuch für Staatswissenschaften von Conrad und Lexis, Jena 1901, Bd. VII S 184.

[3]) Streng genommen, würde eine genaue Abfassung eines Seeversicherungsvertrags erfordern, daß das Interesse, welches unter Versicherung gebracht werden soll, in dem Vertrage genau bezeichnet wird. Im Interesse der Vereinfachung des Verkehrs pflegt aber von einer so genauen Abfassung der Versicherungsverträge abgesehen zu werden. Der Rheder pflegt nicht zu versichern: „sein Interesse als Eigentümer des Schiffes," sondern er nimmt Versicherung „auf das Kasko des Schiffes". Der Ladungsinteressent versichert nicht „sein Interesse als Eigentümer der Güter in dem Schiff", sondern er nimmt Versicherung „auf Güter in dem Schiff." Das HGB. erklärt dies ausdrücklich für statthaft, indem es sich in dem § 779 des Ausdruckes bedient: „Es können insbesondere versichert werden: $\frac{\text{das Schiff}}{\text{die Güter.}}$"

die jemand daran hat, daß das Schiff und die Güter die Gefahren der Seeschiffahrt bestehen.

Solche Interessen hat vor allen Dingen der Eigentümer des Schiffes oder der Güter. Aber auch andere Personen können ein in Geld abschätzbares Interesse daran haben, daß das Schiff oder die Güter die Gefahren der Seeschiffahrt bestehen und auch diese Personen können ein solches Interesse an dem Schiff und den Gütern versichern.

Ferner können unter Versicherung gebracht werden die Fracht und die Überfahrtsgelder. Gegenstand der Frachtversicherung und der Überfahrtsgelderversicherung ist das Interesse des Versicherten, daß ihm nicht die Fracht, d. h. die Vergütung für Beförderung von Gütern zur See und die Überfahrtsgelder, d. h. die Vergütung für Beförderung von Personen über See durch Seeunfälle, welche Schiff oder Ladung oder beide betreffen, ganz oder teilweise verloren gehen.

Des weiteren führt der Gesetzgeber auf die Bodmereigelder, die Havereigelder und andere Forderungen, zu deren Deckung Schiff, Fracht, Überfahrtsgelder oder Güter dienen.

Bodmerei ist ein Darlehnsgeschäft, welches von dem Schiffer als solchem, kraft seiner gesetzlichen Befugnisse unter Zusicherung einer Prämie und unter Verpfändung von Schiff, Fracht und Ladung oder von einem oder mehreren dieser Gegenstände in der Art unter Ausstellung eines Bodmereibriefes (§ 682 HGB.) eingegangen wird, daß der Gläubiger wegen seiner Ansprüche nur an die verbodmeten Gegenstände nach der Ankunft des Schiffes an dem Orte sich halten kann, wo die Reise enden soll, für welche das Geschäft eingegangen ist (§ 679 HGB.). Da der Bodmereigläubiger sich wegen seiner Forderung nur an die verbodmeten Gegenstände halten kann, so hat er ein versicherbares Interesse daran, daß sie die Gefahr der Bodmereireise bestehen. Gehen sie verloren, so erhält er nichts zurück; werden sie beschädigt, so erleidet er insoweit eine Einbuße, als die beschädigten Gegenstände die Bodmereiforderung nicht decken.

Die Havereigelder stehen in enger Verwandtschaft mit den Bodmereigeldern. Ihr Begriff ist im HGB. nicht näher dargelegt worden. Wie die Bodmereigelder sind sie das Ergebnis eines vom Schiffer zur Beseitigung eines der Vollendung der Reise entgegengetretenen Notstandes abgeschlossenen Kreditgeschäfts, bei welchem der Darleiher in der Regel auf diejenige Sicherheit beschränkt wird, welche ihm die ihm zu eventueller Befriedigung angewiesenen Gegenstände, Schiff, Fracht und Ladung (oder einzelne Teile derselben) gewähren (§§ 754 Ziff. 6, 755, 756 HGB.).

Das Interesse, welches der Darleiher von Havereigeldern unter Versicherung zu bringen Veranlassung hat, weicht von demjenigen, was oben in betreff des Interesses bei zu versichernden Bodmereigeldern bemerkt worden ist, nicht ab.

Dann kann versichert werden der von der Ankunft der Güter am Bestimmungsort erwartete Gewinn (imaginäre Gewinn), die zu verdienende Provision und die von dem Versicherer übernommene Gefahr (Rückversicherung).

Der Kaufmann, der seine Güter über See sendet, hat entweder bei bereits bewerkstelligtem Verkauf und bei behaltener Ankunft der Güter einen sicheren Gewinn oder er rechnet in der Regel damit, daß der Wert des Gutes am Bestimmungsort den Wert am Abgangsort zuzüglich der Versendungskosten übersteigt, d. h. er rechnet mit einem wahrscheinlichen Gewinn. Der Versicherer verspricht in diesem Falle ein Äquivalent für die Möglichkeit des Gewinns, falls diese durch die Gefahren der Seeschiffahrt vereitelt oder beeinträchtigt wird. Natürlich ist unter „erwartetem Gewinn“ nicht ein auf unbestimmten und unbegründeten Möglichkeiten basierter Gewinn, sondern nur ein solcher zu verstehen, der zur Zeit des Abschlusses des Versicherungsvertrags nach kaufmännischer Berechnung objektiv möglicherweise zu erwarten war.

Nicht selten wird als imaginärer Gewinn auch der Verlust versichert, den der Kaufmann erleidet, wenn die von ihm verkaufte Ware den Bestimmungsort nicht erreicht und er sich zur Erfüllung seines Kaufvertrags eindecken muß; der Verlust besteht in dem Unterschiede zwischen dem Preis der Ersatzware und dem Einstandspreis der verkauften Ware (ein analoger Versicherungsvorgang besteht auf dem Gebiete der Feuerversicherung bei der Zuckerpreisdifferenz-Versicherung).

Unter Provision ist die Vergütung zu verstehen, welche jemand durch seine Tätigkeit als Makler, Kommissionär u. dgl. mit Bezug auf Schiff oder Ladung verdient. Insoweit er diese Vergütung nur verdient, wenn Schiff oder Ladung einen bestimmten Hafen erreichen, hat er ein versicherbares Interesse daran, daß Schiff oder Ladung die Gefahren der Seeschiffahrt bestehen. Endlich das letzte Beispiel des Gesetzgebers, die Rückversicherung, anlangend, so liegt bei ihr das Interesse an dem Bestehen der Gefahren der Seeschiffahrt seitens des Schiffes oder der Ladung bei dem Erstversicherer so auf der Hand, und der Geldwert des Interesses ist so klar und bestimmt, daß hierüber nicht viel Worte zu verlieren sind. Nur so viel ist zu bemerken, daß ausdrücklich das Interesse als Rückversicherung oder Retrozession (Rückversicherung der Rückversicherung) zu bezeichnen ist, da die Kenntnis dieser Tatsache mit Rücksicht auf die Eigentümlichkeiten dieser Vertragstypen für den Rückversicherer und den Retrozessionar von entscheidendem Einflusse sein können.

Die im § 779 HGB. (§ 2 ASVB.) beispielsweise angeführten versicherbaren Interessen ließen sich nun beliebig vermehren.

Gesetzt ein Rheder hätte eine vorteilhafte Verfrachtung seines noch auf einer Reise befindlichen Schiffs über eine erst nach dessen Ankunft am Bestimmungsorte anzutretende Fahrt geschlossen, oder jemand hätte sich unter einer Konventionalstrafe verpflichtet, nach einem gewissen Platze zu verschiffende Güter dort zu liefern, so würde nichts entgegenstehen, das Interesse, nicht durch einen Seeunfall an der Erfüllung des Vertrags verhindert zu werden, unter Versicherung zu bringen.

Nur zwei Fälle des Interesses, für welche sonst die Voraussetzungen für die Versicherbarkeit vorliegen würden, sind vom Gesetzgeber ausgeschlossen worden.

Der erste ist die Heuerforderung, d. h. die Forderung des Lohnes des Schiffers und der Schiffsmannschaft (§ 780 HGB. § 3 ASVB.) und der zweite ist die Versicherungsprämie bei der Versicherung der Bodmereigelder (§ 803 HGB., § 26 ASVB.).

Was die letztere Ausnahme anbelangt, so beruht ihr Grund darin, daß der Bodmereigläubiger in der Bodmereiprämie, die er nach dem § 803 HGB. einschließlich der Bodmereigelder versichern kann, bereits den Ersatz für die Versicherungsprämie erhalten hat.

Für die erste Ausnahme ist wohl der bestimmende Grund darin zu erblicken, daß die Versicherbarkeit der Heuerforderungen, falls sie gestattet wäre, aller Wahrscheinlichkeit nach von Schiffern und vom Schiffsvolk häufig benutzt werden würde und daß infolge davon der ohne dieselbe für die Schiffsmannschaften bestehende Antrieb, unter gefährdenden Umständen die äußersten Anstrengungen zur Rettung von Schiff und Ladung aufzuwenden, wegfallen würde.

Die Unversicherbarkeit der Heuerforderungen ist schon in den alten Seerechten festgelegt; Teklenborg[1]) spricht dieser Bestimmung in der Praxis alle Bedeutung ab. „Pietät gegen die alten Gesetze scheint die Ursache ihrer Fortpflanzung zu sein.“ Erwähnenswert dürfte sein, daß nach englischem und nordamerikanischem Recht der Schiffer (shipmaster) seine Heuerforderung wirksam versichern kann.

II. Die Vertragsparteien bei der Seeversicherung. — Die Versicherungspolice. — Die Versicherungssumme. — Der Versicherungswert.

Die Vertragsparteien bei der Seeversicherung sind der Versicherungsnehmer und der Versicherer. Versicherungsnehmer ist jeder, welcher die Versicherung nimmt, d. h. mit dem Versicherer einen Vertrag abschließt.

Dies kann in verschiedener Weise erfolgen:

a) Der Versicherungsnehmer kann sein eigenes Interesse unter Versicherung bringen; dann ist er gleichzeitig der Versicherte und die Versicherung eine solche für eigene Rechnung;

b) der Versicherungsnehmer kann ein fremdes Interesse unter Versicherung bringen; dann ist die Versicherung eine solche für fremde Rechnung;

c) der Versicherungsnehmer läßt bei Abschluß der Versicherung unbestimmt, ob die Versicherung für eigene oder fremde Rechnung genommen wird; dann liegt eine Versicherung „für Rechnung wen es angeht“ vor.

---

[1]) Teklenborg, a. a. O., S 2 zu § 3.

Wenn der Vertrag nicht ergibt, daß die Versicherung „für fremde Rechnung“ oder „für Rechnung wen es angeht“ genommen ist, so gilt er als für eigene Rechnung des Versicherungsnehmers genommen (§ 781 HGB., § 4 ASVB.). Versicherer ist diejenige Person (Einzelperson oder juristische Person), welche die Versicherung gibt.

Der Versicherungsvertrag ist geschlossen in dem Zeitpunkt, in dem die Parteien über die wesentlichen Punkte des Vertrags — Interesse, Gefahr, Prämie — einig sind.

Der Seeversicherungsvertrag tritt mit dem Abschluß des Vertrags sofort in Kraft; seine Wirksamkeit ist nicht etwa, wie in den übrigen Versicherungszweigen in der Regel von der Bezahlung der ersten Prämie oder Prämienrate nebst Gebühren abhängig. Zwar bestimmt der § 812 HGB. in der Fassung des Gesetzes vom 30. Mai 1908, daß die Prämie, sofern nichts anderes vereinbart ist, sofort nach dem Abschluß des Vertrags und wenn eine Police verlangt wird, gegen Auslieferung der Police zu zahlen ist.

In der Seeversicherung bestehen aber für die Prämienfälligkeitstermine an den einzelnen Börsenplätzen verschiedene Usancen, die je nach der Art der Versicherungen, um die es sich handelt, verschieden sind. So sind z. B. in Hamburg bei Güterversicherungen die Prämien vierteljährig fällig, und zwar nach Ablauf des Kalenderquartals, in welchem die Versicherungen abgeschlossen, oder angemeldet worden sind; bei Reisekaskos gelten dieselben Termine; für Kaskoversicherungen, die im letzten Monat eines Quartals zum Abschluß gelangen, wird häufig eine Uebertragung in das nächste Quartal gestattet; bei Zeitkaskos werden die Prämien in vierteljährigen Raten gezahlt, und zwar die erste nach Ablauf des Quartals, in dem die Versicherung beginnt und die drei übrigen Raten mit je einem Viertel der Prämie nach Ablauf der folgenden Quartale. Auch hier wird in der Regel eine Verschiebung von einem Vierteljahr zugelassen, wenn das Risiko im letzten Monat des Quartals zu laufen beginnt[1]).

[1]) Vgl. über die Fälligkeitstermine an den verschiedenen Börsenplätzen: Dr. P. Brüders: Seeversicherungs-Jahrbuch 1913, Hamburg 1913, S 172 ff.

Der Schuldner der Prämie ist nach § 812 HGB. der Versicherungsnehmer. Ist dieser mit der Zahlung der Prämie im Verzuge, so kann ihm der Versicherer gemäß § 326 BGB. zur Bewirkung der Zahlung eine angemessene Frist mit der Erklärung bestimmen, daß er die Zahlung nach dem Ablaufe der Frist ablehne; nach dem Ablaufe der Frist kann er vom Vertrage zurücktreten, wenn nicht die Bezahlung rechtzeitig erfolgt.

Der Ausstellung einer von dem Versicherer unterzeichneten Urkunde über den abgeschlossenen Versicherungsvertrag (Police) bedarf es zur Gültigkeit des Vertrags nicht; der Versicherer ist jedoch verpflichtet auf Verlangen des Versicherungsnehmers ihm eine Police über den Versicherungsvertrag auszuhändigen (§ 784 HGB., § 7 ASVB.). In der Praxis werden regelmäßig Policen ausgestellt, da die an deutschen Seeplätzen über Seeversicherung Kontrahierenden fast ausnahmslos von der Absicht ausgehen, daß die getroffene Vereinbarung durch Zeichnung einer Police festgestellt wird. Die Police enthält in der Regel Angaben über:

1. das versicherte Interesse;
2. den Betrag der Versicherungssumme;
3. das Transportmittel (Name des Schiffes und des Schiffers);
4. die Reise (Abgangsort oder Abladeort und Bestimmungsort) oder den Zeitraum für welchen der Versicherer die Gefahr trägt;
5. den Betrag der Prämie;
6. die Gefahren, welche die Versicherung decken soll;
7. die Bedingungen, unter welchen die Versicherung genommen wurde;
8. die Bezeichnung der Parteien;
9. das Datum des Abschlusses;
10. die Adresse des Havariekommissars, an den sich der Versicherte im Schadenfalle zu wenden hat und den Namen des Maklers, der die Versicherung abgeschlossen hat.

Die Versicherungssumme ist der Betrag, den der Versicherer zu zahlen verspricht, wenn das versicherte Interesse verloren geht. Die Versicherungssumme darf aber den

Versicherungswert, d. h. den vollen Wert des versicherten Interesses, nicht übersteigen. Nach welchen Grundsätzen der Versicherungswert der einzelnen Interessen zu berechnen ist, bestimmen die §§ 795 ff. HGB. (§ 18 ff. ASVB.). Übersteigt die Versicherungssumme den Versicherungswert, dann liegt Überversicherung vor und die Versicherung hat insoweit keine rechtliche Geltung, als die Versicherungssumme den Versicherungswert übersteigt (§ 786 HGB, § 9 ASVB.).

Die Versicherungssumme kann aber auch kleiner sein als der Versicherungswert; dann liegt eine Unterversicherung vor und der Versicherer haftet dann im Falle eines teilweisen Schadens für den Betrag des letzteren nur nach dem Verhältnisse der Versicherungssumme zum Versicherungswerte. (§ 792 HGB., § 15 ASVB.)

Ein Interesse kann gegen dieselbe Gefahr auch bei mehreren Versicherern in der Weise versichert werden, daß die Versicherungssummen zusammen den Versicherungswert überschreiten. Dann liegt eine sogenannte Doppelversicherung vor. Tritt bei einer Doppelversicherung ein Schaden ein, so erhalt der Versicherte von seinen Versicherern zusammen nie mehr als seinen wirklichen Schaden ersetzt; die Versicherer, die dem Versicherten als Gesamtschuldner verhaftet sind, gleichen sich in der Bezahlung des Schadens nach Verhältnis ihrer dem Versicherten gegenüber bestehenden Zahlungsverpflichtungen aus.

Ist vom Versicherten jedoch die Doppelversicherung in betrügerischer Absicht geschlossen, so ist der Vertrag nichtig und der gutgläubige Versicherer kann trotz der Nichtigkeit des Vertrags die ganze Prämie verlangen.

In der Regel wird die Versicherungssumme vom Versicherungsnehmer dem Versicherer aufgegeben, der sie im Vertrauen auf die Rechtschaffenheit des Versicherungsnehmers dem Versicherungsvertrage zugrunde legt.

Die Frage, ob die Versicherungssumme mit dem Versicherungswerte übereinstimmt, kommt in diesen Fällen nur beim Eintritt eines Schadens zum Austrag.

Eine solche Police nennt man eine offene Police.

Es kommen aber in der Seeversicherung, namentlich bei Kaskoversicherungen, Policen vor, in denen der Versicherungswert von vornherein durch Vereinbarung der Parteien auf eine bestimmte Summe (Taxe) festgesetzt wird.

Solche Policen heißen taxierte Policen. Die Taxe ist dann im Schadenfalle für den Versicherungswert maßgebend; eine solche Taxe kann nur nach den Vorschriften des BGB. wegen Irrtums oder arglistiger Täuschung angefochten oder wegen wesentlicher Übersetzung herabgesetzt werden. Eine geringe unwesentliche Überschreitung des wirklichen Wertes soll aber den Versicherer nicht zur Herabsetzung der Taxe berechtigen, da sonst die Sicherheit des Versicherungsverkehrs zu sehr beeinträchtigt würde.

Die Feststellung des Versicherungswertes durch Taxierung bezweckt, die gerade bei der Seeversicherung besonders schwierigen, zeitraubenden und kostspieligen Ermittlungen über den Versicherungswert abzuschneiden und eine im Interesse des Versicherten und des Versicherers liegende rasche Erledigung der Schadenvergütung herbeizuführen[1]).

III. Der Umfang der Gefahr.

Während in allen bei uns eingeführten Versicherungszweigen der Versicherer nur eine oder mehrere bestimmte Gefahren trägt, hat der Seeversicherer von Anbeginn an alle Gefahren, denen Schiff oder Ladung während der Dauer der Versicherung ausgesetzt sind, getragen.

Bereits in der ältesten uns bekannt gewordenen pisanischen Police von 1384 ist dies zum klaren Ausdruck gekommen, indem dort gesagt ist, daß der Versicherer übernimmt „ogni rischio di Dio e di mare e di gente, ed ogni caso e pericolo e fortuna e disastro o caso sinistro, che per niuno modo potesse intervenire e fosse fatto il caso o il pericolo o la fortuna o il disastro come si volesse o di che condizione“ („jede Gefahr, die

---

[1]) Dr. H. Rehm: Die Frage der Unanfechtbarkeit der Seeversicherungstaxe. Z. f. d. g. V. W. Bd. XI S. 465 ff. Dr. K. Lehmann: Über dasselbe Thema. Ebenda Bd. XI S. 785 ff

Gott schickt oder vom Meere oder von Menschen herkommt und jeden Zufall oder jede Gefahr oder jeden Schicksalsschlag und jedes Unglück, welches auf irgendeine Weise entstehen könnte, möge die Gefahr oder der Schicksalsschlag oder der Unfall entstanden sein, wie und unter welchen Bedingungen er wolle").

Die florentinische Police von 1397 zahlt über solche allgemeine Gefahrumstände hinausgehend noch beispielsweise die Feuersgefahr und verschiedene Fälle der Beschlaglegung besonders auf, nimmt aber auch ausdrücklich Beschädigungen, die aus Anlaß der Verstauung oder der Verzollung von Waren erfolgten, aus.

Dieser weitausgedehnte Umfang der Gefahr in der Seeversicherung ging aus den italienischen Policen in die niederländischen und aus diesen auf die deutschen über. Auch in den letzteren umfaßte die Versicherung alle Gefahren, welche die Seefahrt mit sich brachte; die Versicherung lief, wie die Police sagt „gegen alle Gefahr von der See, von Feuer und Winden, von Freunden und Feinden, von Briefen, von Marken und Kontremarken[1]), von Arresten und Aufhaltungen von Königen, Fürsten und von andern, auch von Veränderung des Meisters oder Schiffers und insgemein von allen Gefahren, Unglück, Fortunen, welche ihnen sollten begegnen in einigermaßen, wie solches möchte erdacht werden". Insbesondere trug der Versicherer auch die Haftung für die Schäden, die dem Versicherten durch Beiträge zur großen Haverei erwuchsen.

Nur zwei Ausnahmen von dieser allgemeinen Haftung kannte das Recht. Einmal traf den Versicherer nicht der Schaden, welcher im eigenen Verschulden des Versicherten seine Ursache hatte. Die zweite Ausnahme betraf nur den Fall der Kargoversicherung: Für Schaden von leicht verderblichen Waren infolge ihrer natürlichen Eigenschaften, und bei flüssigen Waren für Leckage, haftete der Versicherer nicht, es sei denn, daß die Beschädigungen die Folge äußerer Unfälle oder außerordentlicher Verzögerungen der Reise durch obrigkeitliche Anhaltungen gewesen wären[2]).

---

[1]) D. s. Briefe von Repressalien und Gegenrepressalien (Kaperbriefe).

[2]) Kiesselbach a. a. O., S. 115.

Einer Gefahr, die heutzutage keine Rolle mehr in der Seeversicherung spielt, der aber in der Zeit des Mittelalters bis herauf zu dem Beginne des vorigen Jahrhunderts eine ausschlaggebende Bedeutung für die Einbürgerung der Seeassekuranz, aber auch für die Bemessung der teilweise erschreckend hohen (10—20%) Prämien zukam, muß an dieser Stelle besonders gedacht werden: der Gefahr des Seeraubs (§ 820 Ziff. 4 HGB.).

Namentlich im Mittelmeer und an den portugiesischen Küsten lauerten die gefürchteten Raubschiffe der Barbaresken den Kauffahrteischiffen auf, raubten dieselben aus und nahmen die Besatzung gefangen, schleppten sie in die Sklaverei und ließen sie nur gegen hohes Lösegeld wieder frei. Wie groß die Gefahr war, welche alle Seefahrer in den westlichen Meeren bedrohte, zeigt am besten die Entstehung von drei hamburgischen Kassen zur Lösung gefangener Schiffsleute in jener Zeit. 1622 wurde die „Kasse der Stücke von Achten" zur Versicherung der hamburgischen Kapitäne und Steuerleute, 1624 die „Sklavenkasse", eine Zwangsversicherungsanstalt für die Schiffsbesatzungen der Hamburger Schiffe errichtet, den gleichen Zwecken endlich dienten die „Beckengelder"; und dennoch vermochten alle diese Kassen den an sie gestellten Ansprüchen nicht annähernd zu genügen. Allein in den Jahren 1718 bis 1729 zahlte die Admiralität in Hamburg an Lösegeldern für gefangene Seeleute an die Barbaresken 189670 M. Banko (284505 M. in heutigem Gelde).

Die Gefahr, durch Seeraub um das Seine zu kommen, war in jenen Zeiten bei weitem größer, als die, durch die Elemente geschädigt zu werden, so daß man zum großen Teile auf ihre Rechnung die rasche Entwicklung der Assekuranz setzen darf. Die geradezu außerordentliche Höhe der Prämien für die Reisen nach dem Westen ist vorwiegend der Unsicherheit der Meere durch die Barbareskengefahr zuzuschreiben. Alle Versuche, durch eine geschlossenere Organisation der nach dem Westen gehenden Flotten und durch eine bessere Bewaffnung der Schiffe, wie sie die 1624 zu diesem Zwecke ins Leben gerufene Admiralität herbeizuführen bemüht war, dem Piratenunwesen Schranken zu ziehen, erwiesen sich als erfolglos; die Piraten blieben den Kauffahrteiflotten überlegen.

Besonders schwer pflegte die Lage zu werden, wenn die Seemächte mit den Barbaresken Frieden hatten. Selbst die großen Seestaaten vermochten sich nämlich der Piraten nicht zu erwehren und machten deshalb wiederholt den Versuch, zum Schutze ihres Handels mit ihnen Verträge zu schließen. Um so ungestörter konnten zu Zeiten solcher Verträge dann die Barbaresken ihre Aufmerksamkeit den Schiffen derjenigen Nationen, mit denen sie keinen Frieden hatten, insbesondere auch den hamburgischen Kauffahrern, widmen. Denn das kleine machtlose Hamburg vermochte damals für sich allein derartige Vorteile nicht zu erringen und in die Verträge der Großstaaten wurde es trotz seiner Bemühungen niemals eingeschlossen. Da nun die Schiffe der Nationen, welche den Schutz solcher Verträge genossen, einen großen Vorzug boten, so machte sich in solchen Zeiten auch für Hamburg die Konkurrenz des Auslandes auf das drückendste geltend und die Überlegenheit der fremden Börsen fand namentlich auch in dem Stande der Assekuranzprämien ihren Ausdruck. 3—4% niedriger waren die Prämien an den Börsen derjenigen Staaten, welche gerade einen vertraglichen Frieden mit den Barbaresken genossen. Aber diese Friedenszeiten waren nie von langer Dauer.

Der Zustand, in welchen das Treiben der Seeräuber den hamburgischen Seehandel nach dem Westen brachte, wurde mit der Zeit indessen so unleidlich, daß energische Maßregeln zu seinem Schutze unumgänglich wurden. Als im Jahre 1662 eine Flotte von acht hamburgischen Kauffahrern auf der Fahrt nach Spanien zum Opfer gefallen war, begannen die Assekuradeure die Versicherungen auf diese Reise auch zu hohen Prämien zu scheuen. Unter den Vorschlägen, welche zur Abstellung des Notstandes, in den dieses Ereignis die Börse versetzte, gemacht wurden, war denn auch der, daß der Staat die Assekuranzen auf die nach dem Westen gehenden Schiffe übernehmen sollte.

Die Bürgerschaft lehnte aber diesen Vorschlag ab.

Statt dessen ergriff man andere Maßnahmen, um den Handel zu sichern.

Schon im Jahre 1662 hatte Hamburg zwei Schiffe kriegsmäßig ausgerüstet und sie der Kauffahrteiflotte nach dem Westen zum Schutze beigegeben. Diese Einrichtung, welche bald zu einer ständigen wurde, blieb sogar nicht einmal auf diese Reiseroute beschränkt, auch nach dem Norden und Osten wurden Konvoien — so hieß man diese Begleitschiffe — üblich. Denn abgesehen davon, daß die afrikanischen Seeräuber bisweilen sogar bis in den Kanal und die Nordsee vordrangen, erwiesen sich die Konvoien auch von Nutzen gegen feindliche Kaper und andere Widersacher.

Ob ein Schiff mit oder ohne Konvoi ging, wurde nun für die Prämie von entscheidender Bedeutung. In einer bremischen Quelle vom Jahre 1690 heißt es z. B., die Londoner Assekuradeure hätten trotz Winterzeit und Krieg in Anbetracht der Konvoi die Versicherung auf die Reise von London nach Bremen wie zu Friedenszeiten zu $2^1/_2\,^0/_0$ übernommen, während ohne Konvoi 8—10 $^0/_0$ bezahlt worden seien. Dennoch blieben auch für Fahrten unter Konvoi die Prämien noch sehr hoch, was um so drückender empfunden wurde, als auch die Konvoien noch große Lasten für Handel und Schiffahrt mit sich brachten. Die Werte dieser Schiffe mit Einschluß der Ausrüstung und Ladung waren nämlich für damalige Verhältnisse vielfach erheblich und betrugen 80—150000 M. Banko (120—225000 M. in heutigem Gelde). Die Konvoischiffe wurden naturgemäß auch, namentlich an der Börse von Amsterdam, versichert. Während des ganzen 17. und 18. Jahrhunderts und bis in die ersten Dezennien des 19. Jahrhunderts übte diese ständige Piratengefahr einen erheblichen Einfluß auf die Seeassekuranz aus. Noch 1806 wurde ein hamburgisches Schiff von den Algieren genommen und ebenso hören wir 1816 wieder Klagen über die Beunruhigungen der Schiffahrt Hamburgs nach Portugal, Havanna, St. Thomas und Brasilien durch die Barbaresken. 1817 suchte die Kommerzdeputation Unterhandlungen mit ihnen anzuregen. Auf dem Bundestage machte damals der Bremer Senator Smidt den Vorschlag, für die Küstenstaaten eine gemeinschaftliche Assekuranzkompagnie gegen Barbareskengefahr ins Leben zu rufen, welche Kriegsschiffe halten und die Versicherungen der Schiffe gegen die Piratengefahr übernehmen sollte. Es folgte 1818 die Gründung des antipiratischen Vereins; sehr lebhaft wurde die Bewegung wieder, als 1825 das hamburgische Schiff „Louise“ auf der Reise von Lissabon nach Hamburg von einem tripolitanischen Kaper weggenommen wurde.

Infolge dieser Vorgänge wandten sich noch 1827 sämtliche Hamburger Assekuradeure an den Senat mit der Bitte um Abschluß von Verträgen mit den Barbaresken, während gleichzeitig 21 Rheder in einer Eingabe an das Kommerzkollegium ein Vorgehen in gleicher Richtung empfahlen. Da endlich machte 1829 die Unterwerfung Algiers durch die Franzosen, der 1830 die Eroberung von Tunis und Tripolis folgte, diesem Schrecken ein Ende; auch die marokkanische Seemacht erlahmte glücklicherweise in diesen Jahren. Somit war nun der Handel wie das Assekuranzgeschäft von dieser drückenden Bürde befreit[1]). Heutzutage würde wohl niemand mehr wegen der Gefahr des Seeraubs allein eine Seeversicherung nehmen, während in früherer Zeit, wie oben erwähnt, gerade diese Gefahr ein ausschlaggebender Faktor für die Einführung und die Entwicklung der Seeassekuranz war.

Nach dem § 820 HGB. (§ 69 ASVB.) wird der Umfang der Gefahr folgendermaßen bestimmt:

Der Versicherer trägt alle Gefahren, denen Schiff und Ladung während der Dauer der Versicherung ausgesetzt sind, soweit nicht durch die nachfolgenden Vorschriften oder durch Vertrag ein anderes bestimmt ist.

Er trägt insbesondere:

1. die Gefahr der Naturereignisse und der sonstigen Seeunfälle, auch wenn diese durch das Verschulden eines Dritten veranlaßt sind, wie Eindringen des Seewassers, Strandung,

---

[1]) Die vorstehenden Ausführungen über die Barbareskengefahr entstammen:

Kiesselbach, a. a. O, S. 36, 39 ff., 82 f., 124.

E Baasch: Hamburger Convoyschiffahrt und Convoywesen, Hamburg 1896, S. 163 f., 370.

E. Baasch: Hamburg und die Barbaresken, S. 33 ff., 149 f.

F. Perels: Das internationale Seerecht der Gegenwart, Berlin 1903, S. 108 ff.

Schiffbruch, Sinken, Feuer, Explosion, Blitz, Erdbeben, Beschädigung durch Eis usw.;

2. die Gefahr des Krieges und der Verfügungen von hoher Hand, wie z. B. die Auferlegung von Zöllen;

3. die Gefahr des auf Antrag eines Dritten angeordneten, von dem Versicherten nicht verschuldeten Arrestes[1]);

4. die Gefahr des Diebstahls, sowie die Gefahr des Seeraubs, der Plünderung und sonstiger Gewalttätigkeiten;

5. die Gefahr der Verbodmung der versicherten Güter[2]) zur Fortsetzung der Reise oder der Verfügung über die Güter durch Verkauf oder durch Verwendung zu gleichem Zwecke (§§ 538–541, 732 HGB.);

6. die Gefahr der Unredlichkeit oder des Verschuldens einer Person der Schiffsbesatzung, sofern daraus für den versicherten Gegenstand ein Schaden entsteht (sogenannte „Baratterie");

7. die Gefahr des Zusammenstoßes von Schiffen, und zwar ohne Unterschied, ob der Versicherte infolge des Zusammenstoßes unmittelbar oder ob er mittelbar dadurch einen Schaden erleidet, daß er den einem Dritten zugefügten Schaden zu ersetzen hat.

Aus dieser Bestimmung, die den Umfang der Gefahr, die der Versicherer bei der Seeversicherung auf sich nimmt, noch keineswegs erschöpft, ergibt sich, daß die Seeversicherung vor allem den Zweck hat, dem Versicherten Ersatz für die während der Dauer der Versicherung durch irgendein zufälliges äußeres schadenbringendes Ereignis bewirkte Einbuße an dem Wert von Schiff oder Ladung zu leisten, und zwar muß man strenge daran festhalten, daß nur der direkte Schaden an den versicherten Gegenständen vom Versicherer zu ersetzen

---

[1]) Dr. C. Ritter: Die Arrestgefahr im Seeversicherungsrechte. Z. f. d. g. V. W. Bd. XI S. 761 ff.

[2]) „Die Gefahr der Verbodmung der versicherten Güter" besteht in dem Verlust, den die Eigentümer der versicherten Güter dann erleiden, wenn der Ertrag des mitverbodmeten Schiffes und der Fracht zur Bezahlung des Bodmereibriefs nicht hinreicht und nun die Ladungseigentümer fur den Ausfall eintreten müssen.

Es betrage z B. die Bodmereischuld 30000 M., der Ertrag von Schiff und Fracht sei 15000 M, so fällt der Rest von 15000 M. auf die Eigentümer der mitverbodmeten Güter, welcher vom Versicherer der Güter zu ersetzen ist

ist, soferne nicht der Ersatz eines weitergehenden indirekten Schadens, wie z. B. die Einbuße des imaginären Gewinns oder der zu verdienenden Provision ausdrücklich vereinbart ist (§ 801 Abs. 1 HGB., § 24 Abs. 1 ASVB.).

Aus dieser Bestimmung ergibt sich ferner, daß der Versicherer ohne eine vertragsmäßig vereinbarte Beschränkung für jeden Schaden, welcher von dem Versicherten als „während der Dauer der Versicherung" den versicherten Gegenständen zugestoßen nachgewiesen werden kann, haftet, es sei denn, daß der betreffende Schaden durch die gesetzlichen Bestimmungen von vorneherein von der Ersatzpflicht des Versicherers ausgeschlossen ist. Da aber die Versicherung bei der Übernahme einer derartig weitgehenden Haftung mit Rücksicht auf die Qualität der einzelnen Schiffe und Güter, die Jahreszeit, die Reiseroute, die politische Lage (Kriegsgefahr) usw. praktisch undurchführbar wäre, beschränken die Versicherer ihre Haftung in der Regel gegenüber dem § 820 HGB., indem sie gewisse Klauseln, wie z. B. „frei von Kriegsmolest" (§ 848 HGB., § 100 ASVB.) oder „nur für Seegefahr" (§ 849 HGB., § 101 ASVB.) usw. in den Versicherungsvertrag aufnehmen, d. h. sie zeichnen sich von der Haftbarkeit für gewisse Gefahren frei[1]).

Aus dem Vordersatze der Bestimmung des § 820 HGB. (§ 69 ASVB.), wonach die Versicherung gegen alle Gefahr gilt und wonach der Versicherer alle Gefahren, welchen Schiff oder Ladung während der Dauer der Versicherung ausgesetzt sind, trägt, und den darauf folgenden Worten „Er trägt insbesondere", muß ohne Zweifel gefolgert werden, daß die in den folgenden sieben Ziffern aufgeführten Gefahren nur beispielsweise, als oft eintretende Gefahren, besonders benannt sind, daß der Versicherer aber auch für andere, hier nicht besonders erwähnte, Gefahren haftet wie z. B. für Beschädigung von Gütern durch andere in dem Schiff verladene Güter, auch wenn der Schaden auf fehlerhafte Stauung zurückzuführen ist. Zum Zwecke der Darstellung des Umfangs der Gefahr, die der Seeversicherer

---

[1]) Da diese Beschränkungen des Umfangs der Gefahr versicherungstechnischen Erwägungen entspringen, so ziehen wir es vor, auf dieselben bei der Darstellung der Technik der Seeversicherung näher einzugehen.

auf sich nimmt, müssen wir noch die Bestimmung des § 834 HGB. heranziehen, die im Anschluß an die in Hamburg bestehende Praxis in einigen Punkten bei der Aufnahme in die ASVB. (§ 69 Abs. 2 und § 84) abgeändert wurde.

Hiernach fallen dem Versicherer zur Last die zur Rettung sowie zur Abwendung größerer Nachteile notwendig oder zweckmäßig aufgewendeten Kosten, selbst wenn die ergriffenen Maßregeln erfolglos geblieben sind; ferner die zur Ermittlung und Feststellung des dem Versicherer zur Last fallenden Schadens erforderlichen Kosten, insbesondere die Kosten der Besichtigung, der Abschätzung, des Verkaufs und der Anfertigung der Dispache, endlich die Beiträge zur großen Haverei mit Einschluß derjenigen, welche der Versicherte selbst wegen eines von ihm erlittenen Schadens zu tragen hat.

Unter großer (gemeinschaftlicher) Haverei versteht man alle Schäden, die dem Schiffe oder der Ladung oder beiden zum Zwecke der Errettung beider aus einer gemeinsamen Gefahr von dem Schiffer oder auf dessen Geheiß vorsätzlich zugefügt werden, sowie auch die durch solche Maßregeln ferner verursachten Schäden, ingleichen die Kosten, die zu demselben Zwecke aufgewendet werden (§ 700 HGB.)[1]).

Große Haverei liegt namentlich vor:

1. wenn Waren, Schiffsteile oder Schiffsgerätschaften über Bord geworfen, Masten gekappt, Taue oder Segel weggeschnitten, Anker, Ankertaue oder Ankerketten geschlippt oder gekappt werden (Schiffswurf);

2. wenn zur Erleichterung des Schiffes die Ladung ganz oder teilweise in Leichterfahrzeuge übergeladen wird (Leichterung);

3. wenn das Schiff absichtlich auf den Strand gesetzt wird, jedoch nur, wenn es zum Zwecke der Abwendung des Unterganges oder der Nehmung geschieht (Strandung);

4. wenn das Schiff zur Vermeidung einer dem Schiffe und der Ladung im Falle der Fortsetzung der Reise drohenden gemeinsamen Gefahr in einen Nothafen einläuft, insbesondere,

---

[1]) Näheres siehe: Dr. Georg Schaps: Das deutsche Seerecht, Berlin 1906, S. 593ff.

wenn das Einlaufen zur notwendigen Ausbesserung eines Schadens erfolgt, den das Schiff während der Reise erlitten hat (Nothafelung);

5. wenn das Schiff gegen Feinde oder Seeräuber verteidigt wird (Verteidigung des Schiffes);

6. wenn im Falle der Anhaltung des Schiffes durch Feinde oder Seeräuber Schiff und Ladung losgekauft werden (Loskauf);

7. wenn die Beschaffung der zur Deckung der großen Haverei während der Reise erforderlichen Gelder Verluste und Kosten verursacht oder wenn durch die Auseinandersetzung unter den Beteiligten Kosten entstehen. (Beschaffung von Havereigeldern und Auseinandersetzung der Beteiligten § 706 HGB.).

Die hier angeführten Fälle sind als besonders häufig vorkommende beispielsweise aufgezählt, sollen aber die Möglichkeit des Vorkommens anderer „großer Havereifälle" durchaus nicht ausschließen. Im § 707 HGB. sind noch einige Fälle besonders hervorgehoben, welche ausdrücklich als nicht zur großen Haverei gehörig bezeichnet werden, um etwa mögliche Zweifel hierüber auszuschließen.

Die natürliche Billigkeit fordert, daß jeder, dessen Eigentum durch Aufopferung des Eigentums eines andern gerettet worden ist, diesem andern einen verhältnismäßigen Teil seines Schadens ersetze. Schon die in der geschichtlichen Darstellung der Seeversicherung erwähnte lex Rhodia de iactu stellt hierüber Rechtsregeln auf, welche allen spätern Seerechten mehr oder weniger zur Grundlage gedient haben. Das HGB. bestimmt in § 700 Abs. 2, daß die große Haverei von Schiff, Fracht und Ladung gemeinschaftlich getragen wird.

Die Grundsätze, nach denen Schiff, Ladung und Fracht zur gemeinschaftlichen Deckung des gesamten großen Havereischadens beitragen müssen, sind in den §§ 716ff. HGB. näher dargelegt.

Die Verteilung (Dispache) der großen Havereischäden auf die Schiffsgemeinschaft und der von dieser an die direkt betroffenen Interessenten zu leistenden Vergütung wird im Gebiete des HGB. durch die ein für allemal bestellten oder in deren

Ermangelung durch die vom Gerichte besonders ernannten Personen (Dispacheure) aufgemacht. (HGB. § 729 Abs. 1).

Das Dispacheverfahren ist für See- und Binnenschiffahrt im Deutschen Reiche durch das Reichsgesetz über die Angelegenheiten der freiwilligen Gerichtsbarkeit vom 17./20. Mai 1898 (§§ 149—158) geregelt.

In einer Reihe europäischer Staaten (Schweden, Dänemark, Rußland, Frankreich, Holland, Spanien) sind es auch, wie in Deutschland, amtlich bestellte Sachverständige, welche die Dispachen aufmachen; in England werden gewohnheitsmäßig die Haverei-Regulierungen durch Privatpersonen, welche aus dieser Tätigkeit ein Geschäft machen (average-adjusters), auch wohl in einzelnen Fällen von damit beauftragten Assekuranz- oder Schiffsmaklern ausgeführt. In den transatlantischen Ländern werden die Dispachen gewöhnlich von Assekuranzmaklern (Havarie-Kommissaren) aufgemacht.

Die Fertigstellung der Dispache erfordert oft geraume Zeit und es geht natürlich nicht an, die Ladungsempfänger oder die Rheder solange in der Verfügung über ihr Eigentum zu behindern, bis festgestellt ist, welcher genaue Schadenprozentsatz auf die einzelnen Beitragswerte entfällt. Sobald deshalb der Schiffsführer große Haverei angemeldet und dabei über die geschehenen Aufopferungen berichtet hat, verlangen die Dispacheure zunächst von allen Beteiligten oder deren Versicherern die Hinterlegung eines vorläufig schätzungsweise angenommenen Betrags, des sogenannten „Einschusses“, worauf die Freigabe der beitragspflichtigen Gegenstände erfolgt. Gleichzeitig werden die Ladungsempfänger aufgefordert, den Wert ihrer Güter behufs Einstellung in die Dispache aufzugeben. Die fertiggestellten Dispachen werden alsdann von dem Versicherer nachgeprüft, zu welcher Tätigkeit umfassende Fachkenntnisse gehören, da sich die Prüfung nicht nur auf die Richtigkeit der Berechnung der Beiträge erstreckt, sondern vor allem auch darauf, ob die Art des Schadens überhaupt seine Verteilung als große Haverei rechtfertigt.

Nach dem § 727 HGB. erfolgt nun die Feststellung und Verteilung der großen Havereischäden an dem Bestimmungsort und wenn dieser nicht erreicht wird, in dem Hafen, wo die

Reise endet und nach dem § 835 HGB. (§ 86 ASVB.) bestimmen sich die Verpflichtungen des Versicherers in Ansehung der Beiträge zur großen Haverei und der nach den Grundsätzen der großen Haverei zu beurteilenden Beiträge nach der am gehörigen Orte im Inland oder im Auslande im Einklange mit dem am Orte der Aufmachung geltenden Rechte aufgemachten Dispache.

Ist also der Bestimmungsort des versicherten Schiffes oder der Ladung im Ausland gelegen, so wird die Dispache nach den dort geltenden Rechtsgrundsätzen aufgemacht und die Versicherer haben ihre Beiträge zur großen Haverei nach dieser Dispache zu zahlen, während die Versicherten, die einen großen Havereischaden erlitten haben, nicht berechtigt sind, von dem Versicherer mehr zu fordern als den Betrag, zu welchem der Schaden in der betreffenden Dispache berechnet ist.

Bei der außerordentlich großen Verschiedenheit des „großen Havereirechts" der einzelnen Staaten[1]), die sich naturgemäß für die Beteiligten als sehr lästig geltend machte, war es deshalb schon seit geraumer Zeit das Bestreben der interessierten Rheder und Seeversicherer eine gewisse internationale Vereinheitlichung der rechtlichen Bestimmungen über die große Haverei herbeizuführen.

Die erste Anregung zur Schaffung solcher internationaler großer Havereiregeln ging von der englischen „National Association for the promotion of Social Science" aus, die in ihrem Kongreß zu Glasgow am 25. September 1860 die Regelung einzelner Streitpunkte, die sogenannten „Glasgow Rules" beschloß. Nach Prüfung der einzelnen Fragen wurden auf dem Kongresse zu York am 26. September 1864 neue Regeln, die sogenannten „York Rules" aufgestellt. Dieselben fanden jedoch in der Praxis keine Annahme.

Ein Fortschritt begann erst, als die „Association for the

---

[1]) Rudolf Ullrich und Dr. Paul Brüders: Große Haverei Berlin 1903—1906. In diesem Werke findet sich eine vergleichende Zusammenstellung der „großen Havereirechte" der wichtigsten Staaten im Originaltext und in deutscher Übersetzung. Im III Bande S. 194 ff. ist auch die geschichtliche Darstellung und die Literatur der internationalen Regelung der großen Haverei gegeben.

Reform and Codification of the Law of Nations", jetzt „International Law Association" genannt, sich der Sache annahm. Sie setzte auf dem Kongreß in Antwerpen am 30. August 1877 zwölf Regeln fest, die „York and Antwerp Rules", die nahezu bei allen Beteiligten Zustimmung fanden und die sowohl von den Frachtkontrahenten durch Vereinbarung in den Konnossementen[1]) und Chartepartien[2]), als auch fast ausnahmslos von den Seeversicherern in den Policen übernommen wurden.

---

[1]) Das Konnossement ist eine Urkunde, in welcher der Schiffer bekennt, bestimmte Güter vom Ablader an Bord seines Schiffes empfangen zu haben und sich verpflichtet, dieselben dem bezeichneten Empfänger auszuantworten. (§§ 642 ff. HGB.)

Das Konnossement soll enthalten:

1. den Namen des Schiffers;
2. den Namen und die Nationalität des Schiffes;
3. den Namen des Abladers;
4. den Namen des Empfängers;
5. den Abladungshafen;
6. den Löschungshafen, oder den Ort, an welchem Order über ihn einzuholen ist;
7. die Bezeichnung der abgeladenen oder zur Beförderung übernommenen Güter, deren Menge und Merkzeichen;
8. die Bestimmung in Ansehung der Fracht;
9. den Ort und den Tag der Ausstellung;
10. die Zahl der ausgestellten Exemplare.

Auf der Rückseite pflegen die Bedingungen des Verfrachters, unter denen er die Beförderung der Güter übernommen hat, aufgedruckt zu sein (Konnossementsklauseln).

Die bedeutendsten Rhedereien Deutschlands haben sich auf einheitliche Konnossements-Bedingungen (Einheits-Konnossement), welche von einer Kommission des Vereins Hamburger Rheder unter Mitarbeit von Vertretern der Bremer Linienrhedereien im Einverständnis mit dem Verband Deutscher Exporteure und dem Verein Hamburger Assekuradeure aufgestellt wurden, festgelegt.

Bei der Aufstellung dieser Bedingungen handelte es sich darum, das richtige Maß zu finden, in dem die Rheder sich und ihre Schiffsführer mit Rücksicht auf die Billigkeit von ihrer Verantwortlichkeit auf Kosten der Assekuradeure freizeichnen können. Der Inhalt des Einheitskonnossements und die Namen der Rhedereien, die dasselbe verwenden, findet sich bei: Dr. P. Brüders: Seeversicherungs-Jahrbuch 1913, Hamburg 1913, S. 219 ff.

[2]) Die Chartepartie ist eine Urkunde über den zwischen dem Befrachter und dem Verfrachter geschlossenen Frachtvertrag (§ 557 HGB.).

Auf Grund 13jähriger praktischer Erfahrungen wurden dann die Regeln im Jahre 1890 auf dem Liverpooler Kongreß der Association eingehend revidiert und in veränderter und erweiterter Gestalt als „York-Antwerp Rules 1890“ herausgegeben. Die 1877er Regeln wurden darauf von dem Kongreß der Association in Genua im Jahre 1892 formell aufgehoben, so daß nur noch die 1890er Regeln Geltung haben.

Auf dem im Jahre 1903 abgehaltenen Kongreß der „International Law Association“ wurde der Antrag gestellt, die York-Antwerp-Regeln 1890 durch Aufnahme einer Regel über den Einfluß des Verschuldens auf die große Haverei zu erweitern.

Dieser Antrag wurde aber abgelehnt, um die Anwendung der York-Antwerp-Regeln 1890 in ihrem bisherigen Umfang nicht in Frage zu stellen. Die Regel wurde daraufhin als selbständige „Antwerp-Rule 1903“ beschlossen[1]).

Durch diese Regeln wird das Recht der großen Haverei nicht erschöpfend behandelt, so daß also immer das Recht des betreffenden Landes, wo die Dispache aufgemacht wird, subsidiär herangezogen werden muß, aber sie schaffen doch für die wichtigsten Fälle ein einheitliches Recht. Im Jahre 1885 ging von der belgischen Regierung die Anregung aus, eine internationale Gesetzgebung auf dem Gebiete der großen Haverei herbeizuführen, die aber zu einem Erfolge nicht geführt hat.

Ebenso hat es nicht an Vorschlägen gefehlt, das Rechtsinstitut der großen Haverei überhaupt zu beseitigen, die jedoch ebensowenig durchgedrungen sind, wie die eben erwähnte Anregung der belgischen Regierung.

Durch die Einführung der York-Antwerp-Regeln 1890 ist die Frage eines einheitlichen großen Havereirechts noch keineswegs zur Ruhe gekommen, da diese nur einen Teil der Streitfragen selbst regeln und im übrigen durch Regel 18 das Landesrecht des Dispachierungsortes als maßgebend bezeichnen.

Da aber die Rechte der verschiedenen Länder vielfach Tatbestände als große Haverei bezeichnen, die nach den Grundbegriffen derselben nicht als solche anerkannt werden dürften

---

[1]) Dr. P. Brüders: Seeversicherungs-Jahrbuch 1913, Hamburg 1913, S. 183ff., woselbst sich die Regeln auch abgedruckt finden.

und da die praktische Handhabung der großen Haverei zu vielen Beschwerden Anlaß gibt, muß der derzeit bestehende Zustand immer noch nicht als befriedigend, vielmehr als sehr reformbedürftig bezeichnet werden[1]).

Im Jahre 1910 wurde von der International Law Association eine Kommission aus Sachverständigen verschiedener Länder eingesetzt, welche die wichtigsten Grundsätze der großen Haverei in den einzelnen Rechten klarstellen und Vorschläge zur Ausgleichung der Rechtsverschiedenheiten machen sollte. Diese Kommission hat im Frühjahr 1912 einen eingehenden Bericht erstattet und die Pariser Versammlung der Association hat im Jahre 1912 die Kommission mit der Ausarbeitung eines Vorschlags über die Vereinheitlichung des großen Havereirechts betraut.

Dieser Vorschlag wurde dem diesjährigen Kongreß der Association in Madrid vorgelegt und wurde auch von der Versammlung vorläufig angenommen. Er soll aber im Laufe des kommenden Jahres von allen an der großen Haverei interessierten Kreisen, nämlich den Rhedern, Kaufleuten, Seeversicherern und Dispacheuren noch eingehend geprüft werden und dann in der nächsten Versammlung der Association, die Anfang September 1914 im Haag stattfinden wird, wiederum zur Verhandlung kommen.

Wenn nun der Gesetzgeber im § 820 HGB. (§ 69 ASVB.) den Grundsatz aufstellt, daß der Versicherer für alle Schäden haftet, welche die Folgen einer Gefahr der Seeschiffahrt sind, so hebt er im § 821 ausdrücklich den Grundsatz hervor, daß der Versicherer aber auch **nur** für solche Schäden haftet. Er scheidet daher ausdrücklich aus dem Haftungsbereich des Versicherers diejenigen Schäden aus, welche ihren Grund in einem Mangel der versicherten Sache haben oder welche auf den gewöhnlichen, von einem Unfall unabhängigen Einwirkungen der Reise beruhen (Ziff. 1—3). Die Ziff. 4 und 5 behandeln den Grundsatz, daß der Versicherer für solche Schäden nicht haftet, welche sich auf ein Verschulden der Versicherten gründen.

---

[1]) Vgl. Protokoll der 51. Generalversammlung des Internationalen Transportversicherungsverbandes vom Jahre 1912 S. 94ff.

Demnach fallen dem Versicherer die nachstehend bezeichneten Schäden nicht zur Last:

1. bei der Versicherung von Schiff oder Fracht:

der Schaden, welcher daraus entsteht, daß das Schiff in einem nicht seetüchtigen[1]) Zustande oder nicht gehörig ausgerüstet oder bemannt oder ohne die erforderlichen Papiere (§ 513) in See gesandt ist;

der Schaden, welcher außer dem Falle des Zusammenstoßes von Schiffen daraus entsteht, daß der Rheder für den durch eine Person der Schiffsbesatzung einem Dritten zugefügten Schaden haften muß (§§ 485, 486 HGB.);

2. bei einer auf das Schiff sich beziehenden Versicherung:

der Schaden an Schiff und Zubehör, welcher nur eine Folge der Abnutzung des Schiffes im gewöhnlichen Gebrauch ist;

der Schaden an Schiff und Zubehör, welcher nur durch Alter, Fäulnis oder Wurmfraß verursacht wird;

3. bei einer auf Güter oder Fracht sich beziehenden Versicherung der Schaden, welcher durch die natürliche Beschaffenheit der Güter, namentlich durch inneren Verderb, Schwinden, gewöhnliche Leckage u. dgl. oder durch mangelhafte Verpackung der Güter entsteht oder an diesen durch Ratten oder Mäuse verursacht wird; wenn jedoch die Reise durch einen Unfall, für den der Versicherer haftet, ungewöhnlich verzögert wird, so hat der Versicherer den unter dieser Nummer bezeichneten Schaden in dem Maße zu ersetzen, in welchem die Verzögerung dessen Ursache ist;

4. der Schaden, welcher von dem Versicherten vorsätzlich oder fahrlässig verursacht wird; der Versicherer hat jedoch den von dem Versicherten durch die fehlerhafte Führung des Schiffes verursachten Schaden zu ersetzen, es sei denn, daß dem Versicherten eine bösliche Handlungsweise zur Last fällt[2]);

5. bei der Versicherung von Gütern oder imaginärem

---

[1]) Bezüglich des Erfordernisses der Seetüchtigkeit siehe Voigt-Seebohm, a. a. O., S. 445ff.

[2]) Die Ziffern 4 und 5 sind an Stelle der bisherigen Ziffer 4 durch das Gesetz, betr. Änderung der Vorschriften des HGB. über die Seeversicherung, vom 30. Mai 1908 getreten.

Gewinn der Schaden, welcher von dem Ablader, Empfänger oder Kargadeur[1]) in dieser Eigenschaft vorsätzlich oder fahrlässig verursacht wird[2]).

IV. Dauer der Versicherung. Beginn und Ende der Gefahr.

Da die Haftbarkeit des Versicherers nach dem § 820 HGB. (§ 69 ASVB.) für alle Gefahren, denen Schiff oder Ladung „während der Dauer der Versicherung" ausgesetzt sind, besteht, so müssen vor allem die zeitlichen Grenzen, innerhalb deren die Gefahren für den Versicherer laufen, d. h. der Zeitpunkt, mit dem die Gefahr für den Versicherer beginnt und endet, genau festgelegt werden. Bei der Endigung der Gefahr ist es gleichgültig, ob die Folgen des Unfalls erst in einem späteren Zeitpunkt eintreten, wenn nur das schadenbringende Ereignis sich innerhalb der zeitlichen Grenzen ereignet hat.

Naturgemäß muß sich, um den Versicherer für einen Unfall haftbar zu machen, derselbe auch innerhalb der räumlichen Grenzen der Versicherung ereignen. In dieser Beziehung hat jedoch der Gesetzgeber von einer besonderen Bestimmung abgesehen.

Bei der Festsetzung der zeitlichen Grenzen wird unterschieden zwischen Reiseversicherungen, d. h. Versicherungen, die für eine bestimmte Reise, eine Reise von einem genau bestimmten Abgangshafen nach einem genau bezeichneten Bestimmungshafen, genommen werden, ohne Rücksicht auf die Zeit, welche im einzelnen Fall für diese Reise aufgewendet werden muß, und zwischen Zeitversicherungen, d. h. Versicherungen, die für einen genau bestimmten Zeitabschnitt (Tage, Wochen, Monate, Jahre) genommen werden.

---

[1]) Unter Kargadeur versteht man einen Bevollmächtigten des Befrachters oder Eigentümers, welcher die Schiffsladung in dessen Auftrag nach dem Absatzhafen begleitet, um sie hier für Rechnung seines Auftraggebers zu verkaufen, auch wohl aus dem Erlöse eine Rückladung zu beschaffen. Das Institut der Kargadeure ist heute von geringer praktischer Bedeutung. Die Mitsendung von Kargadeuren ist nur noch bei Unternehmungen üblich, durch die neue Absatzgebiete erschlossen werden sollen.

[2]) S. Anm. 2 auf S. 67.

Die zeitlichen Grenzen bei den Reiseversicherungen werden in den §§ 823—829 HGB. (§§ 72—78 ASVB.) bestimmt, diejenigen bei den Zeitversicherungen werden in den §§ 830, 831 HGB. (§§ 79, 80 ASVB.) festgelegt.

I. Beginn und Ende der Gefahr bei Reiseversicherungen.

Der § 823 HGB. (§ 72 ASVB.) behandelt den Beginn und das Ende der Gefahr bei Versicherung eines Schiffes.

Hierbei wird unterschieden, ob das Schiff mit Ladung oder Ballast fährt oder nicht.

Die Gefahr für den Versicherer beginnt:

a) wenn Ladung oder Ballast eingenommen wird, in dem Zeitpunkt, in welchem mit der Einnahme der Ladung oder des Ballastes begonnen wird;

b) wenn weder Ladung noch Ballast eingenommen wird, mit dem Zeitpunkt der Abfahrt des Schiffes.

Die Gefahr für den Versicherer endet:

a) wenn Ladung oder Ballast zu löschen ist, mit dem Zeitpunkt, in welchem die Löschung der Ladung oder des Ballastes im Bestimmungshafen beendigt ist;

b) wenn weder Ladung noch Ballast zu löschen ist, in dem Zeitpunkt der Beendigung der Reise, d. h. wenn das Schiff im Bestimmungshafen vor Anker gegangen oder befestigt ist.

Der § 824 HGB. (§ 73 ASVB.) behandelt den Beginn und das Ende der Gefahr bei Versicherung von Gütern, imaginärem Gewinn oder die von verschifften Gütern zu verdienende Provision. Hierbei wird unterschieden, ob es sich um eine reine Seeversicherung oder um eine kombinierte See- und Landtransportversicherung handelt. Im ersteren Falle beginnt die Gefahr für den Versicherer in dem Zeitpunkt, in welchem die Güter zum Zwecke der Einladung in das Schiff oder in die Leichterfahrzeuge vom Lande scheiden. Es ist also erforderlich, daß eine Handlung vorgenommen wird, welche bezweckt, die Güter in das Schiff oder in die Leichterfahrzeuge einzuladen und daß infolge dieser Handlung die Güter das Land verlassen. Die Gefahr beginnt für die einzelnen Güter in dem Zeitpunkt, wo sie vom

Lande scheiden, nicht etwa für alle zu verladenden Güter mit dem Zeitpunkt, wo die ersten vom Lande scheiden. Ist imaginärer Gewinn oder Provision versichert, so ist stets nur der den vom Lande geschiedenen Gütern entsprechende Teil im Risiko.

Die Gefahr endet in diesem Falle mit dem Zeitpunkt, in welchem die Güter im Bestimmungshafen an das Land gelangen, d. h. die Gefahr läuft, bis die einzelnen Güter das Land erreicht haben.

Handelt es sich um einen kombinierten See- und Landtransport, um ein sogenanntes „durchgehendes oder durchstehendes Risiko", so finden nach dem § 147 des Versicherungsvertragsgesetzes vom 30. Mai 1908 die Vorschriften des § 134 Abs. 2 dieses Gesetzes über den Beginn und das Ende der Gefahr Anwendung. Hiernach beginnt die Gefahr mit dem Zeitpunkt, in welchem die Güter von dem Frachtführer zur Beförderung oder, wenn die Beförderung nicht sofort erfolgen kann, zur einstweiligen Verwahrung angenommen werden, d. h. sobald dieser die Verfügungsgewalt über die Güter zum Zwecke des Transportes erhält; die Gefahr endigt mit dem Zeitpunkt, in welchem die Güter dem Empfänger am Ablieferungsort abgeliefert oder, wenn sich ein Ablieferungshindernis ergibt, rechtmäßig hinterlegt oder verkauft werden.

Der § 825 HGB. (§ 74 ASVB.) behandelt den Beginn und das Ende der Gefahr bei der Versicherung der Fracht- und der Überfahrtsgelder, und zwar unterscheidet derselbe bei der Versicherung der Fracht hinsichtlich des Beginns und des Endes der Gefahr zwei Fälle:

1. die Unfälle, denen das Schiff und dadurch die Fracht ausgesetzt ist und

2. die Unfälle, denen die Güter und dadurch die Fracht ausgesetzt sind.

In beiden Fällen bestimmt der Gesetzgeber als Beginn und Ende der Gefahr denselben Zeitpunkt, in dem die Gefahr bei der Versicherung des Schiffes resp. der Güter für dieselbe Reise beginnen und enden würde. Es kommen sonach die oben behandelten §§ 823 und 824 HGB. zur Anwendung.

Bei der Versicherung von Überfahrtsgeldern beginnt und endet die Gefahr mit demselben Zeitpunkt, in welchem die Gefahr bei der Versicherung des Schiffes beginnen und enden würde. Es kommt sonach der § 823 HGB. zur Anwendung.

Der Beginn der Gefahr bei der Versicherung von Bodmerei- und Havereigeldern ist im § 826 HGB. (§ 75 ASVB.) in der Weise festgelegt, daß unterschieden wird, ob ein Dritter oder der Versicherte selbst die Havereigelder hergibt. Der Dritte erhält mit dem Zeitpunkt der Hergabe ein Pfandrecht an den Gegenständen, für welche die Gelder hergegeben sind; von diesem Zeitpunkt an hat er ein versicherbares Interesse daran, daß die betreffenden Gegenstände die Gefahren der Seeschiffahrt bestehen; die Gefahr beginnt demgemäß in dem Zeitpunkt, in welchem die Gelder vorgeschossen sind; gibt dagegen der Versicherte die Gelder selbst her, so hat er ein versicherbares Interesse erst von dem Zeitpunkt ab, in welchem die Gelder verausgabt sind, und die Gefahr beginnt infolgedessen erst mit diesem Zeitpunkt.

Die Gefahr endet mit dem Zeitpunkt, in welchem sie bei einer Versicherung der Gegenstände, welche verbodmet oder auf welche die Havereigelder verwendet sind, enden würde. Es kommen also bezüglich des Endes der Gefahr die §§ 823—825 HGB. zur entsprechenden Anwendung, je nachdem es sich bei der Hergabe der Gelder um Schiff, Ladung oder Fracht handelt.

II. Beginn und Ende der Gefahr bei Zeitversicherungen.

Nach dem § 830 HGB., in der Fassung des Gesetzes vom 30. Mai 1908, beginnt die Gefahr bei einer für einen bestimmten Zeitraum geschlossenen Versicherung am Mittage des Tages, an welchem der Vertrag geschlossen wird und endigt am Mittag des letzten Tages der Frist, welche nach dem § 188 BGB. berechnet wird.

Da die Vorschrift des § 830 HGB. dispositiv ist, so steht einer anderweitigen Vereinbarung der Parteien nichts im Wege. In der Regel wird bei Versicherungen auf Zeit Anfangs- und Schlußtag vereinbart, z. B. für die Zeit von zwölf Monaten beginnend am 1. Januar 1910 bis zum 31. Dezember 1910. In einem solchen Falle ist es nicht zweifelhaft, daß der Absicht der Parteien entsprechend Anfangs- und Schlußtag voll mitzuzählen sind und daß Beginn und Ende der Gefahr nicht auf den Mittag des Anfangs- und Schlußtags fallen.

Für die Zeitberechnung ist der Ort, wo sich das Schiff befindet, maßgebend, so daß die Zeitrechnung des Schiffstagebuchs entscheidet.

V. Der Umfang des Schadens.

Bevor wir in die Darstellung des Umfangs des Schadens in der Seeversicherung eintreten, müssen wir Stellung dazu nehmen, aus welchem Grunde wir die großen Havereischäden in der Besprechung über den Umfang der Gefahr behandelt haben und nicht, wie es natürlicher erscheinen könnte, an dieser Stelle mit vorbringen.

Wenn Voigt-Seebohm[1]) behauptet: „Der Gegensatz ‚Havariegroße und Partikulärhavarie' gehört wesentlich dem Seerecht an. In dem Versicherungsrecht unterscheidet man Totalschaden und Partialschaden. Für die Verbindlichkeit des Versicherers ist der Havariegroße kein anderer Charakter beizulegen als irgendeinem sonstigen partiellen Schaden", so dürften sich doch wohl eine Reihe von Gründen anführen lassen, die gegen die dort vertretene Ansicht sprechen.

Vor allem behandelt der Gesetzgeber selbst die Beiträge zur großen Haverei in dem vierten Titel (Umfang der Gefahr) des zehnten Abschnitts (Versicherung gegen die Gefahren der Seeschiffahrt) des vierten Buches (Seehandel) des HGB. (§ 834). Er selbst weist also die Beiträge zur großen Haverei den Bestimmungen über die Haftbarkeit des Versicherers, und nicht denen über den Umfang des Schadens zu. Soweit der Versicherte zu dem großen Havereischaden eines Dritten beitragen muß, liegt auch sicherlich kein Partialschaden vor, sondern die gesetzliche Verpflichtung (die große Haverei ist ein selbständiges Rechtsinstitut, die besondere Haverei aber nicht!), den von einem Dritten erlittenen Schaden teilweise zu vergüten. Es erweitert sich hierdurch naturgemäß die Haftbar-

[1]) A. a. O. S. 517 Anm. 1 letzter Absatz.

keit des Versicherers und rechtfertigt sich schon hieraus die Stellung der Beiträge zur großen Haverei im System. Daran anschließend hat der Gesetzgeber auch für diejenigen Fälle an dieser Systematisierung festgehalten, in denen der Versicherte einen selbst erlittenen großen Havereischaden mittragen muß, in dem er für die Ersatzpflicht des Versicherers in solchen Fällen besondere Grundsätze in den §§ 835—839 HGB. (§§ 86 bis 91 ASVB.) aufstellt. Nach diesen besonderen Vorschriften ist der Versicherer nicht, wie bei Partialschäden, nach dem Versicherungswert, sondern nach den in der Dispache berechneten Werten ersatzpflichtig; auch haftet der Versicherer für große Haverei- und ihnen gleichstehende Schäden, auch wenn sie weniger als 3 % des Versicherungswerts betragen (§ 846 HGB., § 98 ASVB.).

Aus diesem Grunde haben wir, dem System des Gesetzgebers folgend, die Erörterung der Beiträge zur großen Haverei bereits oben vornehmen zu müssen geglaubt.

Alle nicht zur großen Haverei gehörigen, durch einen Unfall verursachten Schäden und Kosten, soweit die letzteren nicht unter § 621 HGB. fallen, bezeichnet der Gesetzgeber im § 701 Abs. 1 HGB. als besondere Haverei.

Die im § 621 HGB. bezeichneten Kosten der Schiffahrt, die mangels entgegenstehender Abrede dem Verfrachter zur Last fallen, wie Lotsengeld, Leuchtfeuergeld, Schlepplohn, Quarantänegelder, Auseisungskosten usw., werden kleine Haverei genannt.

Im Gesetze und in den ASVB. werden drei Gruppen von Schäden unterschieden:

1. Totalschäden (§§ 854—860 HGB., §§ 109—115 ASVB.);
2. Der Abandon (§§ 861—871 HGB., §§ 116—126 ASVB.);
3. Teilweise (Partial-) Schäden (§§ 872—881 HGB., §§ 127 bis 141 ASVB.).

Zu 1. Unter „Totalschäden“ versteht das Gesetz alle diejenigen Schäden, welche das versicherte Interesse infolge eines Seeunfalls einer derartigen Veränderung unterwerfen, daß dasselbe für den Versicherten aufgehört hat, zu existieren, also entweder zugrunde gegangen ist, wirklich vernichtet ist oder doch ihm unwiederbringlich, d. h. ohne objektive Aussicht auf

Wiedererlangung, entzogen worden ist. Zu dem Fall der „Vernichtung“ rechnet der Gesetzgeber auch die „Zerstörung der ursprünglichen Beschaffenheit“, z. B. wenn ein Schiff zum Wrack geworden ist, so daß es gar nicht mehr als Schiff angesehen werden kann oder wenn eine Ladung Fische durch das Eindringen von Seewasser verfault ist. Die eventuell geretteten Trümmer des Wracks oder die verfaulten Fische, letztere als Dünger, mögen immerhin noch einen gewissen Wert repräsentieren, der Schaden bleibt doch ein „Totalverlust“ im Sinne des Gesetzes. Dieser etwa verbleibende Wert kommt dann von der Versicherungssumme in Abzug (§ 859 HGB., § 114 ASVB.).

In dieser Auffassung des Begriffs „Totalverlust“ oder „Totalschaden“ bestimmt der Gesetzgeber im einzelnen in den §§ 854—857 HGB. (§§ 109—112 ASVB.) für die verschiedenen im HGB. beispielsweise angeführten versicherbaren Interessen (§ 779 HGB., § 2 ASVB.) das Vorliegen eines Totalverlustes.

Im Falle des Totalverlustes hat der Versicherer die Versicherungs s u m m e, sofern sie mit dem Versicherungs w e r t e übereinstimmt, zum vollen Betrage zu zahlen (§ 858 HGB., § 113 ASVB.), unter Umständen sogar noch einen höheren Betrag, wenn nämlich der Versicherte Rettungskosten gehabt hat oder falls dem Versicherer noch Kosten zur Ermittlung und Feststellung des ihn treffenden Schadens zur Last fallen (§ 834 Ziff. 3 und 4 HGB., §§ 69 Abs. 2, 84 Ziff. 3 ASVB.).

Zu 2. Während im allgemeinen nach dem Versicherungsrechte der Versicherer nur verpflichtet ist, dem Versicherten für solche Schäden Ersatz zu leisten, welche bereits tatsächlich eingetreten sind, schafft das Seeversicherungsrecht in den §§ 861—871 HGB. (§§ 116—126 ASVB.) von diesem allgemeinen Grundsatze eine Ausnahme, indem der Versicherte bereits in den Fällen einen Anspruch auf Auszahlung der Versicherungssumme gegen den Versicherer hat, in welchen ein Unfall zwar nicht sofort den d e f i n i t i v e n Verlust des versicherten Interesses (Schiff oder Güter) herbeiführt, aber doch dieses der Verfügung des Versicherten auf unbestimmte Zeit entzieht und z u g l e i c h mit großer Wahrscheinlichkeit einen später eintretenden Verlust desselben in Aussicht stellt, ohne daß dem Versicherten Mittel zur Beseitigung der Gefährdung zu Gebote stehen.

Voraussetzung dieses Anspruches des Versicherten ist aber, daß er die ihm in Ansehung des versicherten Interesses zustehenden Rechte dem Versicherer abtritt.

Der Versicherer übernimmt also gegen Zahlung der Versicherungssumme das in der derzeitigen gefährdeten Lage befindliche Interesse des Versicherten als sein eigenes Interesse, so daß ihm nunmehr alle Rechte, die der Versicherte bis dahin an den versicherten Gegenständen hatte, zustehen.

Den bei diesem Vorgang stattfindenden Akt der Übertragung der dem Versicherten an dem betreffenden Interesse zustehenden Rechte an den Versicherer, sowie den Vorgang selbst bezeichnet man mit dem Namen Abandon.

Ob der Versicherte von einer ihm dargebotenen Möglichkeit des Abandonnierens Gebrauch machen will oder ob er seine Schadensersatzansprüche gegen den Versicherer nach Maßgabe der sonst bestehenden Grundsätze geltend machen will, bleibt seinem Ermessen überlassen.

Das HGB. und ihm entsprechend die ASVB. beschränken den Abandon auf zwei Fälle (§ 861 HGB., § 116 ASVB.):

a) wenn das Schiff verschollen ist; ein Schiff, welches eine Reise angetreten hat, ist als verschollen anzusehen, wenn es innerhalb der Verschollenheitsfrist, die je nach dem Reiseweg und der Art des Schiffes (Dampfer oder Segler) drei bis zwölf Monate beträgt (§§ 862 Abs. 2, 863 HGB., §§ 117 Abs. 2, 118 ASVB.), den Bestimmungshafen nicht erreicht hat, und wenn auch innerhalb dieser Frist den Beteiligten keine Nachrichten über das Schiff zugegangen sind;

b) wenn der Gegenstand der Versicherung dadurch bedroht ist, daß das Schiff oder die Güter unter Embargo[1]) gelegt, von einer kriegführenden Macht aufgebracht, auf andere Weise durch Verfügung von hoher Hand angehalten oder durch Seeräuber genommen und nicht innerhalb einer im Gesetz festgelegten Frist (§ 861 Abs. 1 Ziff. 2 HGB., § 116 Abs. 1 Ziff. 2

[1]) Unter Embargo versteht man die Beschlagnahme von Schiffen der einen kriegführenden Macht in den Hafen der andern.

ASVB.) von sechs, neun oder zwolf Monaten, je nach der Entfernung, freigegeben sind.

Die Abandonerklärung, die unwiderruflich ist und die, um gültig zu sein, ohne Vorbehalt oder Bedingung erfolgen und sich auf den ganzen versicherten Gegenstand, soweit dieser zur Zeit des Unfalls den Gefahren der See ausgesetzt war, erstrecken muß, muß dem Versicherer innerhalb einer im Gesetz näher bezeichneten Frist von sechs oder neun Monaten (Abandonfrist) zugegangen sein, widrigenfalls der Abandon unstatthaft ist.

Im Falle der Versäumung der Abandonfrist hat der Versicherte naturgemäß das Recht, nach Maßgabe der sonstigen Grundsätze Vergütung eines Schadens zu beanspruchen (§§ 864—866 HGB., §§ 119—121 ASVB.). Der Versicherte muß dem Versicherer, wenn dieser die Rechtmäßigkeit des Abandons anerkennt, auf dessen Verlangen und auf dessen Kosten über den durch die Abandonerklärung eingetretenen Übergang der Rechte eine öffentlich beglaubigte Anerkennungsurkunde (Abandonrevers) erteilen und die auf die abandonnierten Gegenstände sich beziehenden Urkunden ausliefern (§ 871 HGB., § 126 ASVB.).

Der Abandonrevers dient zur Legitimation des Versicherers.

Der Annahme der Abandonerklärung seitens des Versicherers bedarf es nicht, sie ist eine einseitige empfangsbedürftige Willenserklärung; der Versicherer hat aber die Möglichkeit, die Rechtmäßigkeit des Abandons zu bestreiten[1]).

Zu 3. Neben den Totalschäden und dem Abandon kennt das Gesetz noch teilweise Schäden (Partialschäden).

Das HGB. behandelt die teilweisen Schäden in den §§ 872—880, und zwar in der Art, daß es je nach dem versicherten Interesse festsetzt, nach welchen Grundsätzen jeweils der teilweise Schaden ermittelt wird. Zum Schlusse bringt es noch eine Bestimmung allgemeiner Natur, die dahin lautet, daß der Versicherer den nach den §§ 872—880 zu berechnenden Schaden vollständig zu vergüten hat, wenn zum vollen Wert versichert war, d. h. wenn Versicherungssumme und Versiche-

---

[1]) Aschenheim: Der Abandon des Versicherten in der Seeversicherung. Berlin 1893.

rungswert übereinstimmen oder wenn Taxe und Versicherungssumme übereinstimmen; war nicht zum vollen Wert versichert, so hat der Versicherer nur einen verhältnismäßigen Teil dieses Schadens zu vergüten (§ 792 HGB.). Die ASVB. schließen sich den diesbezüglichen Grundsätzen des Gesetzgebers in materieller Beziehung in allen Punkten bis auf einen, auf den wir weiter unten zu sprechen kommen werden, an. Nur regeln sie bereits in dem Abschnitt über die Partialschäden auf das genaueste die geschäftliche Behandlung derselben und dasjenige, was zur Feststellung der Schäden erforderlich ist, Vertragsbestimmungen, auf die wir im nächsten Unterabschnitt näher eingehen werden.

Nach dem § 872 HGB. besteht der teilweise Schaden an einem Schiffe in dem Betrage der Ausbesserungskosten, soweit diese die Beschädigungen betreffen, welche dem Versicherer zur Last fallen. Dieser Betrag der Ausbesserungskosten ist nach bestimmten, im Gesetz näher bezeichneten Vorschriften (§§ 709, 710, 884 Nr. 4 HGB.) zu ermitteln.

Die Ermittlung erfolgt, wenn während der Reise ausgebessert wird, am Orte der Ausbesserung, sonst am Orte, wo die Reise endet.

Ist nun aber auf dem weiter unten darzustellenden vorgeschriebenen Wege festgestellt, daß das Schiff nicht reparaturfähig oder reparaturwürdig ist, so ist nach dem § 873 HGB. der Versicherte dem Versicherer gegenüber befugt, das Schiff oder das Wrack zum öffentlichen Verkauf zu bringen.

Diesen Vorgang der Feststellung der Reparaturunfähigkeit oder -unwürdigkeit des Schiffes nennt man Kondemnation.

Im Fall des Verkaufs des kondemnierten Schiffes besteht der Schaden in dem Unterschiede zwischen dem Reinerlös aus dem öffentlichen Verkaufe und dem Versicherungswerte oder der Policentaxe des Schiffes.

Bei der Reparaturunfähigkeit hat man zwischen absoluter und relativer Reparaturunfähigkeit zu unterscheiden. Absolut reparaturunfähig ist ein seeuntüchtig gewordenes Schiff dann, wenn die Reparatur überhaupt nicht möglich ist, relativ reparaturunfähig dann, wenn die Reparatur an dem Orte, wo sich das Schiff befindet, nicht bewerkstelligt, das Schiff auch nicht nach dem Hafen, wo die Reparatur auszuführen wäre, gebracht werden kann, und zwar auch nicht nach vorheriger Notreparatur (§ 479 Ziff. 1 HGB.); reparatur u n w ü r d i g ist ein seeuntüchtig gewordenes Schiff, wenn die Kosten der Reparatur ohne Abzug für den Unterschied zwischen alt und neu mehr betragen würden als drei Vierteile seines früheren Wertes (§ 479 Ziff. 2 HGB.).

Sowohl die Reparaturunfähigkeit als auch die Reparaturunwürdigkeit muß durch das Gericht des Ortes, wo die betreffenden Ermittlungen angestellt werden, nach Anhörung von, wenn irgend möglich, obrigkeitlich bestellten oder von einer Behörde besonders ernannten (§ 884 Ziff. 4 HGB.) Sachverständigen und mit Zuziehung des deutschen Konsuls, falls ein solcher vorhanden ist, festgestellt sein. Ist keine Gerichtsbehörde und auch keine andere Behörde, welche die Untersuchung übernimmt, am Orte vorhanden, so hat der Schiffer zur Rechtfertigung seines Verfahrens das Gutachten von Sachverständigen oben angeführter Qualität einzuholen, und wenn dies nicht möglich ist, sich mit andern Beweisen zu versehen.

Von diesen beiden im Gesetze aufgeführten Kondemnationsfällen erkennen die ASVB. nur den einen, den Fall der Reparaturunfähigkeit, an.

Der § 131 Abs. 2 der ASVB. bestimmt ausdrücklich: „Wegen Reparatur u n w ü r d i g k e i t, also namentlich wegen eines Mißverhältnisses zwischen dem Betrage der Reparaturkosten und dem Werte des Schiffes, ist der Versicherte nicht befugt, das Schiff für Rechnung des Versicherers zum Verkauf zu bringen.“ Die Gründe, die bei der Ausarbeitung der ASVB. dafür maßgebend waren, an den bis dahin bereits nach dem Revidierten allgemeinen Plan hamburgischer Seeversicherungen von 1853 geltenden Grundsätzen festzuhalten, beruhten in der Befürchtung der Versicherer, daß sich die Rheder eventuell alter hochversicherter Schiffe auf Kosten ihrer Versicherer entäußern könnten.

Es liegt in der Natur der Sache, daß nach Verlauf eines gewissen Zeitraums, je nach Art des verwendeten Materials, der Bauart des Schiffes usw., jedes Schiff einmal infolge Alters reparaturunwürdig werden muß, auch ohne daß besondere Havarien (Seeunfälle) hinzutreten. Solche Reparaturunwürdigkeit kann natürlich niemals zu Lasten der Versicherer gehen; allein sehr schwierig und für den Versicherer bedenklich ist die Behandlung derjenigen Fälle, in welchen Altersschäden neben solchen Havarien wirksam werden, welche zu Lasten des Versicherers gehen. Ist alsdann eine Kondemnation wegen Reparaturunwürdigkeit überhaupt zulässig, so ist die Gefahr sehr naheliegend, daß der Einfluß der durch Alter herbeigeführten Schwächen und Schäden von den wirklichen durch einen Seeunfall herbeigeführten Schäden, trotz der gegebenen bezüglichen Vorschriften nicht gehörig gesondert und zur Konstruktion der Reparaturunwürdigkeit benützt werde.

Um diese, immerhin sehr naheliegende Möglichkeit von vorneherein abzuschneiden, haben die ASVB. eine Kondemnation wegen Reparaturunwürdigkeit für sich überhaupt nicht anerkannt[1]).

Was die teilweisen Schäden an Gütern anlangt, so unterscheiden sowohl das HGB. (§§ 875—877) wie die ASVB. (§§ 133—136) drei Fälle:

1. den Fall, daß die Güter beschädigt den Bestimmungshafen erreichen;

2. den Fall, daß ein Teil der Güter auf der Reise verloren geht;

3. den Fall, daß die Güter auf der Reise infolge eines Unfalls verkauft werden

---

[1]) In der Praxis ist allerdings die Bestimmung des § 131 Abs. 2 der ASVB bezüglich der Reparaturunwürdigkeit schon vielfach aufgehoben und an deren Stelle die Bestimmung des HGB. gesetzt.

Ganz besonders ist dies der Fall bei Frachtversicherungen, sog. Interesse-Versicherungen auf Kasko (Mehrwert-Versicherung auf Kasko) und den Versicherungen gegen Totalverluste, für welche die folgende Klausel sehr oft in Anwendung gebracht wird: „Abweichend von den Bestimmungen der §§ 131 und 137 der ASVB. ist vereinbart, daß jede dem deutschen HGB. entsprechende Kombination dieser Versicherung zur Last kommen soll."

Die Anwendung dieser Klausel bedingt naturgemäß einen je nach dem Alter des Schiffes steigenden Prämienaufschlag.

Der neue Entwurf der ASVB. von 1910 sieht einen Kompromiß zwischen den bisherigen ASVB. und dem HGB vor. (§ 76 des Entwurfs).

Zu 1. Erreichen die Güter beschädigt den Bestimmungshafen, so sind für die Berechnung des vom Versicherer zu bezahlenden Schadens drei Faktoren maßgebend:

a) der Bruttowert in unbeschädigtem Zustande, welcher gemäß § 611 Abs. 1 HGB. der gemeine Handelswert ist, welchen Güter derselben Art und Beschaffenheit am Bestimmungsorte bei Beginn der Löschung des Schiffes haben;

b) der Bruttowert im beschädigten Zustande, der durch öffentlichen Verkauf oder, wenn der Versicherer einwilligt, durch Abschätzung ermittelt wird;

c) der Versicherungswert oder die Taxe.

Der vom Versicherer zu leistende Schadensbetrag wird dadurch ermittelt, daß durch Vergleichung der oben angegebenen Bruttowerte der Prozentsatz des Schadens festgestellt wird; den gleichen Prozentsatz des Versicherungswertes oder der Taxe hat der Versicherer als Schaden zu bezahlen.

Außerdem hat der Versicherer die Besichtigungs-, Abschätzungs- und Verkaufskosten zu bezahlen (§ 875 HGB., § 133 ASVB.).

Zu 2. Geht ein Teil der Güter auf der Reise verloren, so besteht der vom Versicherer zu ersetzende Schaden in ebensoviel Prozenten des Versicherungswertes oder der Taxe, als Prozente des Wertes der Güter verloren gegangen sind (§ 876 HGB., § 135 ASVB.).

Zu 3. Werden die Güter infolge eines Unfalls auf der Reise verkauft, so besteht der vom Versicherer zu ersetzende Schaden, unter der Voraussetzung daß der Versicherte dem Versicherer gegenüber zum Verkaufe berechtigt war (§ 819 HGB., § 66 Abs. 1 und 2 ASVB.), in dem Unterschied zwischen dem Reinerlös aus den verkauften Gütern, d. h. dem Verkaufserlös abzüglich Fracht, Zölle und Verkaufskosten, und dem Versicherungwert oder der Taxe (§ 877 HGB., §§ 134, 136 ASVB.).

Wenn infolge von durch die Versicherung gedeckten Unfällen der Verfrachter die Fracht teilweise verliert, so zwar, daß er seinen rechtlichen Anspruch darauf einbüßt, so hat der Versicherer den Teil der bedungenen oder, wenn die Fracht nicht bedungen ist, der sonst üblichen Fracht, die dem Versicherten verloren gegangen ist, zu bezahlen.

Ist die Fracht **taxiert** und ist ausdrücklich vereinbart, daß die Taxe im Falle eines Schadens maßgebend sein soll (§ 793 Abs. 4 HGB., § 16 Abs. 5 ASVB.), so hat der Versicherer als Schadensbetrag ebenso viele Prozente der Taxe zu bezahlen, als Prozente der bedungenen oder üblichen Fracht verloren sind (§ 878 HGB., § 137 ASVB.).

Teilweiser Schaden an imaginärem Gewinn oder von der Ankunft der Güter erwarteter Provision entsteht:

1. wenn die Güter in beschädigtem Zustande ankommen. In diesem Falle ist gemäß § 875 HGB. (siehe oben) festzustellen, wie viele Prozente des Versicherungswertes der Güter der Schaden an den Gütern beträgt; ebenso viele Prozente des als imaginären Gewinn oder als Provision versicherten Betrags hat der Versicherer zu zahlen;

2. wenn ein Teil der Güter den Bestimmungsort nicht erreicht. In diesem Falle erfolgt die Feststellung des Schadens durch Vergleichung des Wertes der nicht angelangten Güter mit dem Werte aller Güter gemäß § 876 HGB. (siehe oben). Der Versicherer hat den gleichen Prozentsatz des als imaginären Gewinn oder als Provision versicherten Betrags zu bezahlen (§ 879 HGB., § 138 ASVB.).

Ein teilweiser Verlust an Bodmerei- oder Havereigeldern entsteht, wenn der **gerettete Wert** des Gegenstandes, welcher verbodmet oder für welchen Havereigelder vorgeschossen oder verausgabt sind, infolge späterer Unfalle zur Deckung des Geldes nur mehr teilweise genügt. Der vom Versicherer zu ersetzende Schaden besteht in der Differenz zwischen den versicherten und versicherbaren Bodmerei- oder Havereigeldern einerseits und dem geretteten Wert derjenigen Gegenstände, welche verbodmet oder für welche Havereigelder vorgeschossen oder verausgabt sind andererseits (§ 880 HGB., § 139 ASVB.).

VI. Die Pflichten des Versicherten im Versicherungsfalle.

Der Versicherungsnehmer oder der Versicherte hat die ihm durch den Versicherungsvertrag seitens des Versicherers gewährleistete Erfüllung seiner Ansprüche für den Fall des Eintritts eines Schadens nur dann voll zu gewärtigen, wenn er seinerseits allen Verpflichtungen, die ihm das Gesetz oder die Versicherungsbedingungen beim Eintritt eines Unfalls auferlegen, gewissenhaft nachkommt.

Zu diesen Pflichten gehört in erster Linie die sogenannte Anzeigepflicht:

Jeder Unfall ist, sobald der Versicherungsnehmer oder der Versicherte, wenn dieser von der Versicherung Kenntnis hat, Nachricht von dem Unfall erhält, dem Versicherer anzuzeigen, widrigenfalls der Versicherer befugt ist, von der Entschädigungssumme den Betrag abzuziehen, um den sie sich bei rechtzeitiger Anzeige vermindert hätte (§ 818 HGB., § 65 ASVB.).

Der Zweck dieser dem Versicherungsnehmer oder dem Versicherten auferlegten Anzeigepflicht besteht darin, dem Versicherer die Möglichkeit zu verschaffen, nachzuprüfen, ob sein Vertragskontrahent die ihm beim Eintritt eines Schadens weiterhin auferlegten Pflichten erfüllt und entsprechendenfalls selbst das Erforderliche zu veranlassen.

Alsdann ist der Versicherte verpflichtet, wenn sich ein Unfall ereignet, sowohl für die Rettung der versicherten Sachen als für die Abwendung größerer Nachteile möglichst zu sorgen. Er hat jedoch, wenn tunlich, über die erforderlichen Maßregeln vorher mit dem Versicherer Rücksprache zu nehmen (§ 819 HGB., § 66 Abs. 1 und 2 ASVB.).

Die Möglichkeit mit dem Versicherer oder dessen Vertreter auf irgendeine Weise in Verbindung zu treten, wird für den Versicherten meistens gegeben sein; wenn nicht, so hat er wie ein Geschäftsführer des Versicherers zu handeln und dessen Interessen zu berücksichtigen.

Unterläßt es der Versicherte, für die Rettung und die Abwendung größerer Nachteile tunlichst zu sorgen, so ist der Schaden, welcher bei zweckmäßiger Fürsorge vermieden worden wäre, als durch Verschulden des Versicherten entstanden anzusehen, und daher nicht zu Lasten des Versicherers.

Weitere Verpflichtungen des Versicherten nach dem Eintritt eines Versicherungsfalls ergeben sich aus den Erfordernissen, welche das Gesetz und die ASVB. als Voraussetzung für die Fälligkeit des Anspruchs des Versicherten gegen den Versicherer aufstellen.

Als hierher gehörig ist zu erwähnen, daß der Versicherte durch genügende Belege dem Versicherer den Unfall dartun muß, auf den der Anspruch gestützt wird ferner den Schaden und dessen Umfang (§ 882 HGB. Abs. 2 Ziff. 3 und 4, § 144 Ziff. 3 und 4 ASVB.). Als genügender Beleg zum Nachweis des Unfalls wird in den meisten vorkommenden Fällen die Verklarung und das Tagebuch des Schiffers angesehen (§ 884 Ziff. 3 HGB., § 146 Ziff. 3 ASVB.).

Der Schiffer hat deshalb nach den §§ 522—525 HGB.[1]) in Wahrung der Interessen der Versicherten und zur Schaffung der für die Regelung der privatrechtlichen Verhältnisse zwischen den Versicherungsvertragsparteien notwendigen Unterlage über alle Unfälle, die sich während der Reise ereignen, mit Zuziehung aller Personen der Schiffsbesatzung oder einer genügenden Anzahl von ihnen im nächsten Bestimmungshafen unter Vorlage des Schiffstagebuchs vor der zuständigen Behörde eine Verklarung abzulegen.

Die Verklarung besteht in einem von dem Schiffer und den zugezogenen übrigen Personen der Schiffsbesatzung beschworenen Bericht über die erheblichen Begebenheiten der Reise, namentlich in einer vollständigen und deutlichen Erzählung der erlittenen Unfälle unter Angabe der zur Abwendung oder Verringerung der Nachteile angewendeten Mittel.

Als genügender Beleg zum Nachweis des Schadens und dessen Umfangs werden die den Gesetzen oder Gebräuchen des Ortes der Schadensermittlung entsprechenden Besichtigungs-, Abschätzungs- und Versteigerungsurkunden, sowie die Kostenanschläge der Sachverständigen, ferner die quittierten Rechnungen über die ausgeführten Ausbesserungen und andere Quittungen über geleistete Zahlungen angesehen (§ 884 Ziff. 4 HGB). Der § 146 Ziff. 4 der ASVB., der mit dem § 884 Ziff. 4 gleichlautend ist, fügt noch hinzu, daß in Ansehung eines partialen Schadens am Schiff den Vorschriften der §§ 127—130, an Gütern denjenigen des § 133 zu genügen ist.

[1]) Näheres siehe: Georg Schaps: Das deutsche Seerecht, Berlin 1906, S. 171ff.

Hieraus ergeben sich die Verpflichtungen des Versicherten oder der Personen, die in Wahrung der Interessen des Versicherten nach dem Eintritt eines Versicherungsfalls zu handeln haben: Wenn ein Schiff Beschädigung erlitten hat, so muß auf Veranlassung des Versicherten oder des Schiffers so bald, wie es irgend tunlich ist, der an dem Schiffe vorhandene Schaden durch Sachkundige, deren Bestellung und deren Gutachten bezüglich der Form und des Inhalts in besonderen Bestimmungen näher geregelt ist, besichtigt und urkundlich festgestellt, sowie der Kostenbetrag der für erforderlich zu erachtenden Reparatur taxiert, auch den Umständen nach sofort zur Reparatur selbst geschritten werden.

Werden die getroffenen Bestimmungen befolgt, so ergibt sich daraus die für den Versicherten wichtige Folge, daß die Feststellung der Art, des Umfangs, der Ursachen und des Betrags des Schadens von dem Versicherer nicht angefochten werden kann.

Wird dagegen vom Versicherten oder vom Schiffer nicht in Gemäßheit dieser Bestimmungen verfahren, so kommt den Besichtigungs- und Taxationsurkunden, die unter Verletzung der getroffenen Bestimmungen errichtet worden sind, keine Beweiskraft zu, und der Versicherte muß, falls er den Versicherer auf Schadensvergütung in Anspruch nehmen will, auf andere Weise die erforderlichen Beweise beibringen, wobei die an und für sich bestehende erhöhte Schwierigkeit des Beweises dadurch noch vergrößert wird, daß das Zeugnis und die etwaigen urkundlichen Erklärungen des Schiffers oder sonstiger Personen, die an den vorschriftswidrig aufgenommenen Besichtigungen und Taxationen teilgenommen haben, als Beweismittel dabei ausgeschlossen sind.

Handelt es sich um Beschädigung von versicherten Gütern, so ist von dem Versicherten oder den an seiner Stelle über die versicherten Gegenstände verfügenden Personen (z. B. den Destinatären von Gütern, den Schiffern, Kargadeuren, den an Zwischen- oder Nothäfen befindlichen Korrespondenten des Versicherten) unter Zuziehung des Versicherers oder eines Vertreters[1]) desselben, oder wenn von den letzteren Personen

[1]) Über die Entwicklung der Einrichtung, ständige Vertreter an ausländischen Plätzen zu bestellen, siehe Kiesselbach a. O., S. 60ff.

keine anwesend oder in angemessener Zeit erreichbar ist, unter der Aufsicht und Mitwirkung zweier vom Konsul oder einer sonstigen öffentlichen Behörde ernannten Sachverständigen unverzüglich eine Untersuchung, Begutachtung und Schätzung der sich zeigenden Schäden zu veranlassen. Ist der Versicherer oder ein Vertreter desselben anwesend, so ernennt dieser und der Versicherte oder die seine Interessen wahrende Person je einen Sachverständigen behufs Mitwirkung bei der Untersuchung, Begutachtung und Schätzung.

Jede wesentliche Verletzung der für das Verfahren des Versicherten gegebenen Vorschriften führt den Verlust des Entschädigungsanspruchs des Versicherten, soweit derselbe auf eine Beschädigung der Güter gestützt werden könnte, herbei.

Die Gründe, welche zu diesen genauen und strengen Bestimmungen über die Verpflichtungen des Versicherten nach eingetretenem Versicherungsfalle geführt haben, beruhen einerseits darin, daß im Fall eines Aufschubs der vorgedachten Ermittlungen neue, die Versicherer nicht berührende, Unfälle die beschädigten Gegenstände treffen und die Feststellung des früheren Zustandes, sowie die Erkennbarkeit der Ursachen des Schadens unmöglich machen oder doch in hohem Grade erschweren könnten. Allein noch dringender führt auf das sofortige Vorgehen mit den angegebenen Maßregeln der Umstand hin, daß in der großen Mehrzahl der hier in Betracht kommenden Fälle eine eingetretene Beschädigung, wenn sie sich selbst überlassen bleibt, an Umfang und verlustbringender Wirksamkeit zuzunehmen pflegt. Insbesondere findet dies statt im Falle von Seebeschädigung an Gütern.

Andererseits muß der Versicherer darauf halten, daß die von ihm gegebenen diesbezüglichen Vorschriften, die von ihm als Kautelen für eine wahrheitsgetreue und unparteiische Ermittlung des Tatbestandes geschaffen worden sind, genau eingehalten werden, da er sich ja bei genauer Befolgung derselben an die getroffenen Feststellungen bindet und dieselben als für sich verbindlich anerkennt.

Gerät ein Versicherter durch Fehlgriffe einer Person, welche bei der Regulierung eines ihn betreffenden Schadens beteiligt ist, in Verlust, so hat er sich, soweit diese ihm aus irgendeinem Rechtsgrunde wegen des verursachten Schadens verantwortlich ist, an sie zu halten; der Versicherer haftet nicht für solche Versehen der Hilfspersonen[1]).

VII. Die Bezahlung des Schadens.

Nach dem HGB. (§ 882) und nach den ASVB. hat der Versicherte, um den Ersatz eines Schadens fordern zu können, dem Versicherer eine Schadensberechnung, d. h. eine Aufstellung der dem Versicherer zur Last fallenden Schäden mitzuteilen. Diese Schadensberechnung nennt man, wie bei den großen Havereischäden, auch bei der besonderen Haverei, Dispache. Das HGB. gebraucht jedoch den Ausdruck Dispache nur in bezug auf die Schadensberechnung und -verteilung bei der großen Haverei. In allen Fällen, in denen das HGB. von einer Dispache spricht, handelt es sich also um eine große Havereidispache, ebenso wie das oben erwähnte (S. 62) Dispacheverfahren sich nur auf große Haverei bezieht.

Die ASVB. (§ 142) fordern zwar auch bei der besonderen Haverei, wo dies gesetzlich vorgeschrieben ist, eine amtliche, sonst eine in ortsüblicher Weise aufzumachende Schadensberechnung („Dispache").

Zugleich hat der Versicherte, um den Versicherer durch eine Zahlungsaufforderung in Verzug zu setzen, genügende Belege einzureichen, die dem Versicherer dartun:

1. sein Interesse an der Versicherung, d. h. daß er ein Interesse hat und welcher Art dies ist;

2. daß der versicherte Gegenstand den Gefahren der See, oder bei kombinierten Transporten, daß er den Gefahren der versicherten Reise ausgesetzt worden ist;

3. den Unfall, auf den der Anspruch gestützt wird, d. h. er muß nachweisen, daß sich ein Unfall, für den der Versicherer nach dem Versicherungsvertrage haftet, ereignet hat;

---

[1]) Vgl. zu diesen Ausführungen die Instruktionen des Internationalen Transportversicherungs-Verbandes und des Vereins Hamburger Assekuradeure für die überseeischen Vertreter (Havariekommissare). Erstere findet sich abgedruckt bei: Dr. P. Brüders: Seeversicherungs-Jahrbuch 1913. Hamburg 1913, S 76 ff.

4. den Schaden, den er infolge dieses Unfalls an einem versicherten Gegenstand erlitten hat und den Umfang des Schadens (§ 882 Abs. 2 HGB., § 144 ASVB.);

5. im Falle einer Versicherung für fremde Rechnung, daß er dem Versicherungsnehmer zum Abschluß des Versicherungsvertrags Auftrag erteilt hat, und wenn die Versicherung ohne Auftrag geschlossen ist, daß die Versicherung in seinem Interesse genommen worden ist (§ 883 HGB., § 145 ASVB.).

Als genügende Belege sind im allgemeinen solche Belege anzusehen, die im Handelsverkehre, namentlich wegen der Schwierigkeit der Beschaffung anderer Belege, nicht beanstandet zu werden pflegen. Der § 884 HGB. (§ 146 ASVB.) erläutert durch Anführung von Beispielen noch näher, was zum Nachweis der einzelnen zu fordernden Belege hinreichend ist.

Im Interesse der Versicherer, um ihnen nämlich die Übersicht über ihre aus Versicherungsverträgen noch laufenden Verbindlichkeiten wesentlich zu erleichtern, hat sich in der Praxis der Seeversicherung seit alters ein Gebrauch herausgebildet dahingehend, daß der Versicherte, wenn er infolge von Nachrichten, welche er über den Gegenstand der Versicherung erhalten hat, oder infolge des Ausbleibens aller Nachrichten weiß oder schließen zu müssen glaubt, daß er den Versicherer in Anspruch zu nehmen haben werde, dies dem letzteren durch eine schriftliche Erklärung innerhalb bestimmter Fristen anzuzeigen hat.

Diese Erklärung nennt man „Andienung" des Schadens. Zwei Monate nach dem Tage der Andienung wird die Forderung des Versicherten auf Schadensvergütung unter der Voraussetzung fällig und klagbar, daß dem Versicherer die Dispache oder die Schadensberechnung mit gehörigen Belegen zugestellt wird oder schon vorher zugestellt worden ist (§ 143 ASVB.). Das HGB. hat sich diese Bestimmungen der Praxis nicht angeeignet. Es setzt für die vom Versicherer zu leistende Zahlung keine Frist und die Schadensersatzforderung ist daher mangels einer vertraglichen Vereinbarung fällig, sobald die Schadensrechnung und genügende Belege beigebracht worden sind.

Über die Verpflichtung des Versicherers, zwei Monate nach der Anzeige des Unfalls oder nach der Andienung des Schadens

Vorschüsse auf den zu zahlenden Schadensbetrag dem Versicherten zu leisten, auch wenn die vorgeschriebene Schadensberechnung noch nicht vorgelegt ist, und über die Vorschußpflicht des Versicherers in andern Fällen bestimmen die §§ 892, 893 HGB. und die §§ 152, 153 ASVB. das Nähere.

VIII. Die Aufhebung der Versicherung und Rückzahlung der Prämie, die Veräusserung der versicherten Sache, die Verjährung.

Eine Aufhebung der Versicherung und Rückzahlung der Prämie kann eintreten:

1. wegen gänzlich oder teilweise nicht eintretender Gefahr (diese Fälle bezeichnet man als „Ristornofälle");

2. wegen Zahlungsunfähigkeit des Versicherers oder des Versicherungsnehmers.

Die Ristornierung ist eine besondere Eigentümlichkeit des Seeversicherungsrechts und beruht auf der Erwägung, daß es für den Kaufmann wirtschaftlich richtig ist, sich durch eine Versicherung schon dann zu decken, wenn die Ausführung eines von ihm beabsichtigten Handelsunternehmens, insbesondere die Verschiffung von Gütern, nicht oder nicht in ihrem ganzen Umfange gesichert ist, daß er jedoch nur dann ohne zu große Belastung seiner Unternehmungen dazu schreiten kann, wenn ihm für den Fall, daß der versicherte Gegenstand gar nicht oder nur zum Teil der Seegefahr ausgesetzt werden sollte, ein Anspruch auf Prämienrückgabe gewährt wird, so daß es der besonderen Ausbedingung desselben im einzelnen Falle nicht bedarf.

Unter Ristorno ist demnach das Recht des Versicherten zu verstehen, unter bestimmten, im Gesetz oder Vertrag vorgesehenen Voraussetzungen ganz oder zum Teil vom Vertrage zurückzutreten und entsprechend die Prämie ganz oder teilweise zurückzufordern oder einzubehalten gegen eine dem Versicherer zu zahlende Vergütung (Ristornogebühr). Die Fälle des Ristorno sind in den §§ 894, 895 HGB. (§§ 154, 155 ASVB.) aufgeführt:

1. wenn die Unternehmung, auf welche sich die Versicherung bezieht, ganz oder teilweise von dem Versicherten auf-

gegeben wird, z. B. wenn der Versicherte die versicherten Güter oder einen Teil derselben nicht versendet;

2. wenn die ganze versicherte Sache oder ein Teil dieser Sache der vom Versicherer übernommenen Gefahr ohne Zutun des Versicherten nicht ausgesetzt wird, z. B. wenn der Verfrachter die versicherten Güter ganz oder teilweise nicht mitnimmt (§ 894 HGB., § 154 ASVB.);

3. wenn die Versicherung wegen Mangels des versicherten, d. h. des im Vertrage bezeichneten Interesses, oder soweit dieselbe

4. wegen Überversicherung unwirksam ist. In den beiden letzten Fällen ist jedoch Voraussetzung des Ristorno, daß der Versicherungsnehmer beim Abschluß des Vertrags und im Falle der Versicherung für fremde Rechnung auch der Versicherte bei der Erteilung des Auftrags in gutem Glauben sich befunden haben. (§ 895 HGB., § 155 ASVB.).

Für die dem Versicherer durch den Versicherungsabschluß und die Ristornierung verursachte Mühe, die namentlich dann nicht zu unterschätzen ist, wenn die Versicherung bei einer Anzahl anderer Versicherer rückversichert ist, mit denen er sich wieder zu verrechnen hat, sowie für etwa seinerseits in Rücksicht auf die geschehene Zeichnung erfolgte Zurückweisung anderer gleichartiger Risikos, steht ihm ein Äquivalent in der Gestalt der sogenannten „Ristornogebühr" zu.

Die Höhe dieser Gebühr bestimmt sich in erster Linie nach dem Vertrage. Enthält der Vertrag keine Bestimmung über die Höhe der Ristornogebühr, so bestimmt sie sich nach dem am Orte der Versicherung üblichen Satze. Ist auch ein solcher nicht vorhanden, so beträgt sie $^1/_2$ $^0/_0$ des ganzen oder des entsprechenden Teiles der Versicherungssumme, wenn aber die Prämie nicht 1 $^0/_0$ der Versicherungssumme erreicht, in der Hälfte der ganzen oder des verhältnismäßigen Teiles der Prämie (§ 894 Abs. 2 HGB., § 154 Abs. 2 ASVB.)[1]).

Nach dem in der Versicherung allgemein geltenden Grundsatz der Unteilbarkeit der Gefahr findet ein Ristorno nicht

[1]) Die ASVB. setzen die Ristornogebühr nur auf $^1/_4$ $^0/_0$, wenn aber die Prämie nicht $^1/_2$ $^0/_0$ der Versicherungssumme erreicht, auf die Hälfte der ganzen oder des verhältnismäßigen Teils der Prämie fest.

statt, wenn die Gefahr für den Versicherer bereits zu laufen begonnen hat.

In diesem Falle ist demnach die ganze Prämie dem Versicherer verfallen, auch wenn die Gefahr vorzeitig beendigt wird.

Wenn der Versicherer zahlungsunfähig geworden ist, so stehen dem Versicherten zwei Wege offen: entweder kann er von dem Vertrage zurücktreten und die ganze Prämie zurückfordern oder einbehalten, oder er kann auf Kosten des Versicherers eine neue Versicherung nehmen (Deckungsversicherung). Wenn ihm jedoch wegen der Erfüllung der Verpflichtungen des Versicherers genügende Sicherheit bestellt wird, bevor er von dem Vertrage zurückgetreten ist oder die neue Versicherung genommen hat, so steht ihm dieses Recht nicht zu (§ 898 HGB., § 160 Abs. 1 ASVB.).

Wie wir oben (S. 49) ausgeführt haben, bestimmt der § 812 HGB., daß die Prämie, sofern nichts anderes vereinbart ist, sofort nach dem Abschluß des Vertrags, und wenn eine Police verlangt wird, gegen Auslieferung der Police zu zahlen ist. Da jedoch, wie wir gleichfalls oben ausgeführt haben, vielfach die Prämien erst später verrechnet werden, so geben die ASVB. dem Versicherer das Recht, im Falle der Zahlungsunfähigkeit des Versicherungsnehmers alle von demselben für eigene Rechnung genommenen Versicherungen für erloschen zu erklären, falls nicht innerhalb 48 Stunden nach einer dem Versicherungsnehmer oder seinem Vertreter gemachten Ankündigung für alle noch ausstehenden Prämien Zahlung oder Sicherheit geleistet wird. Von den vom Versicherungsnehmer für fremde Rechnung genommenen Versicherungen kann der Versicherer auf Grund der Zahlungsunfähigkeit des Versicherungsnehmers nur diejenigen für erloschen erklären, für welche die Prämie nicht innerhalb der oben genannten Frist gezahlt oder sichergestellt ist, während die übrigen Versicherungen in Wirksamkeit bleiben (§ 160 Abs. II ASVB.).

Wird die versicherte Sache von dem Versicherten veräußert, so tritt an die Stelle des Veräußerers der Erwerber in die sich während der Dauer seines Eigentums aus dem Versicherungsverhältnis ergebenden Rechte und Pflichten des Versicherten ein. Der Versicherer hat aber in Ansehung der durch das Versicherungsverhältnis gegen ihn begründeten Forderungen die Veräußerung erst dann gegen sich gelten zu lassen, wenn er von ihr Kenntnis erlangt. Der Erwerber ist jedoch berechtigt, das Versicherungsverhältnis ohne Einhaltung einer Kündigungsfrist zu kündigen. Dagegen ist der Versicherer zu einer Kündigung nicht berechtigt (vgl. im Gegensatz hierzu § 70 VVG.); der Versicherer haftet aber nicht für die Gefahren, welche nicht eingetreten sein würden, wenn die Veräußerung unterblieben wäre.

Für die Prämie haften der Veräußerer und der Erwerber als Gesamtschuldner; wenn der Erwerber aber kündigt, so haftet er für die Prämie nicht (§ 899 HGB.).

Die Forderungen des Versicherers und des Versicherten aus dem Versicherungsvertrage, sonach alle Ansprüche des Versicherten gegen den Versicherer für Schäden, Kosten u. dgl. und alle Ansprüche des Versicherers gegen den Versicherten für Prämien, etwaige Rückvergütung usw. verjähren in fünf Jahren.

Die Verjährung beginnt

1. bei Reiseversicherungen mit dem Ablauf des Jahres, in welchem die Reise beendigt ist;

2. bei Zeitversicherungen mit dem Ablaufe des Tages, an welchem die Versicherungszeit endet;

3. wenn das Schiff verschollen ist, mit dem Ablauf des Tages, an welchem die Verschollenheitsfrist endet (§ 905 HGB.) Hierzu bestimmt der § 163 ASVB. noch, daß außergerichtliche Mahnungen den Eintritt der Verjährung nicht verhindern.

III. Abschnitt.

Technisches.

I. Der Grundsatz der Individualisierung des Risikos.

Wie bei allen Versicherungszweigen der Privatversicherung, so findet auch in der Seeversicherung, soweit es die Art des Vertragsabschlusses zuläßt, eine Individualisierung des Risikos statt. Von jeher wandte der Seeversicherer bei der Prüfung der Frage, ob er sich überhaupt auf den Abschluß des Versicherungsvertrags einlassen solle und bei der Entscheidung der weiteren Frage, zu welcher Prämie er das Risiko übernehmen solle, seine Aufmerksamkeit einer ganzen Reihe von Umständen zu, welchen ein Einfluß auf die Höhe der zu übernehmenden Gefahr zukommt.

Vor allem war es die Tauglichkeit des Schiffes und seiner Ausrüstung unter Berücksichtigung der beabsichtigten Reise, welche der Versicherer, gleichviel, ob es sich um die Versicherung des Schiffskörpers selbst (Kaskoversicherung) oder um die Versicherung von in demselben zu transportierenden Gütern (Güterversicherung) handelte, vor der Entscheidung über die obigen Fragen einer genauen Prüfung unterzog.

Da es sich nun bei dem Betrieb der Seeversicherung außerordentlich häufig um die Deckung derselben Schiffskörper handelte, die bereits unter Versicherung standen, entwickelte sich zuerst in England, dem infolge seiner ausgedehnten Handelsbeziehungen klassischen Lande der Seeversicherung, eine Einrichtung, die in Bälde auch von anderen Seeversicherern übernommen wurde: die Einrichtung der Schiffsklassifikation.

Bereits gegen das Ende des XVII. Jahrhunderts gingen, wie uns Martin berichtet[1]), in dem Kaffeehaus von Edward Lloyd, in der Towerstreet in London, welcher eine für Kaufleute wegen der vielen Schiffsnachrichten aus englischen und überseeischen Häfen interessante Zeitung, die „Lloyd's News" herausgab, und bei welchem die Seeversicherer zu geschäftlichen Zwecken zusammenkamen, geschriebene Listen („Ships'-Lists") von Hand zu Hand, welche die Namen der Schiffe enthielten, welche voraussichtlich für Versicherungen in Frage kamen und welche Bemerkungen über die Qualität der Schiffe enthielten, die durch den Austausch der Erfahrungen der Versicherer jeweils ergänzt wurden.

Später, etwa um das Jahr 1730, wurden diese Schiffslisten gedruckt und an die Interessenten verkauft.

Über den Inhalt dieser Listen gibt uns ein in der Bibliothek der Gesellschaft von „Lloyd's Register of British and Foreign Shipping" befindliches Blatt Aufschluß, — die meisten geschichtlich wichtigen diesbezüglichen Urkunden gingen bei dem Brande der Londoner Börse im Jahre 1838 leider zugrunde — wonach dieselben über jedes verzeichnete Schiff folgende Angaben brachten: den früheren und jetzigen Namen des Schiffes, den Namen des Schiffsführers, die Fahrten von Hafen zu Hafen, den Tonnengehalt, die Geschütze, die Bemannung, den Namen des Eigentümers, ferner einige Buchstaben, die offenbar den Zustand des Schiffskörpers (A, E, I, O) und der Ausrüstung (G = Good, M = middling, B = bad) bezeichneten. Für einige sonstige in den einzelnen Spalten enthaltene Zeichen hat man keine Erklärung gefunden. Man darf aber annehmen, daß sie wohl auch zur Beurteilung des Schiffes dienten.

Diese Listen waren demnach geeignet, das Urteil der Versicherer über die Versicherungswürdigkeit der Schiffe wesentlich zu unterstützen.

Im Jahre 1760 wurden diese Listen unter dem Namen „Register of Shipping", welches im Verkehr als „Underwriters Register" oder „Green Book" bekannt wurde, von den Underwriters of Lloyd's herausgegeben.

---

[1]) Frederick Martin, a. a. O, S. 65 ff. und S. 324 ff.

Die in diesem „Register of Shipping“ gebotenen Angaben über die einzelnen Schiffe stimmen so ziemlich mit denen der Lloyd's Lists überein, nur waren sie ergänzt, indem auch der Ort und das Jahr der Erbauung, der Name des Erbauers und die Jahre, in denen die Schiffe von Experten geprüft waren, sowie noch sonstige Einzelheiten angegeben waren.

In dem ältesten uns erhaltenen „Register of Shipping“ finden wir bereits die Klassifikation von 1500 Schiffen.

Als im Jahre 1797/98 die Versicherer den Beschluß faßten, daß alle in London gebauten Schiffe nur bis zu einem Alter von 13 Jahren, die außerhalb Londons gebauten Schiffe aber nur bis zu einem Alter von 8 Jahren klassifiziert werden sollten, sahen sich die Schiffseigentümer in ihren Interessen bedroht, da hierdurch die Deckung ihrer Schiffe und infolgedessen auch die Verfrachtung derselben sehr erschwert wurde, und gründeten im Jahre 1799 ein neues Register unter dem Namen „New Register of Shipping“, welches im Verkehr die Bezeichnung „Shipowners Register“ oder „Red Book“ erhielt. In diesem neuen Register sollten die Schiffe nicht ausschließlich nach ihrem Alter, sondern nach ihrer wirklichen Beschaffenheit, wie sich dieselbe aus der Art und Weise ihrer Unterhaltung durch Besichtigung ergab, klassifiziert werden.

Im Jahre 1828 gründete Charles Bal in Antwerpen ein internationales Register, das er „Bureau Veritas“ nannte, indem er von dem Gedanken ausging, daß die Seeschiffahrt international sei und, daß deshalb Handel und Schiffahrt nicht ausschließlich von den englischen Klassifikations-Einrichtungen in Abhängigkeit erhalten werden dürften.

Der Sitz des Instituts wurde später nach Paris verlegt. Die durch diese Gründung rasch sich erheblich geltend machende Konkurrenz gegen England brachte die feindlichen englischen Brüder, das Green und Red Book, in kurzer Zeit zur Versöhnung, und so wurden beide englische Register im Jahre 1834 zu dem heute noch bestehenden „Lloyd's Register of British and Foreign Shipping“ verschmolzen. Das englische und französische Register beherrschten länger als 20 Jahre lang die Schiffahrt der gesamten Welt, bis einzelne Staaten, so zuerst die Niederlande im Jahre 1855, Amerika 1857, Österreich 1858,

Italien 1861 dazu übergingen, das Monopol Englands und Frankreichs durch Errichtung nationaler Klassifikationsinstitute zu durchbrechen.

An dem für Deutschland in erster Linie in Betracht kommenden Assekuranzplatze, in Hamburg, scheinen, nach dem Bericht Beneckes[1]), schon frühzeitig die englischen Einrichtungen übernommen worden zu sein. Bei dem geringen Einfluß jedoch, den der deutsche Seehandel in der damaligen Zeit hatte, kamen den in Hamburg geführten „sorgfältigen Verzeichnissen, aus denen man die Beschaffenheit der Schiffe erkennen konnte", ausschließlich eine lokale Bedeutung zu[2]).

Erst im Jahre 1867, als der deutsche Seehandel anfing, sich mächtiger zu entfalten, ging man hauptsächlich auf Betreiben des bekannten Korvettenkapitans, des nachmaligen Kontreadmirals Reinhold Werner daran, auch ein deutsches Klassifikationsinstitut, den Germanischen Lloyd, zu gründen.

Diese Gründung hatte anfänglich mit großen Schwierigkeiten zu kämpfen, da selbst die deutschen Rheder sich ihr gegenüber sehr zurückhaltend verhielten, und die Seeversicherer, namentlich die ausländischen, ihrer Klassifikation die Anerkennung versagten. Im Jahre 1889 wurde der Germanische Lloyd in eine Aktiengesellschaft umgewandelt, der Sitz des Unternehmens wurde von Rostock nach Berlin verlegt, und er hat es im Laufe der Zeit verstanden, sich eine dem englischen und französischen Institut gleichwertige Stellung zu erkämpfen.

Alljährlich wird ein auf den neuesten Stand gebrachtes Register der von den Experten der einzelnen Institute begutachteten oder bei der Bauausführung überwachten Schiffe veröffentlicht[3]). Im Lloyds Register waren im Anfang des Jahres 1912 9356 Dampfer und 1089 Segler, im Bureau Veritas 2364 Dampfer und 2682 Segler, im Germanischen Lloyd 1795 Dampfer und 998 Segelschiffe klassifiziert.

---

[1]) Wilhelm Benecke: System des Assekuranz- und Bodmereiwesens. Hamburg 1807, Bd. 2 S. 164.

[2]) Vgl hierzu: G. A. Kiesselbach, a. a. O, S. 78ff.

[3]) Naheres, auch uber die übrigen Schiffsklassifikationsinstitute, siehe: Dr. P. Bruders: Seeversicherungsjahrbuch 1913. Hamburg 1913, S. 205ff.

Die Experten der Klassifikations-Institute fassen ihr Gutachten über den Befund des Schiffskörpers und der Ausrüstung in einem Klassenzeichen zusammen, das dem Kundigen ein sofortiges Urteil über die Eigenschaften des betreffenden Schiffes ermöglicht. Der Germanische Lloyd hat z. B. für die Klassifikation eiserner und stählerner Schiffe als Klassenzeichen den Buchstaben A. In diesen Buchstaben werden Ziffern eingeschaltet, welche die Dauer der für dieselben festgestellten Wiederbesichtigungsperioden [1]) in Jahren angeben; die äußerste Periode ist die vierjährige, so daß also ein erstklassiges Schiff, das in vierjährigen Perioden kontrolliert wird, das Klassenzeichen $\frac{A}{4}$ erhält.

Den Klassenzeichen werden Klassennummern (100, 95, 90, 85, 80 usw.) vorangestellt. Diese bezeichnen den Grad der Stärke und Zuverlässigkeit. Die Klasse wird demnach wie folgt ausgedrückt:

$$100\,\frac{A}{4};\quad 95\,\frac{A}{4};\quad 90\,\frac{A}{4};$$

$$85\,\frac{A}{3};\quad 80\,\frac{A}{3};$$

$$75\,\frac{A}{2};\quad 70\,\frac{A}{2}.$$

Bei Schiffen, die unter der Aufsicht des Instituts gebaut sind, tritt noch ein Stern als Zeichen dazu, so daß also das beste eiserne oder stählerne Fahrzeug durch den Germanischen Lloyd folgendermaßen gekennzeichnet ist:

$$*\,100\,\frac{A}{4}$$ [2])

[1]) Wenn ein Schiff einmal klassifiziert ist, so untersteht es der dauernden Kontrolle des Instituts, dessen Experten oder Agenten von Zeit zu Zeit, insbesondere auch nach eingetretenen Unfällen, eine neue Untersuchung vornehmen. Hierbei kann natürlich unter Umständen eine Herabsetzung der Klasse erfolgen, wenn sich solche Mängel zeigen, daß die Sicherheit und Zuverlässigkeit des Fahrzeugs dadurch beeinflußt wird und eine Veränderung der Leistungsfähigkeit erkennbar ist.

[2]) Um einen Überblick über die Klassenzeichen der wichtigsten Klassifikationsgesellschaften zu gewinnen, dürfte eine vergleichende Zusammenstellung der gleichwertigen Klassen angebracht sein, die wir in

Außer der genannten Klassifizierung der Schiffe nach dem Grad der Stärke und der Zuverlässigkeit und der Dauer der Wiederbesichtigungsperioden erfolgt noch die Klassifizierung derselben nach den Fahrten, für welche sie unter Berücksichtigung der Größe, Bauart, Stärke, sowie der Ausrüstung geeignet sind; so bezeichnet z. B. W = Sund- oder Wattfahrt, d. h. es ist ein Schiff, das sich für die Fahrt auf Gewässern eignet, bei denen entweder hoher Seegang ausgeschlossen ist oder welche Gelegenheit bieten, dagegen Schutz zu suchen; Anlage A.

I = Innen- oder Binnenfahrt, zeigt an, daß das betreffende Schiff sich nur für die Fahrt auf Flüssen oder Kanälen eignet;

k = kleine Küstenfahrt (kleine Cabotage), heißt, daß das betreffende Schiff sich zur Fahrt längs der Küsten der Nord- und Ostsee eignet;

K = große Küstenfahrt (große Cabotage), besagt, daß das Schiff zwischen allen Häfen Europas, des Mittelländischen und Schwarzen Meeres zu fahren geeignet ist;

Atl. = atlantische Fahrt, d. h. das Schiff ist geeignet für die Fahrt innerhalb des Atlantischen Ozeans sowie innerhalb des Stillen oder des Indischen Ozeans;

L = lange Fahrt, d. h., daß das Schiff für alle Gewässer geeignet ist[1]).

Es gibt noch eine Menge anderer Zeichen, welche die Eigenschaften der Schiffe näher anzeigen; so sind z. B. die großen Personendampfer, bei denen in bezug auf die Schotten besondere Maßnahmen getroffen sind, daran zu erkennen, daß der vor der Klasse befindliche Stern eingerahmt ist: [*]; ein beigefügtes [E] zeigt ein Schiff an, dessen Bug mit besonderen Verstärkungen für die Fahrt durchs Eis versehen ist usw.

Fortsetzung des Textes s. S. 99.

Anlage A geben. Wir finden hierbei eine gewisse Ähnlichkeit der Bezeichnungsweise, mit Ausnahme des Bureau Veritas, das seine besonderen Zeichen hat.

[1]) Der Germanische Lloyd hat in seinen neuen Vorschriften vom Jahre 1910 die Fahrtzeichen L und Atl. fallen lassen, weil die Stärke und Ausrüstung der Schiffe für beide Fahrten die gleiche geworden ist. Nur für große Küstenfahrt und für kleine Küstenfahrt werden noch besondere Fahrtzeichen erteilt

Anlage A.

Klassifikationstabelle.

Vergleich der Klasseneinteilung der hauptsächlichsten Seeschiffregister.

Germanischer Lloyd Berlin	Lloyd's Register London	Bureau Veritas Paris	Nederlandsche Vereeniging Amsterdam	Norske Veritas Christiana	Record of American Shipping New-York	Registro Italiano Genua	Veritas Austro-Ungarico Triest
Eiserne oder stählerne Dampfer und Segler							
100 $\overset{A}{4}$ 95 $\overset{A}{4}$ bis 90 $\overset{A}{4}$	100 A 1 bis 95 A 1	I ${}^3/_3$ 1.1.	$\overset{A}{I}$ bis $\overset{A}{I}$ ${}^1/_2$	1 A 1	+A 1.20 J. A 1.17 J.	1,00 A bis 0,95 A	$\overset{A}{I}$ —4—
85 $\overset{A}{3}$ bis 80 $\overset{A}{3}$	90 A 1 bis 85 A 1	II ${}^3/_3$ 1.1	$\overset{A}{2}$ bis $\overset{A}{2}$ ${}^1/_2$	2 A 1 A 2	+A 1.16 J. A.1.13 J	0,90 A bis 0,85 A	$\overset{A}{II}$ —4—
75 $\overset{A}{2}$ bis 70 $\overset{A}{2}$	80 A 1 bis 75 A 1	III ${}^4/_3$ 1 1	$\overset{A}{3}$ bis $\overset{A}{3}$ ${}^1/_2$	3 A 1 A 2	+A 1.12 J. A 1.10 J.	0,80 A bis 0,75 A	$\overset{A}{III}$ —3—
Hölzerne Schiffe							
A I A	A 1	${}^3/_3$ 1. 1. bis ${}^5/_6$ 1. 1.	A 1 bis A 2	A 1 A 2*2 L A 2*2 N A 2	A 1 bis A 1${}^1/_2$	1,00 I. I. bis 0,85 I. I.	A I. I.
B I B	A I rot	${}^5/_6$*2.1.	B 1 B	B 1 bis B 2	A 1${}^3/_4$ bis A 2	0,85 II. I. bis 0,75 II. I.	B I I. bis B II. I.
C L bis C K	Æ 1	${}^3/_4$ 2 1 bis ${}^1/_2$ 3. 2.	C bis D	C 1 bis C 2	A 2${}^1/_2$ bis A 3	0,65 III. II. bis 0,50 III. II.	C II. I. bis C II. II.

Neben diesen Klassenzeichen und Fahrtzeichen findet sich jedoch noch eine große Reihe von Angaben (im ganzen sind es 25 Spalten, die Angaben enthalten), die einen Einblick in die Beschaffenheit eines Schiffes gewähren. So ist in der zweiten Spalte der Namen des Schiffes und des Kapitäns enthalten, sowie von letzterem das Datum seines Patents und seines Eintritts bei der Rhederei; auch der Rheder und der Heimatsort des Schiffes sind hier verzeichnet.

Die Spalte 3 und 4 enthalten das Klassen- und Fahrtzeichen, die oben näher besprochen sind; in der fünften Spalte stehen Flagge, Gattung und Takelung des Fahrzeugs, während die sechste Aufschluß gibt über den Tonnengehalt, sowie über Anker und Ketten.

Darauf folgen Angaben über Baujahr, Bauart, Bauwerft, Baumaterial, Verholzung, Beschlag, etwaige Reparaturen usw. des Schiffes.

In Spalte 8—18 sind die Größenverhältnisse, die Anzahl und die Größe der einzelnen Decks, die Verhältnisse der Maschinen und ihrer Zylinder angegeben, auch der Dampfdruck ist in Kilogramm per Quadratzentimeter berechnet, während die letzten Spalten genaue Angaben über die Haupt- und etwaige Hilfskessel enthalten[1]).

Bezüglich der Partikularhavarien, welche die einzelnen deutschen Handelsdampfer erlitten haben, gibt das „Handbuch für deutsche Handelsdampfer", das vom Internationalen Transportversicherungsverband seit dem Jahre 1889 herausgegeben wird, Aufschluß, ebenso über die Ergebnisse der amtlichen Untersuchungen.

Wie der Privatfeuerversicherer die Individualisierung und Tarifierung eines Risikos, welches ihm zur Deckung angetragen ist, dadurch vornimmt, daß er zur Ergänzung der im Antragsformular beantworteten Fragen noch einen Inspektor zur Besichtigung des Etablissements entsendet, der ihm einen eingehenden Bericht über den Bau und Zustand, kurz über alle gefahrbeeinflussenden Momente des Risikos zu er-

[1]) Rudolf Ulrich: Über das Schiffsklassifikationswesen im Allgemeinen und in seiner geschichtlichen Entwicklung in „Schiffbauindustrie in Deutschland und im Auslande" (Kapitel VIII) 1902.

statten hat, so greift der Seeversicherer, wenn ihm ein Risiko angeboten wird, sei es eine Kasko- oder eine Warenversicherung, nach dem betreffenden Register und unterrichtet sich in kürzester Zeit über alle ihn interessierenden Fragen über die Versicherungswürdigkeit des in Frage kommenden Schiffes.

Das Klassifikationsregister bildet sonach für den Versicherer eine Sammlung genauer und objektiv gehaltener Besichtigungsberichte, die es ihm, in kürzester Zeit, wie es ja in der Transportversicherung unbedingt nötig ist, wo die Entscheidung über die Frage der Deckung eines Risikos häufig drängt, ermöglicht, die Frage in dem einen oder andern Sinne zu beantworten[1]).

Der Einfluß, den die Schiffsklassifikationsgesellschaften auf die gesamten Verhältnisse der Schiffahrt ausgeübt haben, ist aber um so größer, als sie sich in eingehender Weise um die Verbesserung des Schiffbaues bekümmerten. Sie gaben und geben je nach den Fortschritten der Schiffbautechnik Vorschriften für den Bau und die Ausrüstung der Schiffe, die zweckmäßigste Verwendbarkeit der verschiedenen Holzarten und sonstigen Materialien, die richtige Dimensionierung der Schiffe, die maschinellen Einrichtungen derselben usw. heraus[2]), und sie lassen durch ihre Experten den rationellen Bau der Schiffe überwachen, um dadurch zu einem richtigen Urteil über die Schiffe zu gelangen. Ferner veröffentlichen sie allmonatlich Listen über die Schiffsverluste und -unfälle.

Kurz sie haben sich durch ihre umfassende Tätigkeit zu einem wirtschaftlich wichtigen Faktor der gesamten Schiffahrt entwickelt.

---

[1]) Neben der weittragenden Bedeutung der Klassifikationsregister, die sie für die Transportversicherung haben, erfüllen dieselben noch andere wichtige wirtschaftliche Funktionen. Sie bilden ein Nachschlagebuch für jedermann, der sich über ein Schiff zu unterrichten wünscht. Sie sind unentbehrlich geworden für die Schiffahrtsgesellschaften, welche die Schiffe anfertigen lassen oder kaufen, unentbehrlich für solche, die ein Schiff auf kürzere oder längere Zeit zu chartern wünschen, unentbehrlich für den Kaufmann, der seine Ware darauf verfrachtet; sie sind maßgebend für die Auswandererbehörde, die alljährlich eine große Zahl von Menschen den schwimmenden Häusern anvertraut, kurz sie bilden in zahlreichen Fällen des wirtschaftlichen Lebens einen sicheren Führer und Berater.

[2]) Vgl. hierzu: Rudolf Ulrich: Die neueren Fortschritte der Schiffbautechnik in ihrer Bedeutung für die Transportversicherung in der Zeitschrift für die gesamte Versicherungswissenschaft, Bd. V S. 1ff.

Ist im Versicherungsvertrag das Schiff, mit welchem Güter befördert werden sollen, bestimmt, so ist das Schiff ein Essentiale des Vertrags, d. h. die Versicherung bezieht sich nur auf die Beförderung in diesem Schiffe, so daß die Güter in einem andern Schiffe nicht versichert sind.

Der Versicherer haftet für keinen Unfall, soweit die Beförderung nicht mit dem dazu bestimmten Schiffe geschieht. Wenn jedoch die Gefahr für den Versicherer bereits zu laufen begonnen hat, so hebt eine ohne Auftrag und ohne nachfolgende Genehmigung der Versicherten ausgeführte Ersetzung des in Übereinstimmung mit dem Versicherungsvertrage für die Verschiffung der Güter verwendeten Schiffes durch ein anderes die Wirksamkeit der Versicherung nicht auf, und eine solche Ersetzung des Schiffes ist selbst dann, wenn sie von dem Versicherten angeordnet oder genehmigt sein sollte, der Versicherung unpräjudizierlich, wenn sie infolge eines Unfalls geschehen sein sollte, welchen der Versicherer zu tragen hatte (§ 816 HGB., § 63 ASVB.).

Neben der objektiven Beschaffenheit des Schiffes spielt bei der Prüfung der Aufnahmefähigkeit des Risikos auch ein subjektives Moment, nämlich die Person des Schiffsführers (Kapitäns) für den Versicherer eine wichtige Rolle. Von seinen Kenntnissen, seiner Umsicht und Geistesgegenwart, seinen persönlichen Eigenschaften überhaupt, hängt in vielen Fällen das Wohl und Wehe des Schiffes und der Ladung ab.

Auch in dieser Beziehung schuf Lloyd's Association in London eine bahnbrechende Unterlage zu einer raschen und verlässigen Orientierung, indem sie eine Liste aufstellte, in welcher die Namen aller Kapitäne der englichen Handelsmarine eingetragen sind, die Reisen, die jeder Kapitän unternommen hat und der genaue Verlauf dieser Reisen (Lloyd's Captains' Register)[1].

---

[1]) Frederick Martin, a. a. O., S. 371 ff. „Das „Captains Register" ist nichts Geringeres, als ein biographisches Handbuch uber die ganze Persönlichkeit der patentierten Schiffsführer der englischen Handelsflotte, in dem uber ca. 25000 Kapitäne in möglichst gedrängter Form, jedoch so, daß alles, was nötig ist, um den Charakter und die

In Deutschland besteht eine ähnlich weitgehende und wertvolle Einrichtung wie das englische Vorbild nicht. Die deutschen Versicherer sind vielmehr, soweit es sich um deutsche Schiffe handelt, auf die oben erwähnten Angaben des Klassifikationsregisters des Germanischen Lloyds und auf die Angaben des gleichfalls oben erwähnten Handbuchs für deutsche Handelsdampfer angewiesen, welches die Namen aller derjenigen Schiffsoffiziere verzeichnet, denen das Patent durch Spruch eines Seeamts oder des Oberseeamts seit dem Jahre 1880 entzogen worden ist.

Da nach dem oben Ausgeführten es dem Versicherer nicht gleichgültig sein kann, welchem Schiffer Schiff und Ladung auf der versicherten Reise anvertraut werden, so wird bei Kaskoversicherungen der Schiffer in der Regel im Vertrage bezeichnet. Diese Bezeichnung enthält an sich noch nicht die Zusage (im Sinne des § 814 HGB.), daß der benannte Schiffer die Führung des Schiffes behalten werde. Wird daher an Stelle des dem Versicherer benannten Schiffers ein anderer gesetzt, so liegt darin nicht die Verletzung einer besonderen Zusage. Möglicherweise aber wird durch Veränderung des Schiffers, z. B. wenn der neue Schiffer bekannterweise unzuverlässig ist, die Gefahr vergrößert und dadurch der Versicherer von seiner Haftung für die später sich ereignenden Unfälle befreit (§ 815 HGB., § 62 ASVB.).

Weiterhin kommen bei der Prüfung des Risikos in Betracht der beabsichtigte Reiseweg und die Jahreszeit, in der die Reise ausgeführt werden soll.

Die besonderen Gefahren, die auf Grund vielhundertjähriger Erfahrungen mit den Reisen auf bestimmten Wasserstraßen und zu bestimmten Jahreszeiten verbunden sind, müssen von einem vorsichtigen Versicherer zum mindesten bei der Festsetzung der Prämie mit in Anschlag gebracht werden. Je

Fähigkeit jeder einzelnen Person beurteilen zu können, berichtet wird. Das Register wird ständig auf dem laufenden erhalten und gibt Aufschluß über den vollen Namen des betreffenden Kapitäns, den Geburtsort und -tag desselben, den Ort und den Tag seines Schifferexamens, die Namen der Schiffe, auf welchen er gedient hat, sei es als Schiffsführer oder Steuermann seit der Ablegung seines Schiffsführerexamens, schließlich die Dauer, während welcher er auf jedem Schiffe gedient hat und welchem besonderen Handel das betreffende Schiff gewidmet war."

nachdem es sich also um Küstenfahrt, europäische Fahrt oder atlantische Fahrt handelt und je nachdem die Reise nach Gewässern außerhalb des Kaps Horn und des Kaps der Guten Hoffnung führt, wird der Versicherer gewisse Unterschiede in der Prämienfestsetzung machen; das gleiche wird er tun, vielleicht auch noch den Umfang der von ihm zu übernehmenden Gefahr oder den Eigenbehalt unter Umständen beschränken, je nachdem es sich um Reisen im Frühjahr, Herbst und Winter oder im Sommer handelt.

So sind erfahrungsgemäß Reisen von und nach der Ostsee im Spätherbst oder Winter wegen der Eisverhältnisse und Reisen auf der Nordsee und im englischen Kanal um dieselbe Zeit wegen des vorherrschend stürmischen und nebligen Wetters besonders gefährlich und der Seeversicherer unterscheidet deshalb auch zwischen Winter- und Sommerprämien.

Gute und schlechte Jahreszeit ist aber nicht auf allen Gebieten, mit denen der Seeversicherer zu rechnen hat, gleich. Auf der nördlichen Halbkugel sind im allgemeinen die Monate November bis März als ungünstig anzusehen, auf der südlichen Halbkugel die Monate März bis Oktober. Diese allgemeine Regel trifft aber nicht überall zu, so z. B. sind für Westindien die Monate August und September, in südchinesischen Gewässern die Monate Juli und August als schlecht anzusehen.

Bei langen Seereisen kommt dem Moment der Jahreszeit weniger Bedeutung zu, da hierbei ein gewisser Ausgleich zwischen guter und schlechter Jahreszeit eintritt; ein Schiff fährt z. B. in der guten Jahreszeit im einen Weltteil ab und kommt zur schlechten Jahreszeit im andern Weltteil an und umgekehrt[1]).

Erwähnenswert an dieser Stelle, wo wir von der Individualisierung des Risikos in der Seeversicherung sprechen, dürfte es wohl auch sein, daß der Internationale Transportversicherungsverband eine Liste von Dampfern für Transporte von Getreide und andern Gütern vom Schwarzen, Asowschen Meer und von der untern Donau aufgestellt hat, für die er auf Grund der gemachten Erfahrungen seinen Mitgliedern eine Prämienerhöhung von $^1/_8$—$^1/_4$ % oder von $^1/_4$—$^1/_2$ % empfiehlt, je nach den be-

[1]) C. Herzog: Die Praxis der Transportversicherung. Berlin 1909. S. 146 f.

sonderen Bemerkungen, die zu den einzelnen Dampfern gemacht sind und je nachdem es sich um Reisen in der guten oder schlechten Jahreszeit handelt[1]).

Da diese Verhältnisse (Reiseweg und Jahreszeit) auf den Entschluß des Versicherers bei Übernahme der Versicherung einwirken, darf der Versicherte, wenn er im Vertrag eine bestimmte Reise und deren Beginn vereinbart hat, die versicherte Reise nicht verändern oder deren Antritt oder Vollendung nicht verzögern, auch nicht von dem der versicherten Reise entsprechenden Wege abweichen oder einen Hafen anlaufen, dessen Angehung als in der versicherten Reise begriffen nicht erachtet werden kann, widrigenfalls der Versicherer unter Umständen von der Haftung frei wird (§§ 813, 814 HGB., §§ 60, 61 ASVB.).

Handelt es sich lediglich um die Versicherung von Gütern, so hat der Versicherer nicht nur der Beschaffenheit des Schiffes, den Eigenschaften des Schiffsführers, dem Reiseweg und der Jahreszeit sein Augenmerk zuzuwenden, sondern er hat auch die Güter selbst unter verschiedenen Gesichtspunkten besonders zu berücksichtigen.

Während die einen Güter den Unbilden einer Reise gegenüber sich widerstandsfähiger erweisen, sind die anderen denselben in ganz besonders hohem Grade ausgesetzt. Hierbei spielt naturgemäß die Verpackung derselben auch eine große Rolle.

Ob die Güter ohne jede schützende Umhüllung, ob sie in Fässern oder Ballen, ob sie in einfachen oder durch Metalleinlage besonders geschützten Kisten versandt werden, ist für den Versicherer von einschneidender Bedeutung; desgleichen ist die von ihm zu tragende Gefahr verschieden, je nach dem Orte der Verstauung der Waren auf dem Schiffe; Güter, die auf Deck verladen zu werden pflegen, wie z. B. Hölzer oder Maschinen, sind in ganz anderer Weise den Seegefahren ausgesetzt als Waren, die unter Deck verladen werden.

Bereits im II. Abschnitt S. 66 f. haben wir darauf hingewiesen, daß die Transportversicherung nur für tatsächliche

---

[1]) Dr. P. Brüders: Seeversicherung. Jahrbuch 1913. Hamburg 1913. S. 176 ff.

Unfälle, die den versicherten Gegenständen zustoßen, aufzukommen hat, und daß daher bei der Versicherung von Gütern vor allen Dingen von der Haftung des Versicherers ausscheiden:

a) alle Schäden, die der natürlichen Beschaffenheit der versicherten Güter zuzuschreiben sind, wie z. B. Rost, innerer Verderb, d. h. Schäden infolge innerer oder äußerer Stoffprozesse (Gären, Faulen, Schimmeln, Selbstentzündung), Schwund, d. i. natürliche Verminderung der Ware durch Witterungseinflüsse (Eintrocknen, Verdunsten), ferner alle Schäden, die entstehen infolge mangelhafter Verpackung der Güter oder durch gewöhnliche Leckage, d. i. das regelmäßige Dringen (Laufen) von Flüssigkeiten durch die Fugen der Gebinde ohne äußere Beschädigung u. dgl.

b) weiter werden nicht ersetzt die sich aus der Natur oder der schlechten Beschaffenheit des Beförderungsmittels ergebenden Schäden (Schiffsdunst)[1]), Ratten- und Mäusefraß oder sonstige Ungezieferschäden.

Aber trotz dieser nach den gesetzlichen Bestimmungen dem Versicherer nicht zur Last fallenden Schäden wäre die Seeversicherung der Güter praktisch wegen der hohen erforderlichen Prämien undurchführbar, hätten die Versicherer nicht durch eine gewisse Beschränkung des Umfangs der von ihnen bei der Güterversicherung zu übernehmenden Gefahr ihrer zu weitgehenden Belastung vorgebeugt.

Es gibt nämlich keine einzige Warengattung, die nicht durch die alltäglichsten und unbedeutendsten Unfälle, die jede Seereise mit sich bringt — man denke nur an die Verstauung der Güter im Schiffsraume oder an etwa notwendig werdende Umladungen u. dgl. —, einen geringfügigen Schaden erleiden, und der Seeversicherer würde sich, wollte er für alle diese kleinen und kleinsten Schäden aufkommen, genötigt sehen, für jede Versicherung eine unverhältnismäßig hohe Prämie zu fordern, da er ja bei jeder Reise in die Notwendigkeit versetzt würde, Schäden zu ersetzen, wobei die Feststellung der be-

[1]) Schiffsdunst ist die dunstige (feuchte) Luft, die sich regelmäßig in den mehr oder weniger abgeschlossenen Laderäumen auch seetüchtiger Schiffe auf der Seereise zu entwickeln pflegt.

treffenden Schäden ihn noch dazu mit unverhältnismäßig hohen Kosten belasten würde. Wo würden unter diesen Umständen die für etwa vorkommende größere Seeunfälle oder gar Totalverluste erforderlichen Mittel herkommen? Das würde also, wie gesagt, die Seeversicherung von Gütern praktisch unmöglich machen.

Derartige regelmäßig eintretende Bagatellschäden muß daher der Versicherungsnehmer auf eigenes Risiko übernehmen; er muß die ihm dadurch erwachsenden Verluste bei der Kalkulation der Warenpreise bereits in Berechnung ziehen, der Fabrikant muß sie dem Herstellungspreise, der Wiederverkäufer muß sie dem Verkaufspreise hinzuschlagen. Der Versicherer aber befreit sich durch die sogenannte Franchisenklausel, also durch eine besondere Vereinbarung mit dem Versicherungsnehmer, ausdrücklich von der Haftung für solche unbedeutende und alltägliche Schäden, und zwar teilt er hierbei die Waren nach ihrer Empfindlichkeit in drei Klassen ein, für die er verschiedene Befreiungsprozente vereinbart.

Die erste Franchise beträgt 3 %, die zweite 5 %, die dritte 10 %, und der Versicherer übernimmt die Versicherung unter der Klausel: „frei von 3 % (5 % oder 10 %) Beschädigung“.

Am Schlusse der Allgemeinen Bedingungen für die Versicherung von Gütertransporten zur See, wie sie hauptsächlich im Binnenlande zur Verwendung kommen (in der sogenannten binnenländischen Seepolice[1])), findet sich eine Franchisentabelle, in welcher die hauptsächlich in Betracht kommenden Güter, teilweise mit besonderer Angabe der Verpackung, aufgezeichnet sind, unter gleichzeitigem Vermerk der für die betreffende Art von Gütern in Betracht kommenden

Anlage B. Befreiungsprozente. (Siehe Anlage B S. 107—121.)

Die in Hamburg übliche, auf den ASVB. beruhende Seeversicherungspolice auf Güter enthält eine von der oben angeführten Tabelle etwas abweichende Franchisentabelle, indem hier nur zwei verschiedene Befreiungsprozente im Ge-

Fortsetzung des Textes s. S. 122.

[1]) Wir bringen in der Anlage B. eine binnenländische Seepolice mit den gesamten Bedingungen zum Abdruck, um dem Leser einen Einblick in diese vielfach gebräuchlichen Bedingungen zu gewähren.

Anlage B.

.... Versicherungsgesellschaft in ....

Emittiertes Grundkapital M .... **Kapital-Reservefonds M** ....

POLICE für den Gütertransport zur See.

Vertretung **Police Nr.** **Versicherungssumme**

Die .... **Versicherungsgesellschaft in** .... versichert hiermit der Firma: .... in .... auf Grund des eingereichten schriftlichen Versicherungsantrages, gegen eine Prämie von ......% die **Summe** von

auf die nachstehend bezeichneten Güter, geladen oder noch zu laden in das .... Schiff .... geführt von **Kapitän** .... klassifiziert für die Reise

von d. Einladungsorte .... | Letzte Nach-richten | Faktura vom ....
.... | Konnossement vom ......
nach d. Bestimmungsorte .... | Abgefahren am ....

Zeichen	Nr.	Zahl u. Art der Kolli	Ge-wicht	Versicherter Gegenstand	Versicherungs-summe

....

....

Gegenwärtige Versicherung ist am .... 191...... um ..... Uhr ..... mittags beantragt worden und wird geleistet zu den umstehenden Bedingungen, denen die Parteien sich in allen Punkten unterwerfen.

........, den .... 191.....

Prämie zu ....% ℳ .... ₰ .....
Policegebühr . . „ .... „ .....
Stempel u. Porto „ .... „ .....
Zusammen ℳ .... ₰ .....

In Vollmacht der .... Versicherungs-gesellschaft:

Mit Bezug auf die in Art. 18 der allgemeinen Bedingungen bei Ankunft beschädigter Güter vorgeschriebene Hinzuziehung eines Bevollmächtigten der Gesellschaft wird bemerkt, daß man sich zu wenden hat in: .... an Herr ....

Allgemeine Bedingungen der Police für den Gütertransport zur See.

Umfang der Gefahr.

Art 1. Soweit nicht durch die nachfolgenden Bedingungen dieser Police ein anderes vereinbart worden ist, trägt der Versicherer alle Gefahren, welchen Schiff oder Ladung während der Dauer der Versicherung ausgesetzt sind. Er trägt insbesondere die Gefahr der Elementarereignisse und der sonstigen Seeunfälle als: Eindringen des Seewassers, Strandung, Schiffbruch, Sinken, Feuer, Explosion, Blitz, Erdbeben, Beschädigung durch Eis, Zusammenstoß von Schiffen, die Gefahr des Diebstahls, des Seeraubes, der Plünderung und sonstiger Gewalttätigkeiten; die große Haverei (Art. 19); die Gefahr der Verbodmung der versicherten Güter, der Unredlichkeiten oder des Verschuldens einer Person der Schiffsbesatzung; die Gefahr eines gezwungenen Aufenthalts, einer Änderung der Reise, einer Abweichung von dem der versicherten Reise entsprechenden Wege, sofern die vorgenannten Fälle durch eine Notlage veranlaßt sind, welche sich in einer Gefahr gründet, die der Versicherer zu tragen hat

Art. 2. Die Versicherung gilt frei von Kriegsmolest. Auch leistet der Versicherer keine Gewähr für diejenigen Nachteile, welche durch Verfügungen von hoher Hand, des auf Antrag eines Dritten verhängten Arrestes auf die versicherte oder eine andere in der Schiffsgemeinschaft befindliche Sache entstehen Ingleichem ist er nicht verantwortlich für die Nachteile des aus einem Unfalle oder sonstigen Grunde in der Beförderung der versicherten Güter entstandenen Verzuges, und ebensowenig haftet er fur die durch Quarantane, Uberwinterung und Uberliegezeit veranlaßten Kosten, noch fur Zins-, Kurs- und Konjunkturverluste. Auch fällt dem Versicherer der Schaden nicht zur Last, welcher durch Witterungseinflüsse, die natürliche Beschaffenheit der Güter, namentlich durch inneren Verderb, Selbstentzundung, Schwinden, gewohnliche Leckage oder durch mangelhafte Verpackung der Güter entsteht, oder an diesen durch den Schiffsdunst oder durch Ratten, Mäuse und sonstiges Ungeziefer verursacht wird. Auch dann wird ein solcher Schaden nicht ersetzt, wenn die Reise durch einen zu Lasten des Assekuradeurs gehenden Unfall verzögert wurde. Der Versicherer haftet ferner nicht fur den Schaden, welcher in einem Verschulden des Versicherten sich gründet, oder welcher durch ein dem Ablader, Empfänger oder Kargadeur in dieser ihrer Eigenschaft zur Last fallendes Verschulden entsteht. Für den durch Oxydation, Feuchtigkeit, Schimmel oder Fäulnis entstandenen Schaden wird kein Ersatz geleistet, es sei denn, daß dieser Schaden infolge eines Unfalles, für welchen der Versicherer der Police gemäß einsteht, von unmittelbarer Berührung der Güter mit Seewasser herstammt.

Wenn die durch diese Police versicherten Gegenstände für gewisse Gefahren (z. B. Feuer) anderweitig besonders versichert sind, so gilt die Versicherung durch gegenwärtige Police, soweit sie dieselben Gefahren deckt, erst in zweiter Linie, und es soll der anderweitig genommenen diesbezüglichen Versicherung die Priorität gebühren.

Anzeigen bei dem Abschluß des Vertrages.

Art 3 Der Versicherungsnehmer ist sowohl im Falle der Versicherung für eigene Rechnung, als im Falle der Versicherung für fremde Rechnung verpflichtet, bei dem Abschluß des Vertrages dem Versicherer alle ihm bekannten Umstände, sowie alle ihm zugekommenen Nachrichten anzuzeigen, welche wegen ihrer Erheblichkeit für die Beurteilung der von dem Versicherer zu tragenden Gefahr geeignet sind, auf den Entschluß des letzteren, sich auf den Vertrag überhaupt oder unter denselben Bestimmungen einzulassen, Einfluß zu üben. Die Mitteilung von Nachrichten der vorgedachten Art darf auch dann nicht unterlassen werden, wenn der Versicherungsnehmer dieselben für unbegründet oder unzuverlässig hält. Wenn der Vertrag für den Versicherungsnehmer durch einen Vertreter desselben abgeschlossen wird, so sind nach Maßgabe des Vorstehenden auch die dem Vertreter bekannten Umstände und zugekommenen Nachrichten anzuzeigen.

Im Falle der Versicherung für fremde Rechnung müssen dem Versicherer bei dem Abschluß des Vertrages auch diejenigen Umstände und Nachrichten angezeigt werden, welche dem Versicherten selbst oder einem Zwischenbeauftragten bekannt oder zugekommen sind.

Jede Verschweigung oder in bezug auf einen erheblichen Umstand gemachte unrichtige Anzeige machen den Vertrag für den Versicherer unverbindlich; gleichwohl gebuhrt ihm die volle Prämie.

Diese Vorschrift findet jedoch keine Anwendung, wenn der nicht angezeigte Umstand dem Versicherer bekannt war, oder als ihm bekannt vorausgesetzt werden durfte Ebenso ist der Vertrag für den Versicherer verbindlich, wenn ihm die Unrichtigkeit der Anzeige bekannt war.

Vorstehende Vorschriften kommen in Anwendung ohne Unterschied, ob die Anzeige wissentlich oder aus Irrtum, ob sie mit oder ohne Verschulden unrichtig gemacht ist

Art. 4. Der schriftlich einzureichende Versicherungsantrag muß enthalten: den Gegenstand der Versicherung nach Gattung und Gewicht, bei Stückgütern Zeichen, Nummer und Zahl der Kolli, den Namen des Schiffes, den Namen des Schiffers, den Abgangs- resp. Abladungsort, den Bestimmungsort, den Belauf, für welchen der Versicherungsnehmer Versicherung zu erhalten beabsichtigt und das Maß, in welchem der Versicherer sich beteiligen soll, ob für den gesamten Wert oder für einen Teil desselben und für welchen.

Auch sind die letzten dem Versicherungsnehmer resp. dem Versicherten über die Abfahrtzeit zugekommenen Nachrichten anzugeben. Der Antrag muß datiert und unterzeichnet sein. Ist es nicht möglich, diese Angaben gleich vollständig zu liefern, so kann gegen Bezeichnung der Gattung der Güter, ihrer ungefähren Quantität, der Reisestrecke und der annähernden Versicherungssumme, sowie gegen Angabe der letzten

Nachrichten, die Versicherung schon vorläufig geleistet werden, unter der Bedingung, daß der Versicherungsnehmer, resp. der Versicherte binnen 24 Stunden nach Empfang der fehlenden Erfordernisse seine vorläufige Erklärung, obiger Anleitung gemäß, schriftlich ergänze resp. berichtige.

Art. 5. Ist dem Versicherungsnehmer, resp. einer der ihm bezüglich der Anzeigepflicht gleichzuachtenden Personen, zur Zeit des Versicherungsantrages bekannt, daß das betreffende Schiff den im Antrage als Abfahrtshafen bezeichneten Ort noch nicht erreicht, oder daß es denselben schon verlassen hat, oder aber, daß es, nachdem es bereits abgefahren, wieder aus See dorthin zurückgekehrt ist, so muß es im Antrage bemerkt werden. Dies ist auch erforderlich, wenn der Auftrag zur Versicherung von einem dritten Orte herstammt, oder, wenn der Auftrag oder ein Nachtrag zu demselben, resp. die Benachrichtigung per Telegraph gekommen ist; in letzterem Falle sind zugleich Ort und Zeitpunkt des Abgangs der Depesche im Antrage anzugeben.

Wenn Güter, auf welche Versicherung genommen wird, beschädigt abgeladen oder als beschädigt zugesandt werden, oder wenn dieselben aus einem anderen Seeschiffe oder Flußfahrzeuge, in welchem sie eine Frachtreise gemacht haben, ohne vorher ans Land gebracht oder untersucht zu sein, übergeladen worden sind oder werden sollen, so muß hiervon bei der Versicherungsnahme Anzeige gemacht werden, widrigenfalls die Versicherung auf diese Güter „frei von Beschädigung“ gilt.

Wird dem Versicherer nicht angezeigt, daß die Güter auf eine an dem betreffenden Orte ungebräuchliche Weise, oder, wenngleich auf gebräuchliche Weise doch unter ungewöhnlich gefährdenden Umständen, von dem Lande an das Schiff gebracht, letzterem nachgebracht, resp. vom Schiffe an das Land befördert werden, so ist der Versicherer für den auf solchem Transport entstehenden Verlust oder Schaden nicht verantwortlich, falls der Versicherte oder eine der demselben betreffs der Anzeigepflicht gleichzuachtenden Personen jenen Umstand kannte oder bei gehöriger Sorgfalt kennen mußte.

Soll die Fracht und der Zoll der Güter, sowie die Kosten während der Reise und am Bestimmungsorte mitversichert werden, so ist dies im Antrag ausdrücklich zu deklarieren.

Soll imaginärer Gewinn mitversichert werden, so ist dies im Antrage ebenfalls zu bemerken.

Ein gleiches ist nötig, wenn die versicherten Güter nicht unter Deck geladen werden (Art. 23).

Soll imaginärer Gewinn, Preissteigerung oder Mehrwert abgesondert von den Gütern versichert werden, so muß der Versicherte hinsichtlich Anzeigen beim Vertragsabschluß dieselben Verpflichtungen erfüllen, als wenn es sich um die Versicherung der Güter selbst handelt. Er muß ferner aufgeben, auf welche Güter speziell der imaginäre Gewinn, resp. die Preissteigerung oder der Mehrwert gilt und ob, wo und wie dieselben anderweitig durch ihn oder für seine Rechnung versichert sind. Die Versicherung von imaginärem Gewinn, Preissteigerung oder Mehrwert auf Güter, welche anderweitig versichert sind, gilt, wenn nicht anderes vereinbart ist, „frei von Beschädigung außer im Strandungsfalle“.

Art. 6. Jede Versicherung für fremde Rechnung muß dem Versicherer angezeigt werden. Dieselbe ist für die Gesellschaft nur dann verbindlich, wenn entweder der Versicherungsnehmer zur Eingehung derselben von dem Versicherten beauftragt war, oder, wenn der Mangel eines solchen Auftrages von dem Versicherungsnehmer bei dem Abschlusse des Vertrages dem Versicherer angezeigt wird.

Art. 7. Ruckversicherungsantrage sind als solche deutlich zu kennzeichnen unter Angabe der Zeit und der näheren Umstände, unter denen die ursprüngliche Versicherung abgeschlossen ist, sowie der inzwischen über den versicherten Gegenstand anderweit bekannt gewordenen erheblichen Nachrichten.

Anfang, Dauer und Ende der übernommenen Gefahr.

Art. 8. Die von dem Versicherer ubernommene Gefahr beginnt mit dem Zeitpunkt, in welchem die Güter zum Zweck der Einladung in das Schiff oder in die Leichterfahrzeuge vom Lande scheiden, sie endet mit dem Zeitpunkt, in welchem die Güter im Bestimmungshafen wieder an das Land gelangen.

Wenn die versicherten Gegenstände nicht vom Lande scheiden resp. nicht ans Land gelangen, sondern von Schiff zu Schiff ubergeladen werden, so beginnt die von der Gesellschaft ubernommene Gefahr mit dem Zeitpunkte, in welchem die Güter an Bord des durch diese Police versicherten Schiffes ankommen, resp. endet mit dem Zeitpunkte, in welchem die Güter dasselbe verlassen.

Findet die Ablieferung von Schiff zu Schiff mittels Leichterfahrzeug statt, so gilt dieser Leichtertransport als durch diese Police mitversichert, sofern derselbe als ein Teil der durch diese Police versicherten Reise zu betrachten ist

Wird die Löschung von dem Versicherten, dem Ablader, Empfänger oder Kargadeur ungebührlich verzögert, so endet die Gefahr mit dem Zeitpunkte, in welchem die Löschung beendigt sein würde, falls ein solcher Verzug nicht stattgefunden hätte.

Bei der Einladung und Ausladung trägt der Versicherer auch die Gefahr der ortsgebräuchlichen Benutzung von Leichterfahrzeugen.

Art. 9. Auf die Gültigkeit des Versicherungsvertrages hat es zwar keinen Einfluß, daß zur Zeit des Abschlusses desselben die Möglichkeit des Eintritts eines zu ersetzenden Schadens schon ausgeschlossen, oder, daß der zu ersetzende Schaden bereits eingetreten ist, jedoch ist jede, nach Ablauf des Risikos oder nach Eintritt eines Unfalles abgeschlossene Versicherung ungültig, wenn im ersteren Falle der Versicherer vom Ablauf des Risikos, im letzteren der Versicherungsnehmer, sein Stellvertreter, oder im Falle der Versicherung für fremde Rechnung der Versicherte selbst oder ein Zwischenbeauftragter von dem Unfalle im Augenblicke des Versicherungsantrages Kenntnis hatte. Es wird bis zum Beweise des Gegenteils angenommen, daß der Versicherte oder eine der demselben betreffs der Anzeigepflicht gleichzuachtenden Personen von dem Unfalle Kenntnis hatte, wenn eine Nachricht darüber an dem Wohnorte der in Betracht kommenden Person eingetroffen war.

Versicherungswert.

Art. 10. Der volle Wert des versicherten Gegenstandes ist der Versicherungswert. Die Versicherungssumme kann den Versicherungswert nicht übersteigen. Soweit die Versicherungssumme den Versicherungswert übersteigt (Überversicherung), hat die Versicherung keine rechtliche Geltung.

Art. 11. Die Versicherung kann für den vollen Wert der Güter oder auch nur für einen Teil dieses Wertes genommen werden. Wird sie nur für einen Teil des vollen Wertes geleistet, so haftet der Versicherer nur nach Verhältnis der bei ihm versicherten, eventuell nach Maßgabe des vorstehenden Artikels herabgeminderten Summe zum Versicherungswerte.

Unter allen Umständen bildet die durch diese Police versicherte Summe die äußerste Grenze der Gesamtersatzpflicht des Versicherers, so daß derselbe für einen höheren Betrag niemals in Anspruch genommen werden kann.

Art. 12. Als Versicherungswert der Güter gilt derjenige Wert, welchen die Güter am Ort und zur Zeit der Abladung haben, unter Hinzurechnung aller Kosten bis an Bord des Schiffes, einschließlich der Versicherungskosten.

Die Fracht, der Zoll, die Kosten während der Reise und am Bestimmungsorte, sowie der imaginäre Gewinn werden nur hinzugerechnet, sofern es ausdrücklich beantragt oder vereinbart ist.

Im Falle einer Mitversicherung des imaginären Gewinnes werden als solcher, wenn ein anderes nicht ausdrücklich verabredet ist, zehn Prozent des Versicherungswertes der Güter als versichert betrachtet.

Art. 13 Sind für die in einer und derselben Police vereinbarten Gegenstände je nach Gattung, Stückzahl, Merkzeichen oder sonstwie separate Abteilungen (sogenannte Taxen oder Serien) vereinbart worden, so gelten die einzelnen Abteilungen in bezug auf die besondere Haverei auch als selbständig versichert, derart, als ob über jede derselben eine besondere Police bestände.

Prämien, Ristorno und Schiffsklassen.

Art. 14. Die Prämie ist bei Aushändigung der Police bar zu bezahlen.

Art. 15. War eine bestimmte Klasse des Schiffes bedungen, so ist die Versicherung ungültig, wenn es sich herausstellt, daß das Schiff schlechter oder gar nicht klassifiziert ist.

Als Schiffe I. Klasse werden nur solche angesehen, welche *mindestens* eine der folgenden Klassen haben *und nicht über 15 Jahre alt sind*;

wenn hölzerne Schiffe:

$^3/_3$ 1 . 1 im Véritas français; A 1 schwarz im Lloyd's Register; AI Germanischer Lloyd; A 1 holländische Kotierung; A 2* Norske Veritas; A 1. 1. Veritas Austro-Ung.; 100. 1. 1. Registro Italiano;

wenn eiserne, sowie aus Eisen und Holz gebaute Schiffe (composite ships):

$\underset{9}{A}$ oder II. Véritas français; $\underset{B}{A}$ 1. oder 90 A 1. Lloyd's Register; 18. 1. Liverpool Iron book; $\underset{4}{A}$ Germanischer Lloyd, $\underset{II}{A}$ 3 Veritas Austro-Ungarico, 90 A Reg. Italiano.

Falls ein Schiff in mehr als einem Register, aber mit verschiedenen Klassen klassifiziert ist, so ist die niedrigste Klasse als maßgebend zu betrachten, es sei denn, daß die zuletzt erhaltene Klasse infolge von bedeutenden Reparaturen die bessere sei, in welchem Falle diese letztere der anderen vorgeht.

Art. 16. In folgenden Fällen einer gänzlichen oder teilweisen Aufhebung der Versicherung und Rückgabe der Prämie verzichtet der Versicherer auf die ihm zustehende Vergütung (Ristornogebühr):

1. wenn erweislich die Unternehmung, auf welche die Versicherung sich bezieht, ganz oder zum Teil von dem Versicherten aufgegeben, oder, wenn ohne sein Zutun der versicherte Gegenstand ganz oder ein Teil desselben der von der Gesellschaft übernommenen Gefahr nicht ausgesetzt wird;
2. wenn im Falle einer Doppelversicherung die zuerst geschlossene für fremde Rechnung ohne Auftrag bei der Gesellschaft genommen ist, die spätere dagegen von dem Versicherten selbst genommen wird und in einem solchen Falle der Versicherte bei Eingehung der späteren Versicherung von der früheren noch nicht unterrichtet war, oder bei Eingehung der späteren Versicherung der Gesellschaft anzeigt, daß er die bei ihr genommene frühere Versicherung zurückweise.

In den übrigen vom Gesetze vorgesehenen Fällen einer gänzlichen oder teilweisen Aufhebung der Versicherung hat der Versicherer auf die gesetzliche Ristornogebühr Anspruch. In allen Fällen ist das Policegeld sowie etwaige Stempelgebühr zu entrichten.

Unfälle.

Art. 17. Jeder Unfall muß, sobald der Versicherungsnehmer oder der Versicherte, wenn dieser von der Versicherung Kenntnis hat, Nachricht von demselben erhält, der Versicherungsgesellschaft oder demjenigen Bevollmächtigten derselben, welcher die Police ausgestellt hat, angezeigt werden, widrigenfalls der Versicherer befugt ist, von der Entschädigungssumme den Betrag abzuziehen, um welchen dieselbe bei rechtzeitiger Anzeige geringer gewesen wäre.

Auch ist der Versicherte bei Eintritt eines Unfalles verpflichtet, sowohl fur die Rettung und Erhaltung der versicherten Gegenstände, als für die Abwendung größerer Nachteile tunlichst zu sorgen. Er hat indes, wenn tunlich, über die erforderlichen Maßregeln vorher mit dem Versicherer Rücksprache zu nehmen.

Art. 18. Wenn Güter beschädigt am Bestimmungsorte ankommen, so muß schon die Eröffnung derselben, nicht minder müssen die Feststellung des Befundes und die Untersuchung, ob und inwieweit Beschädigung anzunehmen und ev. Seeunfällen während der versicherten Reise beizumessen ist, soweit tunlich, unter Zuziehung des Versicherers, ev. eines Vertreters desselben vorgenommen werden.

Ist weder der Versicherer, noch ein Vertreter desselben anwesend, auch nicht in angemessener Zeit erreichbar, so hat der Versicherte, ev. dessen Vertreter, bei dem am Havereiplatz fungierenden Konsul des Landes, welchem der Versicherte angehört, ev. bei einer sonstigen hierfür kompetenten öffentlichen Behörde, die Ernennung von Sachverständigen behufs der oben erwähnten Konstatierung und Begutachtung zu beantragen. Zugleich sind über den Befund der Besichtigung die ordnungsmäßigen Dokumente aufzunehmen.

Die Besichtigung muß, bei Verlust der Entschädigungsansprüche, so bald als tunlich nach der Löschung der Güter stattfinden. Unmittelbar nach erfolgter Feststellung des Schadens sind die Ersatzansprüche beim Versicherer geltend zu machen.

Grosse Haverei.

Art. 19. In Ansehung der Beiträge zur großen Haverei (avarie große) und der nach den Grundsätzen der großen Haverei zu beurteilenden Beiträge bestimmen sich die Verpflichtungen der Gesellschaft nach der am gehörigen Orte im Inlande oder im Auslande im Einklang mit dem am Orte der Aufmachung geltenden Rechte aufgemachten Dispache.

Die einer solchen Dispache gemäß den versicherten Gütern zur Last fallende Quote wird, getrennt von der besonderen Haverei (Art. 20 bis 24), im Verhältnis der versicherten Summe zum Versicherungswerte von der Gesellschaft erstattet, wie gering der Belauf auch immer sein möge. Der Versicherte ist indes nicht berechtigt, von dem Versicherer mehr als den Betrag zu fordern, zu welchem der Schaden in der Dispache berechnet ist.

Besondere Haverei.

Art. 20. Die besondere Haverei fällt nur dann dem Versicherer zur Last, wenn die materiellen Beschädigungen oder Verluste der Güter, ohne Rücksichtnahme auf irgendwelche Unkosten, die in nachfolgender Tabelle bezeichneten Prozentsätze (Franchisen) des Versicherungswertes, unter Berücksichtigung der betr. Serieneinteilung, erreichen.

Art. 21. Für diejenigen Güter, welche in nachstehender Tabelle nicht namhaft gemacht sind, und endlich, wenn wegen der anzuwendenden Franchise Zweifel entstehen, gilt die Versicherung nur frei von Beschädigung resp. Bruch außer im Strandungsfall. Hat eine Strandung oder ein dieser gleichzuachtender Seeunfall sich ereignet, so haftet der Versicherer für jede 3 % erreichende Beschädigung (Bruch), welche infolge eines solchen Seeunfalls entstanden ist, nicht aber für eine sonstige Beschädigung. Inwiefern eine Strandung vorliegt, ist nach dem Allgemeinen Deutschen Handelsgesetzbuche (Art. 853) zu bemessen.

Der Strandung sind gleichzuachten: Kentern, Versinken, Scheitern, Verbrennen und Schiffszusammenstoß

Eine Beschädigung oder ein Schaden durch Bruch, welche erweislich ohne Selbstentzundung durch Feuer oder durch Löschung eines solchen Feuers entstanden sind, werden als ein Schaden, von welchem der Versicherer durch die Klausel „frei von Beschädigung (Bruch) außer im Strandungsfalle“ befreit wird, nicht angesehen.

Erreicht der Belauf der Beschädigung die Befreiungsprozente, so wird der gesamte Beschädigungsbelauf vergütet, es wäre denn, daß das Gegenteil vereinbart wäre, z. B durch die Klausel „frei von (gewissen) ersten Prozenten“. In letzterem Falle wird nur der Überschuß der Befreiungsprozente vergütet.

Art. 22. Bei flüssigen Waren — zu welchen auch Honig, Melasse, Sirup, Palmöl und Teer gerechnet werden — ersetzt der Versicherer die gewöhnliche Leckage niemals.

Als gewöhnliche Leckage gelten bei Flussigkeiten in Metallflaschen 3 %, bei allen übrigen Flüssigkeiten, gleichviel in welcher Art von Gefäßen, 10 %.

Beschädigung sowohl, als außergewöhnliche Leckage an flüssigen Waren werden nur ersetzt, wenn sie durch einen Strandungsfall oder einen demselben nach dem vorhergehenden Artikel gleichzuachtenden Unfall verursacht sind.

Art. 23. In Ermangelung einer andern, in der Police schriftlich dokumentierten Verabredung, sind Güter, welche nicht unter Deck geladen werden, nur frei von großer und besonderer Haverei, frei von Seewurf und Überbordspülen versichert, so daß die Gesellschaft bloß bei einem Totalverluste des Schiffes und auch dann nur in dem Falle ersatzpflichtig ist, wenn sie nicht beweisen kann, daß die ganze Decklast oder ein Teil derselben vorher geworfen oder über Bord gespült worden ist.

Ausserordentliche Rettungsaufwendungen.

Art. 24. In Ansehung der im Art. 20 dieser Police bezeichneten Güter werden die bei einem Unfalle zur Rettung und zur Abwendung größerer Nachteile unterwegs notwendig oder zweckmäßig aufgewendeten Kosten, soweit solche nicht etwa in die große Haverei gebracht sind, von der Gesellschaft im Verhältnis der von ihr versicherten Summe ersetzt.

Art. 25. Ein gleiches geschieht hinsichtlich der im Art. 21 erwähnten Güter, wenn die im Art. 24 angeführten Kosten zur Abwendung eines der Gesellschaft zur Last fallenden Schadens verausgabt sind

Schadenermittelung bei besonderer Haverei.

Art. 26. Bei Gütern, welche beschädigt in dem Bestimmungshafen ankommen, ist durch Vergleichung des Bruttowertes, den sie daselbst im beschädigten Zustande wirklich haben, mit dem Bruttowerte, welchen sie dort im unbeschädigten Zustande haben würden, zu ermitteln, wie viele Prozente des Wertes der Güter verloren sind. Ebenso viele Prozente des Versicherungswertes der Güter sind dann als Betrag des Schadens anzusehen.

Ist jedoch der Versicherungswert höher als der vorgedachte Bruttowert, so wird nur der wirkliche Schaden auf Grundlage dieses Bruttowertes ersetzt.

Die Ermittelung des Wertes, welchen die Guter im beschädigten Zustande haben, erfolgt entweder durch öffentlichen, unter platzüblichen Formen zu betreibenden Verkauf in Konsumo (verzollt), oder, wenn die Gesellschaft am Orte einen Bevollmächtigten hat und die Lage des Falles eine Wertschätzung der beschädigten Guter füglich gestattet, mittels Abschätzung durch Sachverständige.

In dem einen wie in dem anderen Falle aber ist vorab der Wert zu ermitteln, den die beschadigten Güter gehabt hätten, wenn sie gesund angekommen wären.

Fur diese Ermittelung des Wertes, den die Guter im unbeschädigten Zustande haben würden, ist der Marktpreis, inklusive Zoll, maßgebend, welchen Güter derselben Art und Beschaffenheit am Bestimmungsorte der beschädigten Güter bei Beginn der Löschung des Schiffes, oder, wenn die Löschung des Schiffes an diesem Orte nicht erfolgt, bei seiner Ankunft daselbst haben würden.

In Ermangelung eines Marktpreises, oder, falls uber dessen Anwendung, insbesondere mit Rücksicht auf die Qualität der Güter, Zweifel bestehen, wird der Preis durch Sachverständige ermittelt.

Art. 27. Sind Güter nur zum Teil beschädigt, so muß das Beschädigte, gleichviel, ob eine Auktion oder eine Wertabschätzung statt hat, soweit tunlich und üblich ist, vom Unbeschädigten getrennt werden, und letzteres bleibt dann bei der Schadenermittelung außer Betracht.

Untermaß oder Untergewicht an unbeschädigten Gütern wird bei behaltener Ankunft des Schiffes niemals ersetzt.

Art. 28. Der Versicherer trägt nach Maßgabe der bei ihm versicherten Summe auch die Besichtigungs-, Abschätzungs- und Verkaufskosten, selbstredend jedoch nur dann, wenn der Schaden überhaupt zu seinen Lasten ist.

Die über die vorstehend bezeichneten Verhandlungen aufgenommenen Originaldokumente sind bei Aufstellung der Schadenberechnung dem Versicherer miteinzureichen.

Art. 29. Sind bei der Versicherung von Gütern die Fracht, der Zoll, sowie die Kosten während der Reise und am Bestimmungsorte mitversichert, so kommt von dem nach Art. 26 und 27 ermittelten Schadenbetrage der Teil jener mitversicherten Objekte in Abzug, welcher infolge des Unfalls erspart wird.

Art. 30. Bei Versicherung des von der Ankunft der Güter erwarteten imaginären Gewinns, eines Mehrwerts oder einer Preissteigerung (Art. 5 und 12) besteht, wenn die Güter im beschädigten Zustande den Bestimmungshafen erreichen, der Schaden in ebenso vielen Prozenten des als Gewinn versicherten Betrages, als der nach Art. 26 und 27 ermittelte Schaden an den Gütern Prozente des Versicherungswertes der letzteren beträgt. — Ergibt sich indessen bei Vergleichung des Versicherungswertes der Güter mit dem Bruttowerte, den sie daselbst im unbeschädigten Zustande haben würden, daß ein geringer imaginärer Gewinn als der versicherte darauf ruht, so ist der Schaden an letzterem nach der Verhältnisregel zu ermitteln. (Siehe auch Art. 26, 2. Absatz.)

Art. 31. Ist ein Teil der Güter auf der Reise verloren gegangen, so besteht der Schaden in eben sovielen Prozenten des Versicherungswertes, als Prozente des Wertes der Güter verloren gegangen sind.

Sind hingegen Güter auf der Reise infolge eines Unfalls verkauft worden, so besteht der Schaden in dem Unterschiede zwischen dem nach Abzug der Fracht, Zölle und Verkaufskosten sich ergebenden Reinerlöse der Güter und deren Versicherungswerte.

Art. 32. Wenn nach einem Unfalle Ladung und Schiff wegen Reparaturunfähigkeit oder Reparaturunwürdigkeit des letzteren sich trennen, so kann die Gesellschaft verlangen, daß auch die unbeschädigten bei ihr versicherten Güter im Nothafen verkauft werden. Der Schaden ermittelt sich im Falle eines solchen Verkaufs in gleicher Weise, wie es im zweiten Absatze des Art. 31 bestimmt ist.

Art. 33. Bei Mitversicherung des von der Ankunft der Güter erwarteten imaginären Gewinnes, eines Mehrwertes oder einer Preissteigerung, besteht, wenn ein Teil der Güter den Bestimmungshafen nicht erreicht, der Schaden in ebenso vielen Prozenten des als Gewinn versicherten Betrages, als der Wert des in dem Bestimmungshafen nicht angelangten Teiles der Güter Prozente des Versicherungswertes aller Güter beträgt. Ist aber der nicht angelangte Teil der Güter während der Reise so günstig verkauft, daß der Reinerlös mehr als der Versicherungswert jenes Teiles beträgt, oder ist für den nicht angelangten Teil der Güter, wenn er in Fällen der großen Haverei aufgeopfert ist, oder, wenn dafür von dem Verfrachter der gesetzliche Ersatz geleistet werden muß, mehr als der Versicherungswert vergütet, so kommt der Überschuß von dem in Ansehung des imaginären Gewinns ermittelten Schaden in Abzug.

Totalverlust.

Art. 34. Ein Totalverlust der Güter liegt vor, wenn dieselben zugrunde gegangen oder dem Versicherten ohne Aussicht auf Wiedererlangung entzogen sind, namentlich, wenn sie unrettbar gesunken oder in ihrer ursprünglichen Beschaffenheit zerstört sind.

Dazu gehört jedoch nicht der Fall, wenn Güter zum allgemeinen Besten geworfen, oder in sonstiger Weise geopfert werden und zu einer Haverei-große-Regulierung Anlaß geben.

Art. 35. Ein Totalverlust in Ansehung des imaginären Gewinns, eines Mehrwertes oder einer Preissteigerung, welcher von der Ankunft der Güter am Bestimmungsort erwartet wird, liegt vor, wenn die Güter den Bestimmungsort infolge der Gefahren der Reise nicht erreicht haben.

Abandon.

Art. 36. Der Versicherte ist nur in folgenden Fällen befugt, der Gesellschaft den Abandon zu erklären:

1. wenn das Schiff, welches die versicherten Güter geladen hat, verschollen ist;
2. wenn der Gegenstand der Versicherung dadurch bedroht ist, daß er durch Seeräuber genommen und während der von dem Allgemeinen Deutschen Handelsgesetzbuche (Art. 861) vorgesehenen Fristen nicht freigegeben ist. Diese Fristen werden von dem Tage an berechnet, an welchem der Gesellschaft der Unfall durch den Versicherten angezeigt ist.

Inwiefern ein Schiff als verschollen zu betrachten, ist nach dem Allgemeinen Deutschen Handelsgesetzbuche zu beurteilen.

Die Abandonerklärung muß dem Versicherer innerhalb der Abandonfrist zugegangen sein. Diese Frist bestimmt sich ebenfalls nach vorgedachtem Gesetzbuch (Art. 864).

Bezahlung des Schadens.

Art. 37. Der Versicherte hat, um den Ersatz eines erlittenen Schadens fordern zu können, dem Versicherer eine Berechnung darüber einzureichen. Zugleich muß er dem Versicherer durch genügende Belege dartun: sein Interesse; daß der versicherte Gegenstand den Gefahren der in der Police bezeichneten Seereise ausgesetzt worden ist; den Unfall, worauf der Entschädigungsanspruch gestützt wird; sowie den Schaden und dessen Umfang. — Zu diesem Nachweise genügen in der Regel: die Fakturen und Konnossemente, bei sogenannten Durchkonnossementen außerdem eine Bescheinigung des Verfrachters, daß das Gut auch wirklich mit dem im Durchkonnossement bezeichneten Dampfer verladen ist; die Verklarung; die in Beziehung auf ihre Form den Gesetzen oder Gebräuchen des Orts der Schadenermittelung entsprechenden Besichtigungs-, Abschätzungs- und Versteigerungsurkunden; sowie etwaige Quittungen über geleistete Zahlungen. Für seine Bemühungen bei Unfällen kann der Versicherte niemals eine Vergütung irgendwelcher Art beanspruchen.

Art. 38. Der Versicherer hat den in vorgedachter Weise dargetanen Schaden, wenn bei ihm die Versicherung zum vollen Werte genommen war, vollständig zu vergüten; war aber nicht zum vollen Werte bei ihm versichert, so hat er jenen Schaden nur nach der Verhältnisregel zu ersetzen.

Art. 39. Hat der Versicherte wegen des versicherten Gegenstandes an einen Dritten Ansprüche, deren Verfolgung die von dem Versicherer zu leistende Entschädigung verringern kann, so ist er auf Verlangen desselben gehalten, für seine Rechnung jene Ansprüche vorab geltend zu machen, so daß der Versicherer nur für den etwaigen Ausfall aufzukommen hat

Zahlungstermin.

Art. 40. Sobald der Versicherer den Bestand und Umfang eines Schadens, wofur er der Police gemäß haftet, als richtig anerkannt hat, oder sobald im Falle einer sich ergebenden Differenz richterliche Entscheidung erfolgt ist, muß er den ihm zur Last fallenden Betrag gegen Quittung und gegen Ruckgabe der Police, und zwar an dem Orte, wo dieselbe abgeschlossen worden ist, bar und ohne Abzug vergüten.

Bei einem Abandon muß diese Zahlung drei Monate nach dessen Erklärung geschehen.

Regress.

Art. 41. Durch Zahlung der Entschädigungssumme tritt der Versicherer Dritten gegenuber in die Rechte des Versicherten, weshalb letzterer verpflichtet ist, zur Wahrung dieser Rechte alle gesetzlichen Vorschriften zeitig zu erfüllen, auch dem Versicherer alle Belege, Erläuterungen, Vollmachten und sonstigen Dokumente, welche zur Geltendmachung von Ansprüchen nötig sein könnten, vor der definitiven Regulierung des Schadens gegen Erstattung der Auslagen einzuhändigen.

Verjährung.

Art 42. Sind seit dem Tage, an welchem das Schiff die versicherte Reise angetreten hat, drei Jahre verstrichen, ohne daß innerhalb dieser Zeit der erhobene Entschadigungsanspruch gemeinsam festgestellt ist, oder ohne daß von seiten des Versicherten der Rechtsweg betreten worden, so ist der Versicherer seiner Verbindlichkeit ledig. — Ausgenommen von dieser Bestimmung sind jedoch alle Entschädigungsansprüche, welche sich auf große Haverei beziehen; für diese nämlich tritt die Verjährung erst fünf Jahre nach dem Abfahrtstage des Schiffes ein.

Streitigkeiten.

Art. 43. Alle Streitigkeiten aus diesem Vertrage gehören vor das ordentliche Gericht des Gesellschaftssitzes, soweit die Gesellschaft nicht gegenuber einzelnen Staatsregierungen die ordentlichen Gerichte an dem Wohnorte des betreffenden Gesellschaftsvertreters mit der Wirkung als kompetent anerkannt hat, daß sie dort bei allen Streitigkeiten mit dem Versicherten des betreffenden Landes Recht zu nehmen und zu geben habe.

Art. 44. Die aus dieser Versicherung abzuleitenden Rechtsfolgen sind nach den Bedingungen dieses Vertrages, welche durch die Vorschriften des Allgemeinen Deutschen Handelsgesetzbuches subsidiär ergänzt werden, zu bestimmen.

Art 45. Geschriebene Bedingungen gehen, wenn sie von den gedruckten abweichen, den letzteren vor

Franchisentabelle (Art. 20 der Police).

Güter	Art 20 frei von %		
Alaun in Fässern	—	5	
Alkali in Fässern	—	—	10
Arsenik	3		
Asphalt	3		
Badeschwämme	—	—	10
Balsam	3		
Bandwaren	3		
Bast, verarbeitet	—	—	10
Baumwolle und Baumwollwaren	3		
Bijouteriewaren in verl Blechkisten	3		
Blei in Blöcken	3		
Bleistifte	—	—	10
Bleiweiß	3		
Borax in Fässern	3		
Braunstein in Fässern	—	—	10
Bürstenbinderwaren in Fässern oder Kisten	—	—	10
Butter	3		
Cassia lignea in Kisten	3		
„ „ in Matten	—	5	
Chinarinde in Kisten, Seronen oder Fässern	3	—	—
Cochenille in Ballen	3		
„ in Fässern oder Seronen	—	—	10
Draht von edlen Metallen	—	—	10
Drogen (nicht besonders genannte)	3		
Elfenbein, rohes	3		
Farbholz in Blöcken oder Stücken	—	—	10
„ gemahlen oder geraspelt	—	—	10
Farbwaren (nicht besonders genannte)	—	—	10
Felle, trockene mit Haaren, grüngesalzene und gegerbte	—	—	10
Fette, tierische	—	—	10
Filz in Kisten	—	—	10
Flachs in Ballen	—	—	10
„ in Fässern	—	5	
Garn, aus Baumwolle, Leinen oder Wolle, ausgenommen türkischrot Garn	3	—	
Gestickte Waren in Wachs-, Filz- oder Oeltuchverpackung mit Ausnahme von abgepaßten Kleidern	3	—	
Gestickte Waren in sonstiger Verpackung und abgepaßte Kleider, wenn nicht in Blechkisten	—	—	10
Gewürze (nicht besonders genannte) in Fässern oder Kisten	—	5	
Gewürze in Säcken	—	—	10
Glätte	3		
Gold in Barren	3		
Grünspan	3		
Gummi, Gummielastikum	—	5	
Guttapercha, unverarbeitet	-	5	
Haare in Fässern oder Kisten	—	—	10
Handschuhe, wenn in Zink- und Holzkisten	—	—	10
Harz	3		
Hausenblase	—	—	10
Häute, trockene mit Haaren, grüngesalzene und gegerbte	—	—	10
Hörner von Tieren	—	—	10
Hornspitzen	—	—	10
Hüte (Filz- und seidene) in Kisten oder Fässern	—	—	10
Indigo	3		
Ingwer in Ballen oder Säcken	—	5	

Güter	Art. 20 frei von %		
Ingwer in Fässern	3		
Kaffee in Ballen oder Säcken	—	—	10
„ in Fässern und Kisten	3		
Kakao in Fässern	3		
Kakaoschalen	—	—	10
Kammacherarbeiten	—	—	10
Kampfer	—	—	10
Kautschuk, unverarbeitet	—	5	
Kleidungsstücke, neue in Kisten oder Fässern	3		
Knopfmacherarbeiten	—	—	10
Knoppern	—	—	10
Kobalt	3		
Korinthen in Fässern	—	—	10
Korkholz, roh oder verarbeitet	—	—	10
Krapp in Fässern	—	5	
Krappwurzeln	—	—	10
Kupfer in Blöcken	3		
Kurzwaren ohne Metallteile, in Fässern oder Kisten	—	—	10
Leder (Ledertuch)	—	—	10
Lederwaren	—	—	10
Leibwäsche, neue, in verlöt Blechkisten	3	—	
Leim, tierischer	—	—	10
Leinen und Leinenwaren in Kisten	3		
Lichte von Talg, Wachs, Stearin, Paraffin, Walrat und von ähnlichen Brennstoffen	—	—	10
Mandeln in Fässern	—	—	10
Materialwaren, nicht bes genannte	—	—	10
Matten, neue, verpackt	—	—	10
Mehl aus Getreide oder sonstige zur Nahrung dienende Mühlenfabrikate in Fässern	—	5	
Mennige	3		
Mineralien, nicht bes. genannte	—	—	10
Möbel, neue in Kisten verpackt	—	—	10
Muskatblüte (Macis)	3		
Muskatnüsse	3		
Nelken	3		
Oele, ätherische in Metallflaschen	3		
Oeltuch	—	—	10
Opium in Kisten	3		
Paraffin	—	5	
Papier und Pappe in Kisten	—	—	10
Pech	3		
Pelzwerk in Fässern oder Kisten	—	—	10
Pergament	—	—	10
Perlasche in Fässern	—	—	10
Perlmutter	—	—	10
Pfeffer in Ballen	3		
Piment	3		
Platina in Barren	3		
Pottasche in Fässern	—	—	10
Quecksilber in Metallflaschen	3		
Reis in Fässern	—	5	
Rhabarber in Kisten	—	—	10
Rohr, verarbeitet	—	—	10
Roßhaar	3		
Rot- und andere Farbenstifte	—	—	10
Safflor	—	—	10
Safran	3		
Sago in Kisten oder Fässern	—	—	10
Salpeter, raffiniert	—	—	10
Schafwolle, nach der Schur gewaschen	3		

Güter	Art 20 frei von %		
Schafwolle, vor der Schur gewaschen	—	—	10
Schellack	3		
Schildpatt, rohes	3		
Schilf, verarbeitet	—	—	10
Schmalte	3		
Schnürleiber	—	--	10
Schreibfedern, ausgenommen metallische	—	—	10
Schrot	3		
Schwefel, raffinierter	—	5	
„ roher	3		
Schwefelblüte	—	5	
Schweinsborsten, sortierte	—	—	10
Segeltuch in Kisten	3		
„ in Packen	—	—	10
Seide und Seidenwaren	3		
Seife in Kisten, Fassern und Tonnen	—	—	10
Silber in Barren	3		
Soda in Fassern	—	—	10
Spitzen von Baumwolle, Leinen oder Seide in verloteten Blechkisten	3		
Spitzen, wenn nicht in verlöteten Blechkisten	—		10
Stärke in Fassern oder Kisten	—	—	10
Stearin	—	5	
Stickereien in verlöt Blechkisten	3		
Tabak, roh oder fabriziert in Fassern oder Kisten, mit Ausnahme des von überseeischen Produktionslandern verschifften	—	5	

Güter	Art 20 frei von %		
Tabak, roh oder fabriziert in anderer Verpackung als Fassern oder Kisten	—	—	10
Talg	3		
Tauwerk, neues, wenn geteert	3		
Terpentin	—	--	10
Tee	3		
Türkischrotgarn in verl. Blechkisten	3		
Uhren und Uhrmacherarbeiten aller Art in verloteten Blechkisten	3		
Vanille in Kisten	3		
Wachs von Bienen	3		
Wachstuch	—	—	10
Waidasche in Fassern	-	—	10
Walfischbarten, rohe	-	—	10
Walrat, roh oder raffiniert	3		
Weinstein und Weinsteinsaure in Fassern	–	—	10
Wichse	—		10
Wollentuch	3		
Wollenwaren	3		
Zichorien, getrocknete in Fasern	—	—	10
Zigarren, exportierte in dopp Kisten	—	5	
„ importierte „ „ „	—	5	
Zimt in Kisten	3		
„ in Matten	—	5	
Zink, rohes in Platten	3		
Zinkweiß	3		
Zinn in Blöcken	3		
Zucker in Fassern oder Kisten	—	—	10

Sogenannte Ballots, welche außer in Leinen noch in Wachstuch, Teertuch oder in Oeltuch verpackt sind, werden der einfachen Kistenpackung gleichgeachtet.

Tabelle für die Serieneinteilung (Art. 13 der Police).

Baumwolle . . . . . 10 Ballen.
Garn aller Art. . . . 1 Kollo
Gewebe „ „ . . . . 1 „
Häute 1000 Stück frei von 5 pCt., 500 Stück frei von 10 pCt.
Holz, die Ladung auf und unter Deck, je eine Serie.
Kakao . . . . . 100 Sacke
Kaffee 100 Ballen, 15 Fasser oder 20 Kisten
Korinthen . . 10 Both oder 100 Fasser
Krapp . . . . 2 Fasser.
Krappwurzeln . . . . . 100 Ballen
Leinsaat . . . . . . 100 Tonnen
Lichte . . . . . . 100 Kisten
Mandeln . . . . . . 20 Ballen.
Mehl 100 Fasser, wenn in Sacken, die ganze Partie eine Serie
Oel . . . . 2 Fasser.
Petroleum . . . . . 100 Fasser.
Pferdehaare . . . . . . 5 Ballen.
Pottasche, amerikanische 15, russische 15 Fässer.
Rosinen . . 100 Kisten oder 10 Fasser
Reis von Ostindien 2000 Ballen, von Java 1000 Ballen, von Nordamerika 15 Fasser
Seide, rohe . . . . 1 Ballen
Sumach . . . . 100 Ballen.
Tabak . . . . 20 Ballen oder 10 Fasser.
Talg . . . . 10 Fasser.
Zucker von Brasilien 10 Kisten, in Sacken die ganze Partie eine Serie
Zucker von Havanna 50 Kisten, von Java 50 Oranjangs.

Die Serieneinteilung ist nach der Reihenfolge der Originalnummern vorzunehmen Wenn am Bestimmungsplatze nur Landungsnummern üblich und die Originalnummern nicht erkennbar sind, gelten vierfache Serien.

Alle übrigen Waren werden nach der Nummernfolge der Faktura in Serien von **1500 M Wert** eingeteilt. In Ermangelung von Nummern oder sonstigen Unterscheidungszeichen bildet die ganze Partie eine e i n z i g e Serie Ist eine Partie kleiner als der Wert einer Serie, so ist die Franchise so hoch als sie von dem für eine volle Serie festgesetzten Betrage ausmachen würde.

Ein Kollo, gleichviel, wie hoch sein Wert, kann nie mehr als e i n e Serie bilden. Die Serieneinteilung nach L a n d u n g s n u m m e r n ist ohne ausdrückliche Genehmigung n i c h t gestattet Lose geladene und geschüttete Waren bilden stets nur e i n e Serie

Anlage C. brauch sind, nämlich 3 % und 10 %. (Siehe Anlage C Seite 123 bis 126.)

Da nun aber bei hohen Versicherungssummen die Franchisebeträge allzusehr anschwellen würden und die Versicherten infolgedessen auch bei relativ hohen Schäden keinen Ersatz vom Versicherer beanspruchen könnten, — bei einer Versicherungssumme von 100 000 M und 5 % Franchise müßte der Schaden z. B. 5000 M überschreiten, um die Haftbarkeit des Versicherers auszulösen — so haben die Seeversicherer, um derartigen unbilligen Folgen vorzubeugen, eine Einrichtung getroffen, die man „Serien- oder Taxenbildung" nennt.

Die versicherten Waren werden nämlich in Serien oder Taxen eingeteilt, und diese Partien werden je als ein besonders versichertes Kapital angesehen, auf das die betreffende Franchise berechnet wird.

Je nach der Verpackung der Waren in Ballen, Säcke, Kisten usw. werden für die einzelnen Waren verschiedene Serien oder Taxen gebildet, deren Größe ein für allemal festgesetzt und in einer den Allgemeinen Bedingungen für die Versicherung von Gütertransporten zur See angefügten

Anlage B Tabelle zusammengestellt ist. (Siehe Anlage B Seite 107—121.)

Angenommen, es hätte jemand 100 Ballen Baumwolle, frei von 3 % Beschädigung versichert, so würden die Befreiungsprozente auf je 10 Ballen berechnet werden, da nach der Tabelle für Serieneinteilung bei Baumwolle 10 Ballen eine Serie bilden.

Diese Serienbildung erfolgt nun in der Weise, daß eine bestimmte Anzahl von Kisten, Ballen, Fässern usw., die von Haus aus eine gewisse Numerierung tragen, zusammen eine solche Einheit bilden, so bilden z. B., um bei dem oben angeführten Fall der 100 versicherten Ballen Baumwolle zu bleiben, die Ballen mit den Nummern 1—10, 11—20, 21—30 usw. je eine Serie. Diese Art nennt man die Serienbildung nach Originalnummern.

Aus rein praktischen Gründen erfolgt jedoch, wozu es allerdings der ausdrücklichen Genehmigung des Versicherers bedarf, die Serienbildung häufig nicht nach Originalnummern, sondern nach Landungsnummern, d. h.

Fortsetzung des Textes s. S. 127.

Anlage C.

Seeversicherungspolice auf Güter

Agentur .... Nr. .... Versicherungssumme ....

Die .... **Versicherungsgesellschaft in Hamburg** beurkundet hierdurch, Versicherung übernommen zu haben:
an Herr .... für Rechnung wen es angeht für den
Betrag von
auf

taxiert zu
im Schiff
geführt vom Schiffer
von
nach
zur Prämie von Prozent

Im Falle einer zu Lasten dieser Police fallenden Havarie zu wenden an

Die aus dieser Versicherung für uns und den/die Versicherten abzuleitenden Rechtsfolgen sind zu bestimmen nach den **„Allgemeinen Seeversicherungsbedingungen von 1867“**, welchen Bedingungen sich beide Teile, insbesondere auch in betreff derjenigen Punkte unterworfen haben, in Ansehung deren die bezüglichen Paragraphen des Allgemeinen Deutschen Handelsgesetzbuches mit Abänderungen in dieselben aufgenommen oder durch abweichende Bestimmungen ersetzt worden sind.

Besondere Anzeigen oder Vereinbarungen:

Diese Versicherung gilt „nur für Seegefahr“ (d. h. mit Ausschluß der Kriegsgefahr, s. § 101).

In betreff der §§ 27, 51, 54—56, 60, 61, 73, 77, 84, 101, 104, 105, 146 der vorgedachten Bedingungen gelten die auf der Rückseite dieser Police abgedruckten Abänderungen und resp. Zusätze als vereinbart.

Für alle Ansprüche der Versicherer aus diesem Versicherungsverhältnis sind ausschließlich die Gerichte des Platzes zuständig, an welchem diese Police gezeichnet ist.

So geschehen zu ...., den ....19.....

Prämie ℳ .... **à** ......$^0/_0$ = **ℳ** ....
Stempel . . . „ ....
Policengebühr . „ ....
Zusammen . **ℳ** ....

Zusätze und Abänderungen zu den folgenden Paragraphen der „Allgemeinen Seeversicherungsbedingungen von 1867“.

Zu § **27.** Den Versicherten, deren Güter in Dampfschiffen verladen werden, ist es unpräjudizierlich, wenn die darüber gezeichneten Konnossemente oder Chartepartien Bestimmungen enthalten, durch welche die Rheder der ihnen, den Ladungsinteressenten gegenuber, wegen Erfüllung der Frachtkontrakte gesetzlich obliegenden Verbindlichkeiten, gleichviel in welchem Maße, sich entschlagen. Jedoch ubernehmen die Versicherer durch die Gestattung solcher Bestimmungen keine Gefahr, welche nicht ohnedies durch die Versicherung gedeckt. (S. auch zu § 84.)

Zu § **51.** Der § 51 wird aufgehoben und dadurch die in betreff der Art der Leichterbenutzung und der sonstigen Hilfstransporte bisher vorgeschrieben gewesene besondere Anzeigepflicht beseitigt. Die allgemeine Anzeigepflicht (§ 29 f.) besteht ferner auch wegen dieses Gegenstandes.

Zu §§ **54—56.** Zur Beseitigung erhobener Zweifel uber die Tragweite der §§ 54—56 wird erklärt, daß die in denselben angeordnete besondere Anzeigepflicht nur für solche Versicherungsfalle besteht, in welchen auch Kriegsgefahr von den Versicherern übernommen wird. Sie besteht also dann nicht, wenn „nur für Seegefahr“ Versicherung geleistet worden ist.

Zu §§ **60—61.** Güter, auf durchgehende Konnossemente verladen, gehen in allen für den Transport eingeschlagenen Richtungen, gleichviel auf welchen Wegen, zu Wasser oder zu Lande sie transportiert werden mogen, bis zur Ablieferung am Destinationsplatze für Gefahr der Versicherer.

Werden fur kombinierte Reisen versicherte Guter ohne durchgehendes Konnossement verladen, so tragen die Versicherer derselben auch die Gefahr der Zwischentransporte und des Verweilens in den Zwischenplätzen, die Gefahr des letzteren jedoch nur fur den Zeitraum, während dessen ein Verweilen der Güter nicht durch willkürliche Verfügungen der Versicherten oder deren Vertreter ungebuhrlich verlängert wird.

In allen Fällen, in welchen die Versicherung ungeachtet einer Vergrößerung oder Veränderung der Gefahr und ungeachtet einer Verzögerung des Antritts oder der Vollendung der Reise, in Wirksamkeit bleibt, finden die Bestimmungen des § 60 Abs. 4 Anwendung

Zu § **73.** Dem „vom Lande scheiden“ und „an das Land gelangen“ des § 73 stehen für Güter, welche der Ablader an einen Kai, Werft, Hulkschiff, Bahnhof, Zollhaus od. dgl. abzuliefern, oder der Destinatär von einem Kai, Werft usw. entgegenzunehmen hat, in betreff des Anfangs und Endes der Gefahr die vorgedachte Ablieferung und Entgegennahme gleich. Bei Verzögerung der Entgegennahme angelangter Güter endet die Gefahr der Versicherer mit dem Ablauf des zehnten Tages nach der Löschung.

Bei allen Güterversicherungen, namentlich auch solchen, bei denen die Gefahr der See- und Landbeförderung durchstehend versichert ist, Versicherungen von Haus zu Haus, oder wie sonst der für solche Versicherungen gewählte Ausdruck lauten möge, trifft den Versicherer die Feuersgefahr während einer Lagerung am Lande am Endbestimmungsort der versicherten Güter, auch ohne Verzögerung der Entgegennahme derselben, nur bis zum Ablauf des zehnten Tages nach derartiger Lagerung.

Werden abzuladende Güter zu Wasser nach dem Abgangskai, den Umständen nach an die Aufnahmeleichter des für den Transport bestimmten, noch nicht angelangten Dampfschiffes, oder angelangte Güter von dem Landungskai zu Wasser an das Land gebracht, so tragen die Versicherer die Gefahr dieser Transporte Dies findet auch Anwendung auf den Transport abzuladender Güter von Hamburg nach Schiffen oder Kais zu Altona und von Altona nach Schiffen oder Kais zu Hamburg, sowie auf den Transport angelangter Güter von Hamburg oder Altona nach einem Kai oder sonstigen Landungsplatz des resp. anderen Ortes.

Zu § **77.** Die in diesem Paragraphen Abs. 2 am Ende genannten Kosten treffen den Versicherer nicht, soweit sie durch Aus-, Durch-, Einfuhr- oder Verkehrsverbote, Quarantäneverordnungen, Zollauflagen oder gleichartige Verfügungen entstanden sind.

In den Fällen, in welchen die Versicherung ungeachtet einer derartigen Aufgabe der Reise in Wirksamkeit bleibt, finden die Bestimmungen des § 60 Abs. 4 Anwendung.

Zu § **84.** Die Versicherer verzichten auf die bisherige Befreiung von der Tragung der kleinen, nur ein Prozent oder weniger betragenden Havarie-große-Schäden.

Den Versicherten wird eine vertragsmäßig festzustellende Abweichung von den die Havarie-große-Regulierungen betreffenden Bestimmungen des geltenden Rechts insoweit freigelassen, daß sie sich durch Bewilligung von Konnossementsklauseln oder durch den Inhalt von Chartepartien den derzeit festgestellten oder etwa fernerhin zu modifizierenden York & Antwerp Rules unterwerfen, oder im voraus erklären, die Gesetze des Heimathafens des Schiffes als maßgebend gelten zu lassen.

Zu § **101.** Ist der Vertrag mit der Klausel „Nur für Seegefahr" abgeschlossen, so übernimmt der Versicherer gegen eine zu vereinbarende Zuschlagsprämie auch die Gefahr der Ausladung und Lagerung der Güter im Falle jeglichen Aufenthalts wegen Kriegsgefahr — soweit es sich nicht um Schäden handelt, die während der Ausladung oder Lagerung durch Kriegsereignisse eingetreten sind — unter der Bedingung, daß ihm spätestens am dritten Werktage nach demjenigen Tage, an welchem der Versicherte bzw. Versicherungsnehmer von der erfolgten oder beabsichtigten Ausladung und Lagerung Kenntnis erhalten hat, Anzeige gemacht wird.

Wird über die zu zahlende Zuschlagsprämie eine Einigung nicht erzielt, so trägt der Versicherer, falls die Anzeige wie vorstehend erstattet ist, die Gefahr der Ausladung und Lagerung — unter Berechnung einer Prämie nach Billigkeit — bis zu dem Augenblick, in welchem die

Verhandlungen von der einen oder andern Seite abgebrochen sind, und zwar zu den im Vertrage festgesetzten Bedingungen; im übrigen gilt die Versicherung — wenn eine solche Einigung nicht erzielt ist und der oben erwähnte Aufenthalt länger als zwei Monate dauert — für die etwaige Weiterreise in allen Fällen nur frei von Beschädigung (resp. Bruch) außer im Strandungsfalle, bei flüssigen Waren in Gebinden entsprechend frei von Leckage.

Der Versicherte hat alle Rechte aus etwaigen anderen Transportversicherungen, durch welche die oben bezeichnete Gefahr gedeckt ist oder nach Ansicht des Versicherers gedeckt sein könnte, an letzteren abzutreten und finden die Vorschriften des § 71 entsprechende Anwendung.

Zu §§ **104—105.** Guter gelten, wenn nicht ein anderes vereinbart worden ist, als versichert, wie folgt:

Frei von 3% Beschädigung			Frei von 10% Beschädigung
Aloe Ambosse. Anker, eiserne. Arsenik. Asphalt. Baumwolle in gepreßten Ballen. Baumwollenwaren, siehe Manufakturwaren Bernstein. Borax in Fassern. Camphor, roher Cassia lignea in Kisten Chinarinde in Kisten. Cochenille. Elefantenzähne. Farbhölzer i Stücken Farbholzextrakt Galipot Garn Leinen-, Baumwoll- u Wollgarn, ausgen türkisch rotes Garn. Goldwaren, echte. Gummi, Kopal. Harz in Fässern.	Holz, ausgenommen Dielen, Bohlen u. Fourniere. Hörner Hornspitzen. Indigo. Indigoextrakt Kaffee in Fassern Kanehl vom Produktionsort Kardamom i Kst. Lackdye. Leinen- u Leinenwaren (ausgenom Sackleinen) i Kst und Ballots*) Macisblüte i. Fassern od Kisten Manufakturwaren (ausgenom Tuch u. Tuchwaren i Kisten und Ballots*) Metalle in Blöck od Barren, ausgenom. Eisen u. Stahl Moschus Muskatnüsse. Nickel	Opium. Pech Quecksilber i metall Gefaßen Rhabarber Saffran Schellack. Schildpatt. Schwefel, roher. Seide Silberwaren, echte u Silberdraht Spermaceti. Stearin Strumpfwaren in Kist u Ballots*) Talg Tauwerk, geteert Vanille Wachs (Bienen). Walrat Walroßzahne Wolle, europ ausgen isländ u Kratzw Wollwaren s Manufakturwaren Zink in Platten Zinnober	Baumwolle in ungepreßten Ballen Kaffee in Sacken Kardamom in Sacken. Leinen und Leinenwaren (ausgenom Sackleinen) in Ballen Manufakturwaren (ausgenom Tuch u. Tuchwaren) in Ballen Nelken in Gonjes Pfeffer in Ballen Piment Reis vom Produktionslande in Fassern. Stahl in Fässern und Kisten außer nach transatlantischen Plätzen Strumpfwaren in Ballen.

*) Unter „Ballots“ wird hier eine Verpackung, außer in Leinen, noch in Wachstuch, Teertuch oder Oeltuch verstanden.

Alle vorstehend nicht genannten Güter gelten als „frei von Beschädigung und Bruch außer im Strandungsfall“ versichert.

Dem „Strandungsfall“ sind, selbstverständlich unter Festhaltung der bezüglichen sonstigen Bestimmungen des § 104, gleichzustellen Kollision (An- oder Übersegelung), Stoßen (auf Grund oder gegen ein anderes Schiff, einen Kai, Pier, eine Brücke oder gegen einen andern festen oder im Wasser treibenden Gegenstand) und Beschädigung des Schiffes durch Eis.

Zu § **146.** Die Versicherer verzichten in den Fällen, wenn in Dampfschiffen verladene Güter frei von gewissen Prozenten, der Beschädigung versichert worden sind und Beschädigung sich ereignet, auf die Beibringung der Verklarung.

nach der Reihenfolge ihrer Entladung; denn erstens kommt es häufig vor, daß während des Transportes die Originalnummern unkenntlich werden, und zweitens kommen hierbei folgende Verhältnisse in Betracht: Bei der Verstauung der Güter im Schiffsraume kann natürlich nicht darauf Rücksicht genommen werden, daß sämtliche einem Ablader gehörige Güter in der Reihenfolge ihrer Originalnummern verladen werden, sondern schwere und leichtere Güter müssen so, wie es das Gleichgewicht des Schiffes verlangt, verteilt werden, auch muß dabei auf vorkommende Umladungen einzelner Partien Rücksicht genommen werden. So kann es vorkommen, daß eine Partie sich über verschiedene Schiffsräume verteilt.

Diese Verteilung der Ladung macht es nun wahrscheinlich, daß, wenn an einzelnen Stellen Seewasser in den Schiffsraum eindringt, die einem Ablader gehörige Ladung nicht gleichmäßig beschädigt wird, so daß, wenn man dann die entlöschten Güter in der Reihenfolge der Originalnummern in Serien einteilt, oft die im Schiffsraume zusammengelagerten Güter auf ganz verschiedene Serien verteilt werden.

Es können daher bei der Ordnung nach Originalnummern einzelne Kolli, die im Schiffsraum zusammengelegen haben und dort gleichmäßig schwer beschädigt worden sind, voneinander getrennt und in sonst ganz unversehrte Partien eingereiht werden, wodurch sich alsdann ein geringerer Schadendurchschnitt pro Serie ergibt.

Werden aber die Serien in der Reihenfolge gebildet, wie die Güter gelandet werden, so kommen natürlich alle im Schiffsraum miteinander gelagerten und zusammen beschädigten Kolli in eine Serie, und die Folge davon wäre die, daß der Franchisebetrag mit Leichtigkeit überschritten würde. Die Seeversicherer verlangen daher bei der Serienbildung nach L a n d u n g s n u m m e r n die v i e r f a c h e Anzahl Kolli für eine Serie, um einen höheren Franchisebetrag zu erreichen.

Bei der Serieneinteilung nach Original- oder Landungsnummern wird von der Voraussetzung ausgegangen, daß die einzelnen Kolli untereinander gleichwertig sind.

Wo diese Voraussetzung nicht zutrifft, sondern die versicherten Güter aus Einheiten verschiedenen Wertes bestehen, teilt man sie nach der Nummernfolge der Faktura in Wertserien von je 1500 M Wert ein und berechnet hiernach den Franchisebetrag.

In Ermangelung von Nummern oder sonstigen Unterscheidungszeichen bildet die ganze Partie eine einzige Serie. Ist eine Partie kleiner als der Wert einer Serie, so ist die Franchise so hoch, als sie von dem für eine volle Serie festgesetzten Betrag ausmachen würde. Ein Kollo, gleichviel wie hoch auch sein Wert ist, kann nie mehr als eine Serie bilden. Lose geladene und geschüttete Waren bilden stets nur eine Serie.

Derartige Waren, die ohne weiteres, d. h. ohne jede schützende Umhüllung in den Schiffsraum verladen werden, sind z. B. Holz, Getreide, Saaten aller Art, Häute, oft auch Petroleum.

Letzteres kommt wohl auch in Fässern oder Metallkisten zur Verladung, vielfach aber in besonderen Dampfern, deren Laderaum sogenannte Tanks enthält, in die das Petroleum direkt hineingefüllt wird. Damit nun die oben erwähnte durch die Franchisenberechnung für größere Versicherungssummen eintretende Unbilligkeit vermieden wird, werden von den Seeversicherern in solchen Fällen kleinere Franchisenbeträge zugestanden, indem man stets das in einem Schiffsraum („Kompartiment") befindliche Quantum als eine Serie behandelt.

Die Franchise wird in Deutschland, England, im ganzen Norden und auch in Nordamerika so gehandhabt, daß jeder Schaden pro Serie oder Taxe, der den Betrag der Befreiungsprozente übersteigt, voll ersetzt wird; wird z. B. eine Sendung von 1000 M zur Bedingung „frei von 3 % Beschädigung" versichert und wird die Sendung von einem Schaden betroffen, der sich auf 150 M beziffert, so hat der Versicherer den vollen Schaden von 150 M zu ersetzen.

Man spricht bei einem derartigen vollen Ersatze des Schadens von einer „Integralzahlung".

Im Gegensatze hierzu steht die sogenannte „Dekortfranchise" oder „Exzedentenfranchise", die in jedem Schadenfalle vom Schadenbetrage gekürzt wird und die in Frankreich sowie überhaupt in allen romanischen Ländern, insbesondere in der Levante im Gebrauch ist.

Die Klausel heißt in diesem Falle statt „frei von 3 (5, 10) % Beschädigung" „frei von den ersten 3 (5, 10) % Beschädigung".

Auch von deutschen Versicherern wird bei Sendungen nach dem Adriatischen Meere und der Levante die Dekortfranchise bedingt, wenn nicht überhaupt nur unter der Klausel „frei von Beschädigung außer im Strandungsfalle" versichert wird[1]).

Die Beschränkung des Umfangs der Gefahr durch letztere Klausel findet sonst in der Regel bei Waren statt, die so leicht zu beschädigen oder so geringwertig sind, daß die Festsetzung von Befreiungsprozenten überhaupt untunlich ist, wie z. B. bei Fensterglas, Spiegel, Porzellan oder Kartoffeln, Fische, Salz, Saaten usw.

Ferner findet diese Klausel Anwendung für die Versicherung solcher Güter, welche infolge ihrer Lagerung während des Transportes auf Deck der Gefahr der Beschädigung in ganz besonders hohem Grade ausgesetzt sind (Deckrisiken). Solche Waren sind z. B. Öle, Hölzer, Bretter, größere Maschinen usw.[2]).

Endlich wird diese Beschränkung in der Regel gemacht bei lebenden Tieren, gleichviel, ob sie auf Deck oder im Schiffsraum verladen werden. Auch hier (siehe Fußnote 2) wird die Klausel noch ergänzt, so daß sie lautet: „frei von Beschädigung und Tod außer im Strandungsfalle".

Bei Anwendung dieser Klausel haftet nach dem § 851 HGB. (§ 104 ASVB.) der Versicherer nicht für einen Schaden, der aus einer Beschädigung entsteht, ohne Unterschied, ob der Schaden in einer Wertsverringerung oder in einem gänzlichen oder teilweisen Verlust und insbesondere darin besteht, daß die versicherten Güter gänzlich verdorben und in ihrer ursprünglichen

---

[1]) In England hat man eine ähnliche Klausel: free from particular average unless the vessel or craft be stranded, sunk, on fire or in collision". Man bezeichnet eine mit dieser Klausel geschlossene Versicherung einfach als „f. p. a."-Versicherung nach den Anfangsbuchstaben der Klausel, während eine Versicherung gegen teilweise Beschädigung w. a.-Versicherung (with average) genannt wird.

[2]) Hier findet die Klausel in der Regel noch eine Ergänzung dahin, daß sie lautet: „frei von Beschädigung außer im Strandungsfalle sowie frei von Werfen und Überbordspülen".

Beschaffenheit zerstört den Bestimmungshafen erreichen oder während der Reise wegen Beschädigung und drohenden Verderbs verkauft worden sind, es sei denn, daß das Schiff oder das Leichterfahrzeug, in welchem sich die versicherten Güter befanden, gestrandet ist. Der Strandung werden folgende Seeunfälle gleichgeachtet: Kentern, Sinken, Zerbrechen des Rumpfes, Scheitern und jeder Seeunfall, durch den das Schiff und das Leichterfahrzeug reparaturunfähig geworden ist.

Hat sich eine Strandung[1]) (§ 853 HGB.) oder ein dieser gleichzuachtender Seeunfall ereignet, so haftet der Versicherer für jede drei Prozent übersteigende Beschädigung, die infolge eines solchen Seeunfalls entstanden ist, nicht aber für eine sonstige Beschädigung.

Bei einer mit dieser Klausel abgeschlossenen Versicherung haftet also der Versicherer:

1. für alle Schäden, welche nicht aus einer Beschädigung entstehen, bei denen also die Schadensursache nicht eine Beschädigung ist, ohne Rücksicht darauf, ob ein Strandungsfall vorliegt oder nicht, wie z. B. für Schäden durch Diebstahl, Beraubung oder Feuer (ohne Selbstentzündung);

2. für alle Schäden, welche aus einer Beschädigung entstehen, wenn sie

a) Folge einer Strandung oder eines der Strandung gleichgeachteten Unfalls sind und

b) ohne die Kosten der Ermittlung und Feststellung des Schadens drei Prozent des Versicherungswerts übersteigen.

Die Ursache dieser Beschränkung des Umfangs der Gefahr durch die Klausel „frei von Beschädigung außer im Strandungsfalle" beruht, wie bei der Franchiseklausel, auch in technischen Gründen. Der eine Teil der Waren nämlich, die unter dieser Klausel versichert werden, ist von vergleichsweise geringem Werte und würde, wenn er auch gegen teilweise Beschädigung versichert sein sollte, die Aufwendung der hierfür zu zahlenden erhöhten Prämie gar nicht rechtfertigen, der andere Teil

---

[1]) Dr. Richard Prien: Die sogenannte Strandungsklausel im Weltverkehr. Bremen 1890.

ist entweder infolge seiner Eigenschaften (Glas, Porzellan usw.) oder infolge seiner Lagerung während des Transportes (Deckrisiken) in so hohem Maße der Gefahr der Beschädigung ausgesetzt, daß die Prämie, die zur Deckung auch dieser Versicherungsfälle notwendig wäre, derart hoch sein würde, daß der Ablader es vorzieht, das Risiko der Beschädigung selbst zu tragen.

Aus den gleichen technischen Beweggründen werden Versicherungen über gewisse Waren nur unter der Klausel „frei von Bruch außer im Strandungsfalle" abgeschlossen.

Solche Verträge sind nach dem § 852 HGB. (§ 104 ASVB.) in analoger Weise zu interpretieren wie die unter der Klausel „frei von Beschädigung außer im Strandungsfalle" abgeschlossenen.

Während man sich der Klausel „frei von Beschädigung (Bruch) außer im Strandungsfalle" nur bei der Güterversicherung bedient, wendet man bei der Kaskoversicherung die Klausel „nur gegen Totalverlust" an.

In diesem Falle gehen nur die Totalverluste (§§ 854—871 HGB., §§ 109—126 ASVB.) zu Lasten des Versicherers, während die Gefahr aller übrigen Unfälle von den Versicherten selbst getragen wird.

Technische Erwägungen führen aber noch zu weiteren Einschränkungen des Umfangs der Gefahr, die vom Versicherer durch Vereinbarung von Klauseln, die wir im folgenden betrachten wollen, vorgenommen werden.

Vor allem schließen die Versicherer die von ihnen nach dem § 820 Abs. 1 Ziffer 2 HGB. (§ 69 Abs. 1 Ziffer 2 ASVB.) zu vertretende Kriegsgefahr aus.

Dies geschieht entweder in dem Sinne, daß ihre gesamte Haftbarkeit aus dem Versicherungsvertrage erlischt, sobald eine Kriegsbelästigung oder ein Kriegsunfall wirklich eintritt; die Versicherer wollen in diesem Falle in keiner Weise die Folgen der Kriegsgefahr vertreten, wenn sie auch noch so entfernte sind, oder in dem Sinne, daß sie nur von der Kriegsgefahr frei sind, aber ungeachtet des Eintritts einer Kriegsbelästigung oder eines Kriegsunfalls für alle andern Gefahren haftbar bleiben.

Diese beiden verschiedenen Arten der beschränkten Verbindlichkeit des Versicherers werden durch die Klauseln „frei von Kriegsmolest“ (§ 848 HGB., § 100 ASVB.) und „nur für Seegefahr“ (§ 849 HGB., § 101 ASVB.) ausgedrückt und geregelt.

Beide Klauseln befreien den Versicherer von der Haftung für die nachteiligen Folgen von Kriegszuständen (allerdings in verschiedenem Umfange), weichen aber in dem Punkte voneinander ab, daß bei der Klausel „frei von Kriegsmolest“ die Verantwortlichkeit des Versicherers mit dem Zeitpunkt, zu welchem die Kriegsgefahr Einfluß auf die Reise auszuüben beginnt, allgemein aufhört, während bei der Klausel „nur für Seegefahr“ die Haftung des Versicherers auch nach jenem Zeitpunkt in betreff aller nicht durch die Kriegsgefahr selbst verursachten nachteiligen Wirkungen bis zum ordentlichen oder außerordentlichen Ende des Vertrags fortdauert.

Die unter der Klausel „frei von Kriegsmolest“ geschlossene Versicherung bedeutet demnach eine um sehr viel weitergehende Einschränkung der Haftung des Versicherers als die unter der Klausel „nur für Seegefahr“ geschlossene.

Bei der ersteren wird die Haftung des Versicherers in doppelter Weise eingeschränkt:

1. Er haftet nicht für die zunächst durch Kriegsgefahr verursachten Schäden, d. h. deren causa proxima Kriegsgefahr ist, auch wenn im übrigen die Kriegsgefahr auf die Reise keinen Einfluß ausgeübt hat, z. B. wenn ein Schiff trotz Beschädigung durch ein feindliches Kriegsschiff seine Reise unverändert fortsetzt;

2. seine Haftung hört auf, sobald die Kriegsgefahr auf die Reise Einfluß zu üben beginnt.

Die Einwirkung muß allerdings eine wesentliche sein, nicht jede wenn auch noch so unbedeutende Beeinflussung beendet die Gefahr.

Wann eine solche Einwirkung vorliegt, muß je nach Lage des Falles beurteilt werden. Die drei Fälle, die der § 848 HGB. (§ 100 ASVB.) anführt (Behinderung des Antritts oder der Fortsetzung der Reise durch Kriegsschiffe, Kaper oder

Blockade oder Aufschub der Reise zur Vermeidung der Kriegsgefahr; Abweichung des Schiffes aus solchem Grunde von seinem Wege; Verlust der freien Führung des Schiffes seitens des Schiffers infolge von Kriegsbelästigung), sind nur einige Beispiele und keineswegs erschöpfend.

Bei der Klausel „nur für Seegefahr“ dagegen haftet der Versicherer allerdings auch nicht für die zunächst durch Kriegsgefahr verursachten Schäden; er haftet aber für alle übrigen Gefahren, ohne Rücksicht darauf, ob die Kriegsgefahr auf die Reise Einfluß ausgeübt hat, insbesondere, ob die Gefahr infolge des Krieges verändert oder vergrößert ist. Die Frage, welche Schäden als durch Kriegsgefahr verursacht, anzusehen sind, muß nach Lage des einzelnen Falles beurteilt werden; auch hier führt das Gesetz nur einzelne Beispiele solcher Schäden auf, wie Konfiskation durch kriegführende Mächte, Nehmung, Beschädigung, Vernichtung und Hinderung durch Kriegsschiffe und Kaper usw.

Besteht jedoch ein Zweifel, ob ein Schaden durch Kriegsgefahr verursacht ist oder nicht, so hat das HGB. die Präsumtion festgelegt, daß der Schaden nicht durch Kriegsgefahr verursacht sei, so daß diesfalls die Haftung des Versicherers nicht ausgeschlossen ist.

Die Gefahr des Versicherers bei der Klausel „nur fur Seegefahr“ endet erst mit der Kondemnation der versicherten Sache oder sobald sie geendet hätte, wenn die Kriegsgefahr nicht ausgenommen worden wäre.

Ebenso, wie nun in der Regel Seeversicherungen unter Vereinbarung einer der vorangeführten Klauseln abgeschlossen werden, kommt es auch vor, daß der Versicherer im Versicherungsvertrage alle übrigen Gefahren ausschließt und „nur gegen Kriegsgefahr“ versichert.

Vorschriften, welche für diesen Fall die Haftung des Versicherers regeln, sind weder im HGB., noch in den ASVB. getroffen, was wohl als eine Lücke anzusehen sein dürfte [1]).

---

[1]) Das belgische Handelsgesetzbuch hat fur diesen Fall der Übernahme der Kriegsgefahr durch den Versicherer besondere, wenn auch vom Standpunkte des Versicherers aus nicht vollbefriedigende Vorschriften in den Artikeln 179—181 aufgestellt.

Der Umfang der Haftung des Versicherers bestimmt sich demgemäß in diesem Falle lediglich nach der Auslegung, die man der Kriegsklausel gewohnheitsmäßig gibt.

In der Regel kommen derartige Versicherungsabschlüsse dann vor, wenn der Versicherungsnehmer bereits bei einem Versicherer gegen alle übrigen Gefahren, sei es mit der Klausel „frei von Kriegsmolest" oder der „nur gegen Seegefahr" eingedeckt ist und nun bei einem andern Versicherer sich „gegen Kriegsgefahr" zu versichern wünscht.

Da nun, wie wir gesehen haben, die Haftung des Versicherers eine sehr verschiedene ist, je nachdem „nur für Seegefahr" oder „frei von Kriegsmolest" versichert ist, so muß der Versicherungsnehmer, um durch die beiden Versicherungen — die Versicherung gegen Seegefahr und die Versicherung gegen Kriegsgefahr — in vollem Umfang gegen alle Gefahren gedeckt zu sein, sich jeweils ganz genau über den Umfang der Haftung des Versicherers bei Anwendung der Klausel „nur gegen Kriegsgefahr" unterrichten. Nach der in Deutschland der Kriegsklausel gewohnheitsmäßig gegebenen Auslegung haftet nämlich der Versicherer nicht:

1. für Kosten (auch nicht für die als „große Haverei" umgelegten Kosten), die entstehen aus dem freiwilligen Aufenthalt wegen Kriegsgefahr, aus der Anhaltung, der Blockade des Aufenthaltshafens, der Zurückweisung von einem blockierten Hafen, der Ausladung, Lagerung und Weiterbeförderung der Güter wegen Kriegsgefahr;

2. für die nachstehenden Folgen eines durch Kriegsgefahr verursachten Aufenthalts: Verderb und Verminderung der Güter, sowie andere Schäden, die während der Ausladung und Lagerung der Güter eintreten, soweit solche Schäden durch die Klausel „nur für Seegefahr" gedeckt sind oder gedeckt werden können;

3. für die Auferlegung von Zöllen und Kontributionen sowie daraus entstehende Kosten.

Besonders bedarf hier noch der Erwähnung, daß im Sinne des Versicherungsrechts, wie überhaupt des HGB., also auch bei Anwendung der vorstehend aufgeführten Klauseln der Begriff „Kriegsgefahr" sich nicht auf Kriege im völkerrechtlichen

Sinne, d. h. auf Kriege zwischen völkerrechtlich anerkannten Staaten beschränkt, sondern daß hier unter Krieg vielmehr Waffengewalt zweier oder mehrerer einander bekämpfender Mächte zu verstehen ist. Es gehören also hierher insbesondere Kriege mit unzivilisierten Völkern, Bürgerkriege und revolutionäre Kämpfe [1]).

Ohne Bedeutung für den Versicherungsvertrag sind die zeitlichen Grenzen des Krieges. Auch vor der formellen Kriegserklärung oder nach dem Friedensschluß zugefügte Schäden sind Kriegsschäden, sofern nur der Schadenstifter als kriegführende Partei gehandelt hat. Ebenso ist es gleichgültig, ob der Schaden unter Verletzung des völkerrechtlichen Kriegsrechts zugefügt wird (z. B. der Bestimmungen der zweiten Haager Friedenskonferenz über die Legung der Minen [2]).)

Auch durch die Klausel „für behaltene Ankunft" tritt eine weitgehende Einschränkung des Umfangs der Gefahr, die der Versicherer zu tragen hat, ein (§ 850 HGB., § 102 ASVB.).

Versicherungsverträge mit der Klausel „für behaltene Ankunft" werden sowohl in der Kaskoversicherung, als auch in der Güterversicherung abgeschlossen.

Jeder, der ein in Geld schätzbares Interesse daran hat, daß eine gewisse Seeunternehmung nicht durch Unfälle vereitelt werde, kann eine Versicherung „für behaltene Ankunft" nehmen, um für den Fall des Eintritts solcher Unfälle gegen Verluste gedeckt zu sein.

Die Umstände, welche geeignet sind, hier die Annahme eines versicherbaren Interesses anzunehmen, können sehr verschiedenartig sein: Es hat z. B. jemand zur Erfüllung eines Frachtvertrags in einem bestimmten Hafen ein Schiff gechartert; trifft das Schiff am Ladeplatz nicht ein, so daß der Betreffende seinen Vertrag nicht erfüllen kann, so erleidet er einen Verlust, den er durch Versicherung „auf behaltene Ankunft" decken kann; Versicherung auf behaltene Ankunft der Güter kann z. B.

---

[1]) Vgl. hierzu: F. Perels, a. a. O., S. 156 ff.

[2]) Vgl. hierzu: Dr. G. Sieveking: Die Seeversicherung gegen Minengefahr. Z. f. d. g. V. W. Bd. VIII S. 8 ff.; Dr. G. Schaps: Die Seeversicherung gegen Minengefahr. Ebenda Bd. VIII S 474 ff.

der Verkäufer oder der Makler nehmen, welcher von der Ankunft der Güter am Bestimmungsplatz einen Gewinn erwartet.

Das Interesse daran, daß ein Schiff oder Güter in einem bestimmten Schiff zu einer bestimmten Zeit ankommen (Zeitinteresse), wird jedoch durch Versicherung auf behaltene Ankunft eines Schiffes oder von Gütern in einem bestimmten Schiffe nicht gedeckt.

Ein unerläßliches Erfordernis der Versicherung auf behaltene Ankunft ist es, daß sich das unter Versicherung gebrachte Interesse begründeterweise in Geld veranschlagen läßt. Hielte man dies nicht fest, so würde die Versicherung für behaltene Ankunft mißbraucht werden können, um Wettversicherungen, Überversicherungen oder Versicherungen des Affektionswertes zu ermöglichen.

Wenn auch das Interesse für behaltene Ankunft beim Abschluß des Vertrages nicht näher bezeichnet oder gar nachgewiesen zu werden braucht, so hat der Versicherte doch im Schadensfalle den Nachweis seines Interesses und der Höhe desselben zu erbringen.

Selbst wenn die Versicherung für behaltene Ankunft unter der nach deutschem Versicherungsrechte zulässigen Klausel „im Schadensfalle ohne weiteren Beweis des Interesses als diese Police" oder „taxiert auf . . . . . M. ohne weiteren Beweis des Interesses als diese Police" abgeschlossen ist, so steht immer noch dem Versicherer der Gegenbeweis offen, daß ein versicherbares Interesse überhaupt nicht oder nicht zur Höhe der Versicherungssumme besteht (§ 885 HGB., § 148 ASVB.)[1]).

Die Klausel „auf behaltene Ankunft", welcher die Klausel „auf behaltene Fahrt" gleichsteht, beschränkt den Umfang der Gefahr in doppelter Beziehung:

1. Die Gefahr endet schon mit dem Zeitpunkt, in welchem das Schiff im Bestimmungshafen am gebräuchlichen oder gehörigen Platze den Anker hat fallen lassen oder befestigt ist; es liegt sonach schon bezüglich des Zeitpunktes des Endes der

---

[1]) Dr. F. Sieveking: Ein Beitrag zur Lehre von der Versicherung auf behaltene Ankunft eines Schiffes. Z. f. d. g. V. W. Bd. VI S. 592 ff.

Gefahr eine Beschränkung gegenüber den Bestimmungen der §§ 823, 824 HGB. (§§ 72, 73 ASVB.) vor. Allerdings steht es den Parteien frei, eine andere Vereinbarung zu treffen, z. B. „auf behaltene Ankunft und Landung von Gütern“ oder „auf behaltene Ankunft und Entlöschung des Schiffes“.

2. Der Versicherer haftet nur

a) bei allen Interessen, welche sich an die behaltene Ankunft des Schiffes knüpfen,

α) wenn ein Totalverlust eintritt;

β) wenn das Schiff abandonniert ist;

γ) wenn das Schiff vor Erreichung des Bestimmungshafens wegen Reparaturunfähigkeit oder -unwürdigkeit verkauft wird;

b) bei der Versicherung derjenigen Interessen, welche sich an die Ankunft der Güter überhaupt oder an deren Ankunft mit einem bestimmten Schiff knüpfen, wenn die Güter oder ein Teil derselben infolge eines Unfalles den Bestimmungshafen nicht oder nicht in dem bestimmten Schiffe erreichen.

Überdies hat der Versicherer in keinem Falle die im § 834 HGB. (§ 84 Ziffer 1—3 und § 69 a. E. ASVB.) erwähnten Beiträge zur großen Haverei, Rettungskosten und Kosten der Schadensermittlung zu tragen.

II. Der Grundsatz der Verteilung und der Teilung der Gefahr.

Wie wir aus der im Abschnitt I dargestellten geschichtlichen Entwicklung ersehen haben, wurde der Grundsatz der Verteilung und Teilung der Gefahr bereits bei dem den „Assekuranzgedanken“ enthaltenden Seedarlehen (siehe S. 10) und auch bei den ersten uns bekannten echten Versicherungsverträgen (siehe S. 20 f.) befolgt. Wir ersehen aus den letzteren, daß zur Deckung eines Risikos sich eine größere Anzahl von Versicherern zusammentat, von denen jeder einzelne nur einen verhältnismäßig kleinen Betrag übernahm (Teilung), und wir finden, daß dieselben Versicherer bei den verschiedensten Versicherungsverträgen gleichzeitig beteiligt waren, so daß der Gesamtbetrag ihrer Zeichnungen auf möglichst viele verschiedene Risiken verteilt war (Verteilung). Durch diese Teilung und Verteilung wurde dem Geschäfte erst der Spiel- und Wettcharakter genommen und ihm der Charakter des eigentlichen „Versicherungsgeschäfts" aufgeprägt, indem durch den Abschluß möglichst vieler, der Leistungsfähigkeit der einzelnen Versicherer angepaßter Versicherungen, die sich auf möglichst viele verschiedene Schiffe, Güter, Reisewege und Jahreszeiten verteilten, die Wahrscheinlichkeit eines Ausgleichs zwischen günstig und ungünstig verlaufenden Risiken erstrebt wurde. Diese Grundsätze, die für einen rationellen Betrieb des Versicherungsgeschäfts in allen Zweigen als unbedingt notwendig erkannt wurden, mußten naturgemäß im Laufe der Entwicklung des Seeverkehrs und der infolgedessen erfolgenden Zunahme des Seeversicherungsgeschäfts weiter ausgebildet und verfeinert werden.

Spielte sich der Seeversicherungsbetrieb in früheren Zeiten hauptsächlich an den Seeplätzen ab, wo stets an den dort bestehenden Versicherungsbörsen genügend Versicherer vorhanden waren, die bereits beim Abschluß der Versicherungsverträge eine Teilung der angebotenen Versicherungssummen unter sich vornehmen konnten, so haben sich in dieser Beziehung die Verhältnisse im Laufe des letzten Jahrhunderts gründlich geändert. Mit der Entwicklung des Nachrichtenverkehrs sind, wie wir oben (S. 34f.) ausgeführt haben, zahlreiche Seeversicherungsgesellschaften im Binnenlande entstanden, die zwar alle auch ihre Vertreter an den Seeplätzen haben, die aber auch zahlreiche Versicherungsverträge an ihrem Sitze im Binnenlande abschließen, wo eine sofortige direkte Teilung der zu übernehmenden Versicherungssummen nicht so, wie an der Versicherungsbörse eines Seeplatzes, möglich ist. Die Folge wäre mangels eines anderen Mittels der Teilung des Risikos die gewesen, daß die binnenländischen Seeversicherungsgesellschaften gezwungen gewesen wären, die ihnen angetragenen Versicherungen nur zum Teil zu übernehmen und die Versicherungsnehmer mit dem Reste an andere Versicherer zu verweisen.

Aber selbst an den Seeplätzen reichte bei der Zunahme des Seeverkehrs und der dadurch außerordentlich anschwellenden Höhe der in Frage kommenden Risiken die direkte Teilung derselben nicht mehr aus.

Man mußte deshalb darauf Bedacht nehmen, einerseits die immer größer werdenden Bedürfnisse der Kunden nach Deckung ihrer Risiken zu befriedigen, andererseits sich selbst nicht durch die Übernahme allzu großer Versicherungssummen über seine Leistungsfähigkeit hinaus zu belasten.

Das Mittel, welches diese gegensätzlichen Forderungen des sich immer mehr entwickelnden Seeversicherungsgeschäfts überbrückte, bestand in der Anwendung und der rationellen, die Verhältnisse der Seeversicherung besonders berücksichtigenden Ausgestaltung der *Rückversicherung*.

Da, wo man keine Gelegenheit zur *direkten* Teilung hatte, verpflichtete man von vornherein durch den Abschluß von Rückversicherungsverträgen eine oder mehrere andere Gesellschaften, sich nach bestimmten festgelegten Grundsätzen an gewissen, der Höhe oder der Art nach näher bezeichneten Versicherungen zu beteiligen; aber auch *da*, wo man Gelegenheit hatte, eine direkte Teilung der Risiken vorzunehmen, suchte man sich durch den Abschluß von Rückversicherungsverträgen für die Aufnahmefähigkeit von hohen Versicherungsangeboten zu stärken.

Je mehr Rückversicherungsmittel dem Versicherer zur Verfügung stehen, desto höhere Versicherungssummen zu zeichnen ist er in der Lage und als desto begehrenswerter wird die Geschäftsverbindung mit ihm von den Kunden angesehen werden, die sehr bedeutende Versicherungssummen zu placieren haben und die es in der Regel vorziehen, es mit einem oder nur wenigen Kontrahenten zu tun zu haben, als mit einer Vielheit solcher.

Der Seeversicherer stellt für seinen Geschäftsbetrieb entsprechend seinen Garantiemitteln und der Größe seines Versicherungsbestandes sowie nach dem größeren oder geringeren Vertrauen, welches er in die verschiedenen Risikenkategorien hinsichtlich ihrer Gefährlichkeit setzt, gewisse Grundsätze auf bezüglich der Höhe der Summen, die er im *höchsten Falle* auf eigenes Risiko für die einzelnen Risikenarten (Dampfer, Reisen, Segelschiffe usw.) laufen will. Diese Grundsätze, ausgedrückt in *Maximalsummen*, stellt er in einer Tabelle — Maximaltabelle genannt — zusammen. (Siehe Anlage D S. 140—141), welche einen Auszug aus einer Maximaltabelle wiedergibt. Anlage D

Fortsetzung des Textes s. S. 148.

Anlage D.

Seemaximaltabelle.

I. Dampfer.

A = M 100000,—
B = M 80000,—
B = M 60000,—

Rhederei	Sitz	Max.	Reisen zwischen
Aberdeen Line (Thompson Geo & Co. L.)	London	B	Europa—Australien
„Adria" Royal Hung. Sea N. Co. Ld.	Fiume	B	Europa—Amerika
		C	anderen Hafen
Allan, J. & A.	Glasgow	B	Europa—Nordamerika südlich bis Key West
(Allan, Bros. & Co.)		C	anderen Hafen
Anchor Line (Henderson Bros.)	Glasgow	B	Europa—Indien, Nordamerika sudlich bis Key West
		C	anderen Häfen
Apcar & Co.	Kalkutta	C	allen Häfen
Asiatic St. Nav. Co.		C	allen Häfen
Atlantic & Caribbean St. Nav Co	Newyork	B	amerikanischen Hafen
Atlantic Transport Co.	London	B	Europa—Nordamerika sudlich bis Key West
American-Hawaiian S. S. Co	Newyork	B	allen Häfen
Bell, Bros. & Co.	Glasgow	C	Europa—Sudamerika und zwischen amerik Häfen
Ben Linie (W. Thomson & Co.)	Leith	B	Europa—Asien östlich Suez
Bibby Steam Ship Co. Ltd. . .	Liverpool	B	Europa—Indien
Bigland E. & Co.	London	C	Europa—Amerika
Booth Steam Ship Co Ltd .	Liverpool	B	Europa—Südamerika und zwischen amerik. Häfen
Iquitos S. S. Co. Limited . . .	„	C	amerikanischen Häfen
British & Burmese Nav. Co. Ltd. . . . . }	Glasgow	B	Europa—Indien
Burmah S. S. Co. (P. Henderson & Co.) . . . . }		C	anderen Häfen
British & Foreign S. S. Co. (Rankin, Gilmour & Co.) . .	Liverpool	C	Europa—Amerika
Britisch India St. Nav. Co.	London Glasgow Kalkutta	B	Europa—Indien—Australien
		B	asiatischen Häfen exkl. Pers. Golf
		C	anderen Häfen

Rhederei	Sitz	Max.	Reisen zwischen
British & North Atlantic St. Nav. Co. (Dominion Line) . — (Mississippi & Dominion S. S. Co Ld.)	Liverpool	B	Europa—Nordamerika südlich bis Key West
		C	anderen Häfen
Hamburg-Amerikanische Paketfahrt - Aktiengesellschaft	Hamburg	A	Europa—Atlantischen Hafen v. U. S. Amerika u. Ostküste Mexikos, Asien, östl. Suez.

II. Segelschiffe.

A.	Eiserne, stählerne und komposite Schiffe	M 10000,—
B.	Hölzerne Schiffe	„ 8000,—
C. I.	Schiffe mit Kaffeeladung von Brasilien nach U S. pts.	„ 20000,—
C. II.	Schiffe mit Wolleladung vom La Plata nach U. S. pts.	„ 20000,—
C. III.	Schiffe mit Zuckerladung von Hawaiinseln nach Westkuste Nordamerika	„ 20000,—

Flussmaximaltabelle.

A. Auf deutschen, österreichischen, holländischen, belgischen und französischen Binnengewässern mit Ausnahme der unter B genannten.

1. M 75000,— mit Dampfern
2. „ 60000,— mit eisernen Schiffen (Segler oder geschleppte Schiffe)
3. „ 30000,— mit hölzernen Schiffen (Segler od. geschleppte Schiffe)
4. „ 10000,— mit Zillen und sogenannten Baquets.

B. Auf der Donau, ihren Nebenflüssen und den zu ihrem Stromgebiet gehörenden Kanälen.

1. M 60000,— mit Dampfern und Propellern
2. „ 40000,— mit Eisenschleppern
3. „ 20000,— mit Holzschleppern
4. „ 10000,— mit Ruderschiffen und Kaiks.

C. Auf den nordamerikanischen Lakes.

1. M 80000,— mit stählernen und eisernen Trunk-Steamers (den Eisenbahnlinien gehörige oder von diesen gecharterte Dampfer)
2. „ 50000,— mit stählernen und eisernen Dampfern
3. „ 30000,— mit geschleppten stählernen und eisernen Barges oder Schooners
4. „ 20000,— mit hölzernen Dampfern
5. „ 15000,— mit geschleppten hölzernen Barges
6. „ 10000,— mit ungeschleppten Schooners.

Anlage E.

Rückversicherungsvertrag.

Zwischen der

Gesellschaft in

(im Vertrage kurz)

einerseits und der

. . ....

(im Vertrage kurz „Rückversicherer")

andererseits, ist nachstehender Ruckversicherungsvertrag vereinbart und geschlossen worden.

§ 1.

Die beteiligt hierdurch den „Rückversicherer" nach Maßgabe des gegenwärtigen Vertrags an allen Seeversicherungen, welche sie direkt, oder in Mitversicherung, oder in Rückversicherung, oder in Retrozession übernimmt zu den Bedingungen der Originalversicherung durch Rückversicherung. Sofern mit der Seeversicherung Fluß- oder Landtransporte unter einem einheitlichen Prämiensatz verbunden sind und welche gleichzeitig mit der Seeversicherung deklariert werden, so sind solche Fluß- und Landtransporte als zu der betreffenden Seeversicherung zugehörig und dieser gleichgestellt anzusehen.

Der „Ruckversicherer" übernimmt die durch diesen Vertrag festgesetzte Beteiligung nach Maßgabe der Bestimmungen des Deutschen Handelsgesetzbuches in Rückversicherung.

§ 2

Die Beteiligung des „Rückversicherers" erfolgt, wenn die Gesamtbeteiligung der .. auf ein und dasselbe Risiko die Beträge der diesem Vertrage beigefügten Maximaltabelle übersteigt, so daß ein Exzedent vorhanden ist. Von diesem Exzedenten erhält der „Ruckversicherer"

a) . % . Quote bis zur .... Höhe des in der Maximaltabelle angegebenen Betrags bei Versicherungen, welche nach Pos. ... der Maximaltabelle zu maximieren sind;

b) % Quote bis zur . Höhe der in der Maximaltabelle angegebenen Beträge bei allen übrigen nicht sub a genannten Versicherungen.

Bezüglich der Höhe der Beteiligung des „Rückversicherers" ist die Ausnahme in § 3 Abs. 3 zu beachten.

Als Gesamtzeichnung bzw. Beteiligung der .... gegenüber dem „Rückversicherer“ gilt derjenige Betrag, welcher nach Abzug der von der .... quotenweise vorweg abzugebenden Geschäftsanteile übrig bleibt.

Die .... hat mit einigen Agenturen vereinbart, daß sie sowohl bei Kontrakten und offenen Policen usw. als auch bei Einzelversicherungen für andere Kompagnien mitzeichnen darf, in der Weise, daß die betr. Agentur auf den Namen der .... größere Beträge übernimmt und nach Maßgabe der der betr. Agentur von der .... erteilten Maxima durch Rückversicherung die Gesamtzeichnungen auf das der .... wünschenswerte Maß zu bringen hat. In den Aufgaben (Bordereaux) der betr. Agenturen erscheinen zumeist nur diejenigen Summen, welche nach Abzug der durch die betr. Agentur genommenen Rückversicherung verbleiben, und diese in den Bordereaux angegebenen Beträge werden als diejenigen Zeichnungen betrachtet, welche für die .... und für den „Rückversicherer“ fur diesen Vertrag in Frage kommen. Die Reassekuranzen erfolgen stets zu Originalprämien und Bedingungen und hat der „Rückversicherer“ mit diesen gar nichts zu tun, so daß etwaige Ausfälle bei Schäden usw., welche für die .... aus diesem Rückversicherungsverhältnis herrühren, für den „Rückversicherer“ dieses Vertrags in keiner Weise in Betracht kommen.

§ 3.

Bezüglich Pos......... der hier beigefügten Maximaltabelle wird bemerkt, daß als „Posten“ im Sinne dieses Vertrags angesehen werden: alle Deklarationen von ein und demselben Kunden, oder von ein und derselben Agentur, oder von ein und derselben Gesellschaft, welche an ein und demselben Tage fur ein und dieselbe Seereise angemeldet werden.

Unter „Großbritannien“ (s. Pos...... der Maximaltabelle und den Reassekuranzvertrag) ist ubeiall zu verstehen: „Großbritannien einschließlich Schottland und Irland“.

Bezüglich der Maximierung im allgemeinen ist maßgebend, daß, wenn bei einer Reise zwei oder mehrere Dampfer (z. B. bei Umladungen) in Betracht kommen, stets nach dem ersten Dampfer maximiert wird, jedoch soll bei Vorreisen via Großbritannien nicht nach Pos...., sondern nach Pos...... der Maximaltabelle maximiert werden. Diese Maximierung nach der Vorreise bleibt für die ganze Dauer des betr. Risikos maßgebend, also auch dann, wenn Versicherungen aus mehreren Vordampfern kumulieren oder durch spätere Verladungen mit mehreren Dampfern getrennt werden

Wenn ein Schiff (Dampfer oder Segler) mehrere Häfen berührt und auf seiner Reise in verschiedenen Häfen bei der .... versicherte Guter ein- oder ausladet, so daß die Gesamtversicherungssumme für die .... durch das Aus- und Einladen in Zwischenhäfen vermindert, bzw. erhöht wird, so soll in solchen Fällen die höchste Gesamtsumme, welche der .... auf das betr. Schiff angemeldet wird, für die Maximierung maßgebend sein, ohne Rücksicht darauf, wieviel zur Zeit des Ablaufs des Risikos oder des Schadens wirklich an Bord des betr. Schiffes sich befand.

Beispiel: Dampfer „X“ fährt von Konstantinopel nach Antwerpen—Hamburg. Es werden bei der .... versichert:

Konstantinopel—Neapel	M.	20 000.—
Smyrna—Antwerpen	„	25 000.—
Neapel—Hamburg	„	10 000.—
Genua—Barcelona	„	20 000.—
Barcelona—Hamburg	„	5 000.—

In diesem Falle wird die gesamte Versicherungssumme zusammengezählt und dementsprechend der Exzedent für den „Rückversicherer“ gebildet.

Für die Maximierung, sowie für Anfang und Ende dieses Rückversicherungsvertrags, ist das Datum des Eingangs der Versicherungsanmeldung bei der Direktion der .... maßgebend, und zwar das Eingangsdatum derjenigen Zeichnung, durch welche ein Exzedent herbeigeführt wird.

§ 4.

Die .... ist verpflichtet, die in der Maximaltabelle angegebenen Beträge im allgemeinen für eigene Rechnung zu laufen. Wenn die .... in einzelnen Fällen die von ihr zu laufenden Beträge durch Rückversicherung zu ermäßigen wünscht, so haben solche Rückversicherungen als im gemeinschaftlichen Interesse, sowohl der ...., als auch des „Rückversicherers“ pro rata der ursprünglichen Beteiligung und Maximierung geschehen, angesehen zu werden. Bei solchen Rückversicherungen trägt der „Rückversicherer“ in allen Phasen das gleiche Schicksal der .... Ausgenommen von dieser Bestimmung bleiben nur solche Rückversicherungen, welche von der .... zu sogenannten spekulativen Prämien genommen werden, z. B. „Overdue risks“ usw. Solche spekulative Rückversicherungen geschehen allein für Rechnung der ...., selbst in dem Falle, daß die in der Maximaltabelle angeführten von der .... zu laufenden Beträge reduziert werden, doch hat in einem solchen Falle die .... die Verpflichtung, dem „Rückversicherer“ hiervon innerhalb 48 Stunden nach erfolgter Rückdeckung Anzeige zu machen.

Als spekulative Rückversicherungen werden alle solche angesehen, bei welchen die anzulegende Rückversicherungsprämie mehr als das Doppelte der Originalprämie beträgt.

§ 5.

Ausgeschlossen von diesem Vertrage sind:

1. **Valorenversicherungen,** welche nach den vertraglichen Bestimmungen des „Kontinentalen Valorenverbandes“ diesem von der

.... zugeführt werden müssen, sowie auch alle Anteile an Valorenversicherungen, welche die .... als Mitglied des „Kontinentalen Valorenverbandes“ von diesem zugewiesen erhält. Diese Valorenversicherungen können auch nicht zur Bildung der Priorität der .... herangezogen werden. Dagegen werden alle diejenigen Valorenversicherungen, welche den Bestimmungen des „Kontinentalen Valorenverbandes“ nicht entsprechen, und bei welchen keine anderen besonderen Abmachungen getroffen sind, nach Maßgabe des gegenwärtigen Vertrags behandelt und wie Warenversicherungen maximiert.

2. **Kasko-Versicherungen;** diese können auch nicht zur Bildung der Priorität der .... beitragen.

§ 6.

Die .... behält sich das Recht vor, die tabellarischen Maxima nach vorhergegangener 14tägiger Anzeige zu verändern.

§ 7.

Die Haftpflicht des „Rückversicherers“ tritt mit dem Augenblicke ein, wo das Risiko für die .... beginnt und endet mit dem Augenblicke, wo das Risiko für die .... erlischt.

§ 8.

Dem „Rückversicherer“ werden diejenigen Prämien von der .... vergütet, welche die letztere selbst erhält. Ristorni kommen von der Prämie überall in Abzug. Der „Rückversicherer“ vergütet der .... Provision von den nach Abzug von allen Rabatten, Courtagen, Skonti verbleibenden Nettoprämienbeträgen.

Die Abrechnung, sowie alle Aufgaben erfolgen in deutscher Reichswährung und diejenigen Versicherungen, welche in anderen Valuten geschlossen sind, werden nach der diesem Vertrage angehefteten Kurstabelle in deutsche Reichsmark umgerechnet. Der bei der ersten Aufgabe angenommene Kurs gilt für alle Phasen des betr. Risikos. Für Valuten, welche nicht in dieser Tabelle vorgesehen sind, ist der Börsenkurs desjenigen Tages maßgebend, an welchem die erste Aufgabe des betr. Postens erfolgt ist. Die .... behält sich das Recht vor, die in der diesem Vertrage beigegebenen Tabelle stipulierten Kurse nach vorangegangener 14tägiger Anzeige zu ändern.

§ 9.

Die Beteiligungen, sowie alle Veränderungen und Ergänzungen derselben für den „Rückversicherer“ werden von der .... täglich, d. h. im allgemeinen binnen 48 Stunden, nachdem die Direktion von dem betr. Risiko Kenntnis erhält, aufgegeben, wobei jedoch Sonn- und Feiertage ausgeschlossen sind. Für solche Anmeldungen, Änderungen und Ergänzungen, welche die .... von ihren Agenten, Kunden usw.

selbst erst wöchentlich, vierzehntägig oder monatlich usw. erhält, wird die Anmeldefrist mit Rücksicht auf die längere Dauer der Bearbeitung entsprechend verlängert.

Sollte es trotzdem vorkommen, daß Rückversicherungsbeteiligungen erst nach Eintritt von Unfällen angemeldet werden, so ist nichtsdestoweniger der „Rückversicherer" ebenso gut, als wenn vor denselben die Rückversicherungsaufgabe geschehen wäre, haftbar.

Unabsichtlich vorgekommene Versehen seitens der manipulierenden Beamten der .... sind für die letztere nicht präjudizierlich.

§ 10.

Jeder diesen Vertrag angehende, der .... bekannt gewordene Schaden von Erheblichkeit muß dem „Rückversicherer" baldmöglichst angezeigt werden. Die .... reguliert alle vorkommenden Schäden und Verluste selbständig, sie ist namentlich befugt, da, wo sie es bei Schadenregulierungen für zweckmäßig hält, Vergleiche abzuschließen, wie auch Prozesse zu führen. Der „Rückversicherer" erkennt diese Regulierung als für sich maßgebend und verbindlich an, trägt an allen durch einen Schaden entstandenen Ausgaben, wie solche von der .... gemacht worden sind, seinen verhältnismäßigen Anteil und erkennt dafür letztere in laufender Rechnung.

Selbstredend partizipiert der „Rückversicherer" auch an allen Provenus, welche aus ihn angehenden Schadenfällen stammen. Schadenanteile, welche für den „Rückversicherer" mehr wie M. .... tausend betragen, werden von demselben an die .... auf deren Ersuchen umgehend in Bar oder Wechsel kurzer Sicht auf deutsche Bankplätze vergütet, immerhin unter Berücksichtigung des eventuellen Prämienguthabens laut letztem Kontokurrent. Die .... ist im übrigen verpflichtet, dem „Rückversicherer" auf sein Verlangen beglaubigte Abschrift der Schadenquittungen zu liefern, soweit dies möglich ist, ferner auch einem hierzu delegierten Oberbeamten des „Rückversicherers" sämtliche auf streitige Schäden Bezug habende Regulierungsakten in ihrem Bureau in .... vorzulegen. Derartige Revisionen können aber nur binnen zwei Jahren nach stattgehabter Schadenliquidation stattfinden.

§ 11.

Die .... erteilt dem „Rückversicherer" spätestens acht Wochen nach Monatsschluß Bordereaux über die in jedem verflossenen Monat definitiv gewordenen Rückversicherungen und spätestens zehn Wochen nach Ablauf eines jeden Kalenderquartals Abrechnung über Einnahme und Ausgabe des vorhergegangenen Quartals.

Die Befundsanzeige über diese Abrechnung muß spätestens 14 Tage nach Empfang derselben erfolgen, anderenfalls wird angenommen, daß das Kontokurrent in Ordnung geht.

Der sich ergebende Saldo soll nach Richtigbefund auf Verlangen von dem schuldenden Teile an den andern in bar oder Wechsel kurzer Sicht auf deutsche Bankplätze vergütet werden.

Alle diesen Vertrag angehenden Schriftstücke werden von den Kontrahenten stets frankiert abgesandt.

§ 12.

Die .... hat das Recht, eine Quote des Exzedenten parallel mit der Beteiligung des „Rückversicherers" für eigene Rechnung zu laufen und wird die .... diese Beteiligung auf das sogenannte „Rückversicherungskonto" (R.-K.) nehmen. Überall, wo eine solche Beteiligung stattfindet, wird das „R.-K." auf den Karten usw. ebenso wie ein fremder „Rückversicherer" behandelt. Durch die Beteiligung des „R.-K." darf natürlich eine Benachteiligung des „Rückversicherers" in irgendeiner Form nicht erfolgen. Über die Beteiligung des „R.-K." werden ebenso wie bei fremden „Rückversicherern" vorläufige Aufgaben, definitive Bordereaux usw. ausgestellt, welche eventuell zur Kontrolle dienen.

§ 13.

Gegenwärtiger Vertrag tritt mit dem .... in Kraft und gilt auf unbestimmte Zeit geschlossen. Beiden Kontrahenten steht das Recht der Kündigung zu. Diese Kündigung muß mindestens vier Monate vor Ablauf eines Kalenderjahres erfolgen und erlischt dann der Vertrag mit Ablauf jenes Kalenderjahres, in welchem die Kündigung erfolgt ist.

§ 14.

Für die bei Ablauf des Vertrags noch nicht erloschenen Versicherungen resp. Verbindlichkeiten bleibt der „Rückversicherer" selbstredend bis zu deren gänzlichem Erlöschen oder sonstiger Abwickelung verpflichtet, wie auch der „Rückversicherer" für alle nach Ablauf des Vertrags zur Anmeldung kommenden Beteiligungen, resp. Veränderungen und Erhöhungen früher aufgegebener Versicherungen nach Maßgabe des Vertrags verbindlich bleiben soll.

§ 15.

Bei etwaigen Streitigkeiten, aus diesem Vertrage herrührend, die auf gütlichem Wege nicht geschlichtet werden können, entscheidet stets das ordentliche Gericht am Domizil der verklagten Partei.

Gegenseitig gelesen, genehmigt, unterschrieben und in zwei gleichlautenden Exemplaren ausgewechselt.

....................................., den ....ten.......................... 18.....

......................., den ....ten.......................... 18.....

Für die diese Maxima überschreitenden Beträge — Exzedenten genannt —, die er im direkten Geschäfte übernimmt, sucht er sich durch den Abschluß von sogenannten obligatorischen Exzedenten-Rückversicherungsverträgen, die er entweder für sein gesamtes Geschäft (allgemeiner obligatorischer Exzedenten-Rückversicherungsvertrag) oder nur unter gewissen Ausschlüssen oder nur für gewisse besonders stark alimentierte Routen (Routendeckung) vereinbart, zu entlasten (siehe Anlage E, S. 142—147).

Anlage E.

Die Maximaltabelle des Erstversicherers bildet stets einen integrierenden Bestandteil des Rückversicherungsvertrags und ist für den Rückversicherer von grundlegender Bedeutung, da er nach dem Eigenbehalt des Erstversicherers auch seine Beteiligung festzusetzen pflegt.

Je nach der Anzahl der Rückversicherer und der von ihnen vertraglich übernommenen Beträge, deren Höhe jeweils nach dem Maximum des Erstversicherers abgestuft wird (bis zur Höhe des Maximums des Erstversicherers, oder bis zu einer mehrfachen Höhe desselben), ist der Versicherer in der Lage, mehr oder minder hohe Bruttomaxima zu zeichnen, die sich auf Grund der abgeschlossenen obligatorischen Rückversicherungsverträge auf die von ihm in der Maximaltabelle festgelegten Nettomaxima reduzieren.

Aber abgesehen von der dem Erstversicherer durch die Rückversicherungsmittel gebotenen Gelegenheit, höhere Summen von vornherein zu zeichnen, erwächst ihm aus dem Vertrage eine Sicherung dagegen, daß sein in der Maximaltabelle festgestellter Eigenbehalt im Falle von Kumulierungen von Risiken überschritten wird, indem die etwa durch Kumuls entstehenden Exzedentenbeträge automatisch den Rückversicherern nach Verhältnis ihrer Beteiligung am Exzedenten zufallen, selbst, wo der Versicherer von einem Überschuß über sein eigenes Obligo erst Kenntnis erhält, wenn ein Schaden oder Verlust schon eingetreten ist.

Unter Kumulierungen oder Kumuls versteht man das Zusammentreffen verschiedener Versicherungsengagements auf ein und demselben Risiko, d. i. ein und demselben Dampfer, Segler oder Eisenbahnzug. Wenn nun auch der Versicherer über die Kumulierung der versicherten Interessen durch die sogenannte Maximalkontrolle genaue Register (Karten) führt, um jederzeit über die Höhe seines Gesamtengagements auf ein und demselben Transportmittel auf dem Laufenden zu sein und bei Überschreitung seines Maximums dem Rückversicherer die ihm laut Vertrag zukommenden Exzedentenbetrage überweisen zu können, so läßt die tatsächliche Praxis des Seeversicherungsverkehrs, wie sie sich im Laufe der Zeit herausgebildet hat, den Erstversicherer doch tausendfältig im Stich.

Soll der Transportversicherer in der Lage sein, seine Engagements auf ein und demselben Fahrzeug für ein und dieselbe Reise zu erkennen, so bedarf es seitens des Versicherten der Aufgabe des Namens des Fahrzeugs, mit welchem die Verladung erfolgt ist oder erfolgen wird. Bei den heutigen Verhältnissen kommt es indessen vielfach vor, daß seitens des Versicherten, sei es für die ganze versicherte Reise, sei es, wenn die Beförderung auf dem Wege von Umladung erfolgt, für einen Teil der Reise, die Aufgabe des Schiffsnamens nicht stattfindet. Ganz besonders ist es bei kürzeren Dampferreisen, wie z. B. zwischen England und dem Kontinent und zwischen Mittelmeerhäfen bei den Versicherungsnehmern üblich, die Dampfernamen dem Versicherer nicht aufzugeben. Ganz besonders schwierig ist es für den Versicherer, von seinen Kunden bei zusammengesetzten Reisen — bei sogenannten Durchkonnossementen — vollständige Verladungsaufgaben zu erhalten.

In vielen Fällen gelangen bei solchen zusammengesetzten Reisen die Dampfer, mit welchen die Verladung ursprünglich erfolgte, d. h. die Vorreisedampfer, zur Aufgabe, nicht aber oder nicht regelmäßig die Dampfer für die Hauptreise. Für die Kumulbildung und die Exzedentenabgabe entstehen hieraus die schwierigsten Situationen, denen durch entsprechende Bestimmungen im Rückversicherungsvertrage zu begegnen das Bestreben der Transportversicherer ist[1]).

---

[1]) Alfred Stutz: Die Rückversicherung im Transport-Versicherungsgeschäft Zürich 1893. S. 58 f.

Besondere Schwierigkeiten ergeben sich auch daraus, daß Transporte aus verschiedenen Dampfern in einem Umladehafen dadurch zu Kumuls Veranlassung geben, daß sie vorübergehend im gleichen Magazin, Schuppen oder auf den gleichen Quais usw. lagern und durch Feuer vernichtet werden. Ein Gleiches kann eintreten in dem Falle, wo für verschiedene Dampfer bestimmte Waren vor der Verschiffung am Lande im gemeinschaftlichen Raume sich befinden, oder wo Güter, welche aus verschiedenen Dampfern gelöscht worden sind, am Bestimmungsorte in die gleiche Räumlichkeit gelagert werden.

Die betreffenden Bestimmungen der Rückversicherungsverträge sind denn auch besonders fein durchgearbeitet.

Der Erstversicherer folgt demnach bei Eingehung des obligatorischen Exzedenten-Rückversicherungsvertrags nicht nur dem Wunsche, seine Zeichnungsmöglichkeit zu erhöhen, sondern auch dem Triebe der Selbsterhaltung; denn bei der Häufigkeit der Fälle, in welchen eine Gesellschaft mit nur einigermaßen entwickeltem Geschäftsbetrieb infolge von Kumuls mit hohen Summen auf ein und dasselbe Risiko beteiligt werden kann, ohne daß sie hiervon Kenntnis erhält und eine Rückdeckung vor Beginn des Risikos ausführbar ist, wären eintretende Verluste unter Umständen für den Bestand der Gesellschaft verhängnisvoll.

Bei der eben besprochenen Exzedenten-Rückversicherung wird der Rückversicherer nur bei den Versicherungsverträgen mitbeteiligt, bei denen die Versicherungssumme den Eigenbehalt — das Maximum — des Erstversicherers entweder von vornherein oder durch nachfolgende Kumulierung von Risiken überschreitet.

In der Transportversicherung hat sich jedoch auf Grund der hier bestehenden besonderen Verhältnisse noch ein Vertragstyp der Rückversicherung ganz allgemein eingebürgert, im Gegensatz zu den übrigen Versicherungszweigen, wo dieser Typ nur bei ganz besonders intimen Verbindungen zwischen Erst- und Rückversicherer vorzukommen pflegt, der sogenannte
Anlage F. Quoten-Rückversicherungsvertrag (siehe Anlage F, S. 151—153).

Bei dieser Art von Verträgen beteiligt der Erstversicherer den oder die Rückversicherer mit einer festen Quote an jeder von ihm abgeschlossenen Versicherung, gleichviel wie hoch die

Fortsetzung des Textes s. S. 154.

Anlage F.

Rückversicherungsabkommen.

Zwischen der

kurz **„Rückversicherer“**
und der **Versicherungsgesellschaft** .... in .... ist nachstehendes Abkommen getroffen worden:

§ 1.

Die Versicherungsgesellschaft .... verpflichtet sich, dem Rückversicherer

zu überweisen, wogegen der Rückversicherer die Pflicht übernimmt, die ihm im Sinne der vor- und nachstehenden Bestimmungen zufallenden Überweisungen unweigerlich zu akzeptieren.

§ 2.

Das Risiko des Rückversicherers beginnt und endigt mit demjenigen der Versicherungsgesellschaft .... und gilt stets zu den gleichen Bedingungen wie die Originalzeichnungen der Versicherungsgesellschaft........... wie überhaupt der Rückversicherer in allen Phasen der Versicherung das Schicksal der Versicherungsgesellschaft .... zu teilen hat.

§ 3.

Die Risiken werden dem Rückversicherer von der Versicherungsgesellschaft .... innerhalb 48 Stunden, nachdem sie selbst die betreffenden Aufgaben von der Agentur erhalten hat (Sonn- und Feiertage nicht eingerechnet) angemeldet. Unabsichtliche Verzögerungen präjudizieren die Versicherungsgesellschaft .... nicht. Die Verrechnung der vorläufigen Überweisungen erfolgt durch ein monatlich einzureichendes Prämienbordereau.

§ 4.

Die Versicherungsgesellschaft .... vergütet dem Rückversicherer auf dessen Quotenanteil

Der Rückversicherer partizipiert pro rata seines Quotenanteiles an eventuellen Prämienverlusten infolge von Zahlungseinstellungen von Versicherten. Als Entgelt für Übertragung des Quotenanteils, Leitung der Geschäfte und das Delkredere im finanziellen Verkehr mit den Agenten

vergütet der Rückversicherer der Versicherungsgesellschaft .... eine Provision von %(Prozent)

§ 5.

Der Rückversicherer muß die von der Versicherungsgesellschaft .... vorgenommenen Schadenregulierungen bedingungslos anerkennen und die ihm zur Last fallenden Schadenanteile, soferne dieselben im einzelnen oder mehrere Schäden zusammengenommen M

Mark übersteigen, auf Verlangen der Versicherungsgesellschaft .... dieser sofort zur Verfügung stellen. Wenn der auf den Rückversicherer entfallende Schadenanteil Mark

übersteigt, so kann die Versicherungsgesellschaft .... schon dann Rimesse verlangen, wenn sie oder ihre Organe die Bereitwilligkeit, den betreffenden Schaden zu bezahlen, kundgegeben haben, also schon vor Bezahlung des betreffenden Schadens, doch ist in einem solchen Falle dem Rückversicherer auf sein Verlangen in die darauf bezüglichen Nachweise Einsicht zu gewähren. Im übrigen werden die Schadenanteile dem Rückversicherer in laufender Rechnung belastet. Von größeren vorkommenden Schäden hat die Versicherungsgesellschaft .... dem Rückversicherer sofort nach Bekanntwerden Mitteilung zu machen. Ferner ist der Rückversicherer befugt, jederzeit von allen auf den Geschäftsverkehr Bezug habenden Schriftstücken in den Bureaux der Versicherungsgesellschaft während der Bureaustunden Einsicht zu nehmen, auch ist letztere verpflichtet, dem Rückversicherer auf Verlangen von einzelnen Schadenpapieren Abschriften zu liefern.

§ 6.

Die Rechnung zwischen den Kontrahenten wird

§ 7.

Die Versicherungsgesellschaft .... erteilt innerhalb acht Tagen — Sonn- und Feiertage nicht eingerechnet — nachdem sie Kontokorrentauszug für das abgelaufene Quartal von ihrer Zeichnungsstelle erhalten, dem Rückversicherer Kontokorrent. Innerhalb weiterer acht Tage hat der Rückversicherer der Versicherungsgesellschaft .... Befundanzeige zu geben und ein etwaiger Saldo wird von der schuldenden an die guthabende Partei binnen 14 Tagen nach Erhalt dieser Anzeige in bar beglichen.

§ 8.

Das gegenwärtige Abkommen tritt mit dem
in der Weise in Kraft, daß

zu Lasten des Rückversicherers gehen. Das Abkommen gilt auf unbestimmte Zeit geschlossen, kann jedoch von jedem der Kontrahenten unter Beachtung einer mittels Briefes auszusprechenden Kündigung,

aufgehoben werden.

Die letzte Beteiligung des Rückversicherers geschieht danach auf diejenigen Posten, die am Ablaufstage

§ 9.

Streitigkeiten, die aus diesem Vertrage entstehen, sollen ausschließlich durch schiedsrichterliches Urteil geschlichtet werden.

§ 10.

Dieser Vertrag wurde doppelt ausgefertigt, genehmigt und unterschrieben, auch ist jedem der beiden Kontrahenten ein Exemplar ausgehändigt worden.

....

......................, den

Versicherungsgesellschaft ....

Versicherungssumme sich im einzelnen Falle beläuft. Allerdings kommt es bei solchen Verträgen öfters vor, daß der Erstversicherer sich eine geringere oder größere Priorität für eigene Rechnung per Posten oder Transportmittel ausbedingt und dadurch bis zu einem gewissen Betrage von Überweisungen an den Rückversicherer befreit bleibt. Der Erstversicherer sichert sich durch eine solche Priorität neben der mit dem Rückversicherer vereinbarten Provision gleichzeitig einen weiteren Ersatz für die Mühewaltung, welche für ihn aus der Leitung und Verwaltung der Geschäfte, sowie der Überweisung derselben an den Rückversicherer entsteht.

Bei den reinen Quoten-Rückversicherungsverträgen handelt es sich also eigentlich mehr um ein Partizipationsgeschäft, bei welchem der Rückversicherer für seine Quote an den in den Vertrag fallenden Risiken gewissermaßen als direkter Teilhaber erscheint, wenn auch der Rückversicherungsnehmer dem Versicherten gegenüber nur in seinem Namen kontrahiert hat, ihm gegenüber auch als der allein Ersatzpflichtige erscheint und die Regulierung der aus dem Vertrage entstehenden Verbindlichkeiten selbständig und allein vornimmt.

Die häufigsten Beteiligungsarten bei der Quoten-Rückversicherung, welche in der Praxis vorkommen, sind folgende:

1. Beteiligung an den gesamten Zeichnungen von Agenturen.

Dieselbe entspricht vielfach einem wirklichen Bedürfnis, indem die Geschäftsverhältnisse von bedeutenden Seeplätzen öfters die Gewährung von hohen Zeichnungslimiten zur unumgänglichen Notwendigkeit machen und ohne Mithilfe einer oder mehrerer Gesellschaften ein ersprießliches Arbeiten an einem gegebenen Platze unmöglich ist.

2. Beteiligung an einzelnen Abonnements- oder Generalpolicen, für welche ebenfalls oftmals hohe Maximalbeträge für ein Transportmittel eingeräumt werden müssen, wofür die gewöhnlichen Rückdeckungsmittel einer einzigen Gesellschaft ungenügend sind.

3. Beteiligung an den Geschäften auf gewissen stark alimentierten Routen oder Dampferlinien, welche gleichfalls eine spezielle Rückdeckung für den Erstversicherer notwendig erscheinen lassen.

4. Beteiligung an gewissen Kategorien von Versicherungsalimenten, bei welchen der Erstversicherer Überbürdung zu gewärtigen hat oder befürchtet[1]).

Es muß hier auch noch ein in neuerer Zeit eingeführter Modus der Teilung der Gefahr erwähnt werden, der namentlich bei den größeren Versicherungskonzernen Eingang gefunden hat, das ist die sogenannte Poolbildung. Mehrere Gesellschaften gehen unter sich die Verpflichtung ein, gewisse Geschäfte an eine von ihnen bestimmte Geschäftsstelle zu überweisen, welche nach Maßgabe eines gewissen Verteilungsplans diese Geschäfte unter die Gesellschaften verteilt und die auch mit weiteren Rückversicherungsobliegenheiten betraut wird.

Bei dem Umstande, daß einzelne Gesellschaften, je nach dem Umfange ihres Geschäftsbetriebs, ein nur unbedeutendes, andere aber ein sehr großes Aliment in den betreffenden Risiken erhalten, springt die Zweckmäßigkeit und Nützlichkeit eines solchen Rückversicherungsübereinkommens in die Augen.

Endlich ist zu bemerken, daß die Teilung der Gefahr nicht ausschließlich nach der Seite der Quantität, sondern auch nach der der Qualität vorgenommen wird, man spricht hier im Gegensatz von Summenrückversicherung von Gefahrenrückversicherung. Es kommt häufig vor, daß der Versicherer die Kollisions-, Feuer- und/oder Explosionsgefahr auf den für seine eigene Rechnung verbleibenden Anteil seiner Zeichnungen ganz oder teilweise besonders rückversichert, ebenso deckt der Versicherer, der eine Versicherung für alle Gefahr übernommen hat, häufig die Kriegsgefahr für seinen Anteil besonders ab.

Aber nicht nur ganze Gefahrenkomplexe werden rückversichert, sondern auch Anteile hiervon, sei es in zeitlicher Beziehung, wie z. B. Feuersgefahr nur während der Lagerung der Güter am Quai und in Lagerhäusern, sei es in qualitativer Beziehung, z. B. bei Kaskoversicherungen, die zu vollen Bedingungen übernommen sind, die Gefahr des Totalverlustes.

So sehen wir denn, daß in der Transportversicherung der Grundsatz der Verteilung und Teilung der Gefahr in einer die komplizierten Verhältnisse des heutigen Transportverkehrs voll berücksichtigenden Weise durchgearbeitet und durchgeführt ist.

[1]) Alfred Stutz, a. a. O, S. 40f.

III. Die Einzelpolice und die laufende Police (Generalpolice).

Man unterscheidet in der Seeversicherung Einzelpolicen und Abonnements- oder Generalpolicen.

Die Einzelpolice hat ein einzelnes Transportmittel (Kasko) für eine einzelne Reise oder für einen bestimmten Zeitraum (ein oder mehrere Jahre) zum Gegenstand (siehe Anlage G.,
Anl. G. u. H. S. 157—161, und H., S. 162—167), während die Einzelpolice auf Güter einen bestimmten Gütertransport entweder nur zur
Anl. B. u. C. See (Anlage B., S. 107—221 und C., S. 123—126) oder für eine kombinierte Reise zur See und/oder auf Flüssen und Binnen-
Anlage I gewässern und/oder zu Lande (Anlage I, S. 168) betrifft.

Die Einzelversicherung von Gütertransporten tritt jedoch im modernen Verkehrsleben zurück gegen die Form der Abonnementspolicen oder der laufenden Policen [1]), von denen die sogenannte Generalpolice für den Gütertransport zur See, auf Flüssen und Binnengewässern und zu Lande für die
Anlage K. Seeversicherung eine Hauptrolle spielt (Anlage K, S. 169—175), während die sogenannte Abschreibe- und Pauschalpolice vorwiegend für die Binnentransportversicherung in Frage kommt, und daher für die nähere Betrachtung an dieser Stelle ausscheidet.

Die Generalpolicen umfassen die sämtlichen in der Police bezeichneten Versendungen und/oder Bezüge (auf einzelnen Routen oder für einzelne Warengattungen) der Versicherten und können auf ein oder mehrere Jahre abgeschlossen werden.

Als zur See die Dampfschiffe den Seglern noch nicht den Rang abgelaufen hatten, vollzogen sich die Abfahrten in gemächlichen Zwischenräumen. Die Kaufleute wußten immer lange im voraus, mit welchem Schiffe ihre Waren zur Verladung kommen würden — lag doch ein Segler oft zwei bis drei Monate im Hafen, ehe seine Ladung komplett war — und so konnte man rechtzeitig die Ausstellung einer Einzelpolice beantragen, die endgültig ausgestellt wurde, sobald die Konnossemente eintrafen.

Fortsetzung des Textes s. S. 176

---

[1]) Vgl. hierzu: Voigt-Seebohm a. a. O., S. 338 ff. und G. Sieveking a. a. O. S. 76 ff.

Anlage G.

Seeversicherungspolice.

Auf Kasko-Reiseversicherung, Fracht etc.

Wir, die Unterzeichneten, beurkunden hierdurch für uns und unsere Rechtsnachfolger, daß wir, ein jeder von uns für die unten bei seinem Namen angegebene Summe, Versicherung übernommen haben

an Herr

auf

taxiert ℳ
des
geführt vom Schiffer
von

nach

zur Prämie von Prozent.

Die aus dieser Versicherung für uns und d Versicherten abzuleitenden Rechtsfolgen sind zu bestimmen nach den **„Allgemeinen Seeversicherungsbedingungen von 1867"**, welchen Bedingungen sich beide Teile, insbesondere auch in betreff derjenigen Punkte unterworfen haben, in Ansehung deren die bezüglichen Paragraphen des Allgemeinen Deutschen Handelsgesetzbuchs mit Abänderungen in dieselben aufgenommen oder durch abweichende Bestimmungen ersetzt worden sind.

Besondere Anzeigen oder Vereinbarungen.

Diese Versicherung gilt „nur für Seegefahr".

Die auf der Rückseite dieser Police abgedruckten allgemeinen Bestimmungen, Zusätze und Abänderungen zu den §§ 38, 39, 54—56, 69, 70, 72, 80, 84, 97, 101, 130 der „Allgemeinen Seeversicherungsbedingungen von 1867" sind von beiden Teilen vereinbart.

Diese Versicherung ist geschlossen durch

So geschehen zu Hamburg, den .... 19......

Zusätze und Abänderungen

zu den folgenden Paragraphen der „Allgemeinen Seeversicherungsbedingungen von 1867“,

über welche die Parteien sich geeinigt haben.

§§ 38 u. 39 werden durch folgende Bestimmungen ersetzt:

1. Dem Versicherer fällt kein Schaden zur Last, welcher daraus entsteht, daß mit dem Schiffe
   a) diejenigen Explosivstoffe, welche zufolge der durch deutsche Behörden erlassenen Gesetze und Verordnungen überhaupt von jeder Verladung ausgeschlossen sind, insbesondere Nitroglyzerin als solches oder in Lösungen und Gemische, welche Nitroglyzerin abtropfen lassen;
   b) Naphtha, rohes Petroleum, Benzin oder ungelöschter Kalk;
   c) mehr als ein Dritteil seiner Tragfahigkeit Salz, loses Getreide, lose Saat, loser Reis, loser Guano oder sonstiger Dünger, Knochen, Knochenschwärze, Heu, Torf, Erz, Steine, Schiefer, Kohlen, Gips, Kreide, Roheisen, Blockeisen oder Eisenbahnschienen

   verladen sind, es sei denn, daß die Verladung ohne Wissen des Schiffers stattgefunden habe und der Umstand, daß von den genannten Gütern etwas verladen sei oder verladen werden sollte, dem Versicherten oder dessen Vertreter ungeachtet der aufzuwendenden gehörigen Sorgfalt unbekannt geblieben wäre, oder daß bezüglich der unter b und c genannten Güter die Verladung unter besonderer Genehmigung des Versicherers für den einzelnen Fall stattgefunden habe.
2. Dem Versicherer fällt kein Schaden zur Last, welcher sich auf der betreffenden Reise ereignet, wenn
   a) loses Schüttgut, als namentlich Getreide, Saat, Hülsenfrüchte, Kerne oder Nüsse in Mengen uber 750 Kilo per netto Register-Ton verladen sind, ohne daß das Schiff bei solcher Ladung mit nach Seemannsgebrauch eingerichteten Längsschotten versehen ist;
   b) Eisenbahnschienen in Mengen über 500 Kilo per netto Register-Ton verladen sind, ohne daß solche nach Seemannsgebrauch mit Holz im Raum aufgestaut sind.
3. Dem Versicherer fällt im Schadensfalle nur die Hälfte von dem zur Last, was er ordentlicherweise nach Maßgabe der Versicherung und der eintretenden Umstände zu bezahlen gehabt haben würde, wenn ihm bei der Versicherung nicht angezeigt ist, daß das Schiff in Ballast fahren werde.

   Falls der Versicherte oder der Versicherungsnehmer nachträglich — jedoch zu einer Zeit, zu welcher von einem dem Schiffe zugestoßenen Unfall noch nichts bekannt geworden — erfahren sollte, daß das Schiff in **Ballast** fahre oder von den oben aufgeführten Gütern geladen hat, so steht es ihm frei, durch eine unverzüglich nach der davon erlangten Kunde zu machenden Anzeige und eine zu bewilligende, nach Billigkeit zu regulierende Prämienzulage die erwähnten Präjudize abzuwenden.

Zu §§ 54—56. Die in diesen Paragraphen dem Versicherungsnehmer auferlegte besondere Anzeigepflicht besteht nur für solche Versicherungsfälle, in welchen gegen Kriegsgefahr Versicherung geleistet wird.

Zu § 69. Für Schaden, welchen das Schiff bei der Verwendung zum Leichtern und Bugsieren anderer Schiffe oder zur Nothilfeleistung erleidet, wird nur insoweit Ersatz geleistet, als der Versicherte nicht etwa durch den erhaltenen Leichter-, Bugsier- oder Hilfslohn Ersatz desselben empfangen hat.

Der Schaden, welchen der Versicherte mittelbar dadurch erleidet, daß er den einem Dritten zugefügten Schaden zu ersetzen hat (Abs. 7), wird verhältnismäßig über Schiff und Fracht verteilt, auch wenn letztere ganz oder teilweise vorausbezahlt ist.

Zu § 70. Abs. I wird durch folgende Bestimmungen ersetzt:

Dem Versicherer fallen die nachstehend bezeichneten Schäden nicht zur Last:

Bei der Versicherung von Schiff oder Fracht:

1. Der Schaden, welcher daraus entsteht, daß das Schiff in einem nicht seetüchtigen oder überladenen Zustande oder nicht gehörig ausgerüstet oder bemannt oder ohne die erforderlichen Papiere (§ 513 des Allgem. D H. G) in See gesandt ist.
2. Der Schaden, welcher durch das Forcieren von feststehendem Eis verursacht ist, es sei denn, daß solches Forcieren zur Rettung von Schiff oder Ladung notwendig gewesen sein sollte.
3. Der Schaden, welcher außer dem Falle des Zusammenstoßes von Schiffen daraus entsteht, daß der Rheder für den durch eine Person der Schiffsbesatzung einem dritten zugefügten Schaden haften muß (§§ 485 und 486 des Allgem. D. H. G.).

Zu § 72. Trifft das Schiff in einem den Versicherern zur Last kommenden beschädigten Zustande im Bestimmungsplatze ein, so dauert die Versicherung bis zu Ende der Reparatur fort, gegen eine Verbesserung von $^1/_4$% für jede angefangene 15 Tage, es sei denn, daß der Versicherte resp der Versicherungsnehmer den Risiko zuvor kündige.

Zu § 80. Falls das Schiff von dem Orte, wo es in beschädigtem Zustande sich befindet, erst eine Reise machen muß, um repariert zu werden, und von amtlich fungierenden Sachverständigen erklärt ist, daß das Schiff trotz der erlittenen Beschädigung die oben erwähnte Reise zu machen imstande ist, so schließt die Versicherung den Risiko solcher Zwischenreise nach und von dem Reparaturhafen gegen eine den Umständen entsprechende Prämienzulage ein.

Zu § 84. Die Versicherer verzichten auf die bisherige Befreiung von der Tragung der kleinen, nur 1% oder weniger betragenden Havariegroße Schäden.

Den Versicherten wird eine vertragsmäßig festzustellende Abweichung von den die Havarie-große-Regulierungen betreffenden Bestimmungen des geltenden Rechts insoweit freigelassen, als sie sich durch Bewilligung von Konnossementsklauseln oder durch den Inhalt von Chartepartien den derzeit festgestellten oder etwa fernerhin zu modifizierenden York & Antwerp Rules unterwerfen, oder im voraus erklären, die Gesetze des Heimathafens des Schiffes als maßgebend gelten zu lassen.

Zu § **97.** Auf Schadensersatz an dritte (§ 70) findet die Bestimmung des § 97, daß besondere Havarien 3% übersteigen müssen, keine Anwendung; solcher Schadensersatz ist dagegen auch nicht der besonderen Havarie hinzuzurechnen, um diese über 3% zu bringen.

Zu § **101** Abs. **3** a. E. Die Verpflichtung zur Zahlung einer Verbesserungsprämie tritt auch dann ein, wenn das Schiff infolge von Kriegsereignissen einen freiwilligen Aufenthalt hat oder von der versicherten Reise abweicht. Die Höhe der Verbesserung wird den Umständen entsprechend reguliert.

Zu § **130.** Die ersten vier Absätze dieses Paragraphen werden durch folgende Bestimmungen ersetzt:

Nachdem die in den §§ 127—129 vorgeschriebene Besichtigung, Begutachtung und Taxation stattgefunden hat, muß ohne Verzug zur Reparatur geschritten werden, gleichviel ob die Versicherung an dem Orte der Reparatur endet oder nicht. Nach Vollendung der Reparaturarbeiten, welche der Versicherer durch seine Experten kontrollieren zu lassen berechtigt ist, sind ihm die Reparaturrechnungen vorzulegen und alle bewilligten Rabatte, Diskonto und sonstigen Nachlässe gutzubringen. Beläuft sich danach der Gesamtbetrag, welcher für die Beseitigung der den Versicherer treffenden Schäden aufgewendet worden ist, nicht so hoch wie die in der Taxation dafur angesetzte Summe, so ist der Schadensvergütung nur jener geringere Belauf zugrunde zu legen. Belauft sich der Gesamtbetrag der Rechnungen höher als der Gesamtbetrag der Taxation, so findet die Schadensvergütung nach Maßgabe der letzteren statt.

Dem Versicherer kommen die Kosten der für die Reparatur erforderlichen Gelder zur Last, mit Ausnahme der Fälle, in denen dieselbe nach Beendigung einer Reise stattfindet.

Ist in Gemäßheit des Vorstehenden der Gesamtbelauf der Reparaturkosten, sei es auf Grund der Taxation oder Reparaturrechnungen in Gewißheit gebracht, so werden für die schließliche Feststellung des von dem Versicherer zu vergütenden Betrages von jenem Belauf die im § 130 unter A und B festgestellten Abzüge gemacht, wobei jedoch bezüglich derjenigen unter A die folgenden Abänderungen und Zusätze eintreten:

Bei **eisernen Schiffen** (komposite Schiffe ausgeschlossen) findet von den Kosten der Erneuerung oder Reparatur der **Eisenteile** des **Schiffskörpers** oder der **Bemastung,** sowie der **Zementierung** für die ersten zehn Jahre, gerechnet vom Tage der ersten Registrierung des Schiffes, kein Abzug statt. Für die folgenden fünf Jahre wird ein

Sechstel, später ein Drittel abgezogen. — Solche Teile, die gelascht oder gerichtet werden können, ist der Versicherte nicht berechtigt, durch neue ersetzen zu lassen, es sei denn, daß die Erneuerung wegen der Klassifikation erforderlich ist. Dagegen findet für gelaschte oder gerichtete Teile kein Abzug statt.

Für Schrapen, Malen oder Anstrich des beschädigt gewesenen Bodens ist der Abzug ein Drittel, wenn die letzte Herstellung nicht über sechs Monate alt ist, andernfalls findet keine Vergütung statt.

Bei **hölzernen Schiffen** (komposite Schiffe eingeschlossen) findet von den Kosten der Erneuerung oder Reparatur der **Metallhaut,** sowie von den Kosten der **Kalfaterung** im ersten Jahre, gerechnet vom Tage der Umlegung oder Kalfaterung, kein Abzug statt, im zweiten Jahre tritt ein Abzug von einem Drittel ein, im dritten Jahre ein solcher von zwei Dritteln. Für Schäden, welche nach Ablauf des dritten Jahres entstehen, wird dem Versicherten nichts vergütet.

Im übrigen verbleibt es für **hölzerne Schiffe** (einschließlich komposite Schiffe), sowie für **Holzteile** an **eisernen** Schiffen bei den Abzugsbestimmungen des § 130.

Bei **allen Schiffen** gilt das **Kajütsinventar,** bei **Dampfschiffen** gelten die **Maschinen (Donkey, Dampfsteuerung, Winden, Wellen, Propeller, Schaufelräder** und **Maschinen** für elektrische Beleuchtung eingeschlossen), sowie die **Kessel** „frei von Beschädigung, außer im Strandungsfalle" (siehe § 104) versichert. Außer den in § 104 genannten Fällen sollen der Strandung auch gleichzuachten sein: Zusammenstoß des Schiffes mit anderen Fahrzeugen und Explosion.

Trifft ein an den **Maschinen** stattgehabter Schaden den Versicherer, so wird von den Reparatur- oder Erneuerungskosten, falls der Schaden innerhalb der ersten drei Jahre nach dem begonnenen Gebrauch sich ereignet, kein Abzug, wenn dies in dem vierten bis sechsten Jahre geschehen ist, ein Abzug von einem Sechstel, wenn später von einem Drittel gemacht.

Im Falle eines den Versicherer treffenden Schadens an den **Kesseln** wird von den Reparatur- oder Erneuerungskosten im ersten Jahre kein Abzug gemacht, für jedes weitere Jahr, welches sie im Gebrauch gewesen sind, kommt je ein Achtel in Abzug; nach Ablauf des achten Jahres findet überhaupt kein Schadensersatz mehr statt.

Die Ansätze für alle solche Schäden am Schiffe oder an Maschinen und Kesseln, auf deren Reparatur der Rheder verzichtet, werden gestrichen; solcher Verzicht bedarf indessen stets der Zustimmung des Versicherers.

Provision und Kosten des Vertreters des Versicherten in Fällen besonderer Havarie ist der Versicherer nicht verpflichtet zu ersetzen; er kann auch in Havarie-große-Fällen den auf ihn entfallenden Anteil an solchen Kosten in Abzug bringen, sofern der Versicherte nicht zu beweisen vermag, daß dieselben ungeachtet gehöriger Sorfalt weder zu vermeiden noch zu ermäßigen waren.

Anlage H.

Seeversicherungspolice auf Kasko.

Zeitversicherung.

Wir, die Unterzeichneten, beurkunden hierdurch für uns und unsere Rechtsnachfolger, daß wir, ein jeder von uns für die unten bei seinem Namen angegebene Summe, Versicherung übernommen haben

an Herr

auf das **Kasko**

taxiert ℳ

des

geführt vom Schiffer

für die Zeit von Monaten, beginnend am

bis zum

zur Prämie von Prozent

Die aus dieser Versicherung für uns und d Versicherten abzuleitenden Rechtsfolgen sind zu bestimmen nach den **„Allgemeinen Seeversicherungsbedingungen von 1867“**, welchen Bedingungen sich beide Teile, insbesondere auch in betreff derjenigen Punkte unterworfen haben, in Ansehung deren die bezüglichen Paragraphen des Allgemeinen Deutschen Handelsgesetzbuchs mit Abänderungen in dieselben aufgenommen oder durch abweichende Bestimmungen ersetzt worden sind.

Besondere Anzeigen oder Vereinbarungen:

Die Versicherung gilt „nur für Seegefahr“.

Die auf der Ruckseite dieser Police abgedruckten allgemeinen Bestimmungen, Zusätze und Abänderungen zu den §§ 38, 39, 54—56, 69, 70, 80, 84, 97, 130 der „Allgemeinen Seeversicherungsbedingungen von 1867“ sind von beiden Teilen vereinbart.

Diese Versicherung ist geschlossen durch

So geschehen zu Hamburg, den . . . . 19 .

Zusätze und Abänderungen

zu den folgenden Paragraphen

der „Allgemeinen Seeversicherungsbedingungen von 1867",

über welche die Parteien sich geeinigt haben.

§§ 38 und 39 werden durch folgende Bestimmungen ersetzt:

1. Dem Versicherer fällt kein Schaden zur Last, welcher daraus entsteht, daß mit dem Schiffe

   a) diejenigen Explosivstoffe, welche zufolge der durch deutsche Behörden erlassenen Gesetze und Verordnungen überhaupt von jeder Verladung ausgeschlossen sind, insbesondere Nitroglyzerin als solches oder in Lösungen und Gemische, welche Nitroglyzerin abtropfen lassen;

   b) Naphtha, rohes Petroleum, Benzin oder ungelöschter Kalk;

   verladen sind, es sei denn, daß die Verladung ohne Wissen des Schiffers stattgefunden habe, und der Umstand, daß von den genannten Gütern etwas verladen sei oder verladen werden sollte, dem Versicherten oder dessen Vertreter ungeachtet der aufzuwendenden gehörigen Sorgfalt unbekannt geblieben wäre, oder daß bezüglich der unter b genannten Güter die Verladung unter besonderer Genehmigung des Versicherers für den einzelnen Fall stattgefunden habe.

2. Dem Versicherer fällt kein Schaden zur Last, welcher sich auf der betreffenden Reise ereignet, wenn

   a) loses Schüttgut, als namentlich Getreide, Saat, Hulsenfrüchte, Kerne oder Nüsse in Mengen über 750 Kilo per netto Registerton verladen sind, ohne daß das Schiff bei solcher Ladung mit nach Seemannsgebrauch eingerichteten Längsschotten versehen ist;

   b) Eisenbahnschienen in Mengen uber 500 Kilo per netto Registerton verladen sind, ohne daß solche nach Seemannsgebrauch mit Holz im Raum aufgestaut sind.

Zu §§ 54—56. Die in diesen Paragraphen dem Versicherungsnehmer auferlegte besondere Anzeigepflicht besteht nur für solche Versicherungsfälle, in welchen gegen Kriegsgefahr Versicherung geleistet wird.

Zu § 69. Für Schaden, welchen das Schiff bei der Verwendung zum Leichtern und Bugsieren anderer Schiffe oder zur Nothilfeleistung erleidet, wird nur insoweit Ersatz geleistet, als der Versicherte nicht etwa durch den erhaltenen Leichter-, Bugsier- oder Hilfslohn Ersatz desselben empfangen hat.

Der Schaden, welchen der Versicherte mittelbar dadurch erleidet, daß er den einem Dritten zugefügten Schaden zu ersetzen hat (Abs 7), wird verhältnismäßig über Schiff und Fracht verteilt, auch wenn letztere ganz oder teilweise vorausbezahlt ist.

Zu § 70. Abs. 1 wird durch folgende Bestimmungen ersetzt:

Dem Versicherer fallen die nachstehend bezeichneten Schäden nicht zur Last:

Bei der Versicherung von Schiff oder Fracht:

1. der Schaden, welcher daraus entsteht, daß das Schiff in einem nicht seetüchtigen, oder überladenen Zustande, oder nicht gehorig ausgerustet, oder bemannt, oder ohne die erforderlichen Papiere (§ 513 des HGB) in See gesandt ist;
2. der Schaden, welcher durch das Forcieren von feststehendem Eis verursacht ist, es sei denn, daß solches Forcieren zur Rettung von Schiff oder Ladung notwendig gewesen sein sollte;
3. der Schaden, welcher außer dem Falle des Zusammenstoßes von Schiffen daraus entsteht, daß der Rheder für den durch eine Person der Schiffsbesatzung einem Dritten zugefügten Schaden haften muß (§§ 485 und 486 des Allgem. D. H. G.).

Zu § 80. Ist das Schiff bei Ablauf des vereinbarten Versicherungszeitraums unterwegs (§ 72), so wird nach Vorschrift des § 80 der ASVB. von 1867 die Versicherung prolongiert und zwar bei einer Reise nach mehreren Plätzen bis zur Ankunft und Entlöschung im letzten derselben.

Trifft das Schiff in einem den Versicherern zur Last kommenden beschädigten Zustande im Bestimmungsplatze ein, so dauert die Versicherung bis zu Ende der Reparatur fort, mag diese in dem Bestimmungshafen oder in einem anderen, für den Zweck der Reparatur ausgewählten Platze ausgeführt werden.

Falls das Schiff bei Ablauf des versicherten Zeitraums sich in einem dem Versicherer zur Last fallenden beschädigten Zustande an einem anderen Orte als dem Bestimmungsorte befindet, von dem es erst eine Reise machen muß, um repariert werden zu können, so dauert der Risiko, wenn von amtlich fungierenden Sachverständigen erklärt worden ist, daß das Schiff trotz der erlittenen Beschädigung diese Reise zu machen imstande sei, bis zur Ankunft und Entlöschung am Bestimmungsorte fort.

Die Prämienzulagen für solche Prolongationen werden tagweise pro rata der Jahresprämie berechnet.

Zu § 84. Die Versicherer verzichten auf die bisherige Befreiung von der Tragung der kleinen, nur ein Prozent oder weniger betragenden Havarie-große-Schäden.

Den Versicherten wird eine vertragsmäßig festzustellende Abweichung von den die Havarie-große-Regulierungen betreffenden Bestimmungen des geltenden Rechts insoweit freigelassen, als sie sich durch Bewilligung von Konnossementsklauseln oder durch den Inhalt von Chartepartien den derzeit festgestellten oder etwa fernerhin zu modifizierenden York & Antwerp Rules unterwerfen, oder im voraus erklären, die Gesetze des Heimatshafens des Schiffes als maßgebend gelten zu lassen.

Zu § **97**. Auf Schadensersatz an Dritte (§ 70) findet die Bestimmung des § 97, daß besondere Havarien 3 % übersteigen müssen, keine Anwendung; solcher Schadensersatz ist dagegen auch nicht der besonderen Havarie hinzuzurechnen, um diese über 3 % zu bringen.

Zu § **130**. Die ersten vier Absätze dieses Paragraphen werden durch folgende Bestimmungen ersetzt:

Nachdem die in den §§ 127—129 vorgeschriebene Besichtigung, Begutachtung und Taxation stattgefunden hat, muß ohne Verzug zur Reparatur geschritten werden, gleichviel, ob die Versicherung an dem Orte der Reparatur endet oder nicht. Nach Vollendung der Reparaturarbeiten, welche der Versicherer durch seine Experten kontrollieren zu lassen berechtigt ist, sind ihm die Reparaturrechnungen vorzulegen und alle bewilligten Rabatte, Diskonto und sonstigen Nachlässe gutzubringen. Beläuft sich danach der Gesamtbetrag, welcher für die Beseitigung der den Versicherer treffenden Schäden aufgewendet worden ist, nicht so hoch, wie die in der Taxation dafür angesetzte Summe, so ist der Schadensvergütung nur jener geringere Belauf zugrunde zu legen. Beläuft sich der Gesamtbetrag der Rechnungen höher als der Gesamtbetrag der Taxation, so findet die Schadensvergütung nach Maßgabe der letzteren statt.

Dem Versicherer kommen die Kosten der für die Reparatur erforderlichen Gelder zur Last, mit Ausnahme der Fälle, in denen dieselbe nach Beendigung einer Reise stattfindet.

Ist in Gemäßheit des Vorstehenden der Gesamtbelauf der Reparaturkosten, sei es auf Grund der Taxation oder Reparaturrechnungen, in Gewißheit gebracht, so werden für die schließliche Feststellung des von dem Versicherer zu vergütenden Betrages von jenem Belauf die im § 130 unter A und B festgestellten Abzüge gemacht, wobei jedoch bezüglich derjenigen unter A die folgenden Abänderungen und Zusätze eintreten:

Bei **eisernen Schiffen** (komposite Schiffe ausgeschlossen) findet von den Kosten der Erneuerung oder Reparatur der **Eisenteile** des **Schiffskörpers** oder der **Bemastung**, sowie der **Zementierung** für die ersten zehn Jahre, gerechnet vom Tage der ersten Registrierung des Schiffes, kein Abzug statt. Für die folgenden fünf Jahre wird ein Sechstel, später ein Drittel abgezogen. — Solche Teile, die gelascht oder gerichtet werden können, ist der Versicherte nicht berechtigt.

durch neue ersetzen zu lassen, es sei denn, daß die Erneuerung wegen der Klassifikation erforderlich ist. Dagegen findet für gelaschte oder gerichtete Teile kein Abzug statt.

Fur Schrapen, Malen oder Anstrich des beschädigt gewesenen Bodens ist der Abzug ein Drittel, wenn die letzte Herstellung nicht über sechs Monate alt ist, andernfalls findet keine Vergütung statt.

Bei **hölzernen Schiffen** (komposite Schiffe eingeschlossen) findet von den Kosten der Erneuerung oder Reparatur der **Metallhaut,** sowie von den Kosten der **Kalfaterung** im ersten Jahre, gerechnet vom Tage der Umlegung oder Kalfaterung, kein Abzug statt, im zweiten Jahre tritt ein Abzug von einem Drittel ein, im dritten Jahre ein solcher von zwei Dritteln. Für Schäden, welche nach Ablauf des dritten Jahres entstehen, wird dem Versicherten nichts vergutet.

Im ubrigen verbleibt es fur **hölzerne Schiffe** (einschließlich komposite Schiffe), sowie für **Holzteile** an **eisernen** Schiffen bei den Abzugsbestimmungen des § 130.

Bei **allen Schiffen** gilt das Kajütsinventar. bei **Dampfschiffen** gelten die Maschinen (Donkey, Dampfsteuerung, Winden, Wellen, Propeller, Schaufelräder und Maschinen fur elektrische Beleuchtung eingeschlossen), sowie die **Kessel** „frei von Beschädigung, außer im Strandungsfalle“ (siehe § 104) versichert. Außer den in § 104 genannten Fällen sollen der Strandung auch gleichzuachten sein: Zusammenstoß des Schiffes mit anderen Fahrzeugen und Explosionen.

Trifft ein an den **Maschinen** stattgehabter Schaden den Versicherer, so wird von den Reparatur- oder Erneuerungskosten, falls der Schaden innerhalb der *ersten drei Jahre* nach dem begonnenen Gebrauch sich ereignet, *kein Abzug*, wenn dies in dem *vierten bis sechsten Jahre* geschehen ist, ein Abzug von *einem Sechstel*, wenn *spater* von *einem Drittel* gemacht.

Im Falle eines den Versicherer treffenden Schadens an den **Kesseln** wird von den Reparatur- oder Erneuerungskosten *im ersten Jahre kein Abzug* gemacht, für jedes weitere Jahr, welches sie im Gebrauch gewesen sind, kommt *je ein Achtel* in Abzug; nach Ablauf des achten Jahres findet uberhaupt kein Schadensersatz mehr statt.

Die Ansätze für alle solche Schäden am Schiffe oder an Maschinen und Kesseln, auf deren Reparatur der Rheder verzichtet, werden gestrichen; solcher Verzicht bedarf indessen stets der Zustimmung des Versicherers.

Provision und Kosten des Vertreters des Versicherten in Fällen besonderer Havarie ist der Versicherer nicht verpflichtet zu ersetzen, er kann auch in Havarie-große-Fällen den auf ihn entfallenden Anteil an solchen Kosten in Abzug bringen, sofern der Versicherte nicht zu beweisen vermag. daß dieselben ungeachtet gehöriger Sorgfalt weder zu vermeiden noch zu ermäßigen waren.

Allgemeine Bestimmungen.

Diese Versicherung gilt für jeglichen Aufenthalt des Schiffes während des versicherten Zeitraums (§ 79), soweit nicht nachstehend Ausnahmen festgestellt oder anderweitig in dieser Police besonders vereinbart sind. Ausgeschlossen von dieser Versicherung sind:

a) **für Dampfschiffe:**

1. außereuropäische Reisen, wobei jedoch die afrikanischen und asiatischen Plätze am Mittelländischen und Schwarzen Meer nicht als außereuropäische Plätze gelten sollen,
2. Reisen nach und von Island, Grönland und den arktischen Gewässern,
3. Reisen nach und von dem Weißen Meere innerhalb der Zeit vom 1. Oktober bis 30. April, Antritt der Aus- oder Heimreise maßgebend;

b) **für Segelschiffe:** Reisen nach und von

1. Island, Grönland und den arktischen Gewässern,
2. Guanoinseln des Stillen Ozeans,
3. Häfen u./oder Plätzen des Malaiischen Archipels von 5° s. B. bis 5° n. B. und 115° bis 130° ö. L. } inklusive,
4. Timaru, Oamaru, Invercargill (Neuseeland),
5. Häfen u./oder Plätzen des Sambesideltas (Quilimane usw.) und East London (Afrika),
6. Häfen u./oder Plätzen innerhalb der Barre des Rio Grande do Sul, Penedos, San Christovao (Sergipe), Maroim, Aracajú, Natal, Aracaty,
7. Golf von Honduras, Holzhäfen des Golf von Mexiko (ausgenommen die Farbeholzhäfen zwischen Laguna de Terminos und Kap Catoche),
8. Häfen der Südküste Domingos,
9. mit Kulis nach Amerika und Westindien.

Prämienrückgaben.

Wenn das Schiff im Winterlager oder aus anderen Gründen (ausgenommen wegen einer dieser Versicherung zur Last fallenden Havarie) während aufeinander folgender 15 oder mehr Tage in einem Hafen unbeschäftigt stilliegt, und auf Grund voraufgegangener Kündigung die Versicherung während der Zeit des Stilliegens gänzlich aufgehört hat, so wird für den Zeitraum eines solchen Stilliegens der verhältnismäßige Teil der Stammprämie (ohne etwaige Zuschlagsprämie) zurückvergütet.

Soll die Versicherung dagegen während des Stilliegens fortbestehen, so wird für den Zeitraum desselben von obiger Rückgabe $^1/_{10}$% Prämie für 15 Tage und im Verhältnis für mehr Tage in Abzug gebracht.

Die vorstehenden Rückgaben sind erst bei Ablauf der Versicherung zu berichtigen.

Anlage I.

Im Schadensfalle bittet man, sich an Herr .... in .... zu wenden.

Police.

für den Gütertransport z. See und/oder auf Flüssen u. Binnengewässer und/oder zu Lande.

.... **Agentur** .... Nr. .... Versicherungssumme ....

Für .... **versicherungen**

Die .... **Versicherungs-Aktiengesellschaft** in ....
versichert hiermit d..
in .... für Rechnung wen es angeht auf Grund des eingereichten schriftlichen Versicherungsantrages, gegen eine Prämie von .... die Summe von

....

auf die nachstehend bezeichneten Güter, geladen oder noch zu laden in das .... Schiff ....
geführt vom Schiffer ....
für die Reise von ....
nach ....

Letzte Nachrichten:
- Faktura vom ....
- Konnoss./Frachtbr. vom ....
- Abgefahren am ....

Versicherter Gegenstand	Versicherte Summe
....	....
....	....
....	....
....	....

....

Gegenwärtige Versicherung ist am .... 191..... mittags beantragt worden und geschieht zu den Bedingungen der .... Transportpolice der .... **Versicherungs-Aktiengesellschaft in** ...., welche bei der unterzeichneten Stelle deponiert ist und denen die Parteien sich in allen Teilen unterwerfen. Die Versicherten erklären durch Annahme dieser Police, daß ihnen die vorerwähnten Versicherungsbedingungen der Gesellschaft bekannt sind und daß sie dieselben akzeptieren.

Prämie à	........................, den 191
Winterzuschlag . . . „	
Policegebühr . . . . . „	....
Stempel und Porto „	
Zusammen	**Versicherungs-Aktiengesellschaft**

Man bittet im betreffenden Frachtbrief oder Konnossement zu erwähnen, daß die Güter durch die .... **Versicherungs-Aktiengesellschaft in** .... versichert sind.

Anlage K.

.... **Agentur**

....

Versicherungssumme
laut Anmeldungen.

Generalpolice

für die Versicherung von
Gütertransporten zur See, auf Binnengewässern
und zu Lande

Nr. ....

Die .... **Versicherungsgesellschaft** in .... versichert hiermit der Firma ....

in ....

deren **sämtliche Transporte,** bestehend in:

welche in usancemäßiger Verpackung

seewärts per ....

flußwärts per ....

landwärts per ....

zur Beförderung kommen.

Die Versicherung valediert auf Grund der angefügten gedruckten allgemeinen ....
und der hier folgenden gedruckten „Besonderen Bedingungen“, wobei im Falle von Widerspruch die letzteren den ersteren, geschriebene Bedingungen jedoch allen gedruckten Bedingungen vorangehen.

In dem betreffenden Frachtbrief oder Konnossement ist gefl. zu bemerken: **„Versichert bei der** ....
Versicherungsgesellschaft in ...., **Telegrammadresse:** ....“

Besondere Bedingungen.

Art. I. Die Versicherung umfaßt sämtliche Versendungen und/oder Bezüge der versicherten Firma auf die umstehend deklarierten Strecken und für die daselbst angegebenen Transportmittel.

Ausgeschlossen von der Versicherung sind, falls darüber kein besonderes schriftliches Übereinkommen getroffen wird:

I. speziell bei Seetransporten:

a) Schieß- und Knallpulver, Dynamit, Nitroglyzerin, Phosphor, Zündhütchen, Zündhölzchen, Naphtha, rohes Petroleum und alle anderen leicht entzündbaren und explodierenden Gegenstände und chemischen Produkte, ungelöschter Kalk, ätzende Säuren, sowie alle Waren, die unter Mitwissen des Versicherten mit irgend einem oder mehreren dieser Objekte auf dem nämlichen Transportmittel verladen werden;

b) Heu, Stroh, Torf, Kartoffeln und frisches Obst, wenn lose verladen, Kohlen, Erze, Steine, Zement, Dachpfannen, Salze, lose geladene Dungstoffe, Erden und Eis, geschüttetes Getreide, Saaten und Hülsenfrüchte, sowie lebende Tiere;

c) gemünzte und ungemunzte edle Metalle, Juwelen, Papiergeld, Staats- und Privatwertpapiere, Dokumente, sowie alle Gegenstände, die vorherrschend einen Kunst- und Liebhaberwert haben;

d) Lokomotiven, Lokomobilen, Dampfkessel und Eisenbahnwagen;

II. speziell bei Fluß- und Landtransporten:

alle vorstehend unter I genannten Artikel mit Ausnahme von Kohlen, Erzen, Steinen, Dachpfannen, Salzen, Erden, lose geladenem Getreide, Saaten und Hülsenfrüchten.

Alle auf Deck geladenen Waren gelten nur frei von Beschädigung und frei von Werfen und Überbordspülen versichert.

Alle zur Versicherung zugelassenen schweren Körper von mehr als 2500 kg Gewicht sind nur „frei von den Gefahren der Ein- und Ausladung" versichert.

Art. II. Die **Maxima**, d. h. die hochsten Summen, die der Gesellschaft durch eine oder mehrere Anmeldungen auf ein und dasselbe Transportmittel überwiesen werden können, werden wie folgt festgestellt:

auf ein Seedampfschiff ....
„ „ Seesegelschiff ....
„ „ Dampf- oder gedecktes Schleppschiff a. Binnengewässern . ..
„ „ einen Eisenbahnzug
„ „ eine Fuhre . . ... .

Die Gesellschaft kann nie über die betreffenden Beträge hinaus in Anspruch genommen werden, selbst wenn ihr die entsprechende Prämie gezahlt worden wäre, es sei denn, daß sie für einen be-

besonderen Fall sich schriftlich bereit erklärt hätte, einen höheren Betrag zu übernehmen.

Übersteigt der Wert der mit demselben Transportmittel unterwegs befindlichen Güter des Versicherten die von der Gesellschaft ihm darauf versicherte Summe, so hat sie im Schadensfalle nur im Verhältnisse ihrer Versicherungssumme zum Gesamtwerte des Transportes am Schaden teilzunehmen.

Die für den Transport per Eisenbahn für einen Zug festgestellten Maxima sind auch für Lagerräume maßgebend, die Gesellschaft haftet daher auf einem und demselben Bahnhofe oder einem und demselben Postgebäude für keinen höheren Betrag als in dieser Police für einen Eisenbahnzug festgestellt wurde.

Art. III. Bei allen der Selbstentzündung unterliegenden Waren ist, in bezug auf Schaden durch Feuer, die Versicherungsgesellschaft von jeder Ersatzpflicht befreit, wenn von dem Versicherten nicht nachgewiesen wird, daß das Feuer durch einen äußeren Anlaß und nicht durch Selbstentzündung herbeigeführt wurde.

Art. IV. Bei kombinierten See-, Fluß- und Landtransporten ist das Risiko aller allgemein üblichen Umladungen und Lagerungen, die auf der Tour vorkommen, nach Maßgabe der allgemeinen Versicherungsbedingungen in die Versicherung eingeschlossen, sofern nicht eine besondere Verfügung der Versicherten oder ihrer Kommittenten die Waren willkürlich und länger an einem Ort aufhält, als dies ohne Dazwischenkunft dieser Disposition geschehen sein würde. Für die Lagerung am Bestimmungsort erlischt jedoch das Risiko der Gesellschaft in allen Fällen von selbst, wenn die Güter nicht innerhalb acht Tagen nach Entlöschung daselbst weiterbefördert oder aus den Zollniederlagen bezogen worden sind.

Das Feuerrisiko bei diesen Lagerungen wird von der .. . .. . Versicherungsgesellschaft nur dann getragen, wenn dasselbe nachweislich nicht von irgendeiner anderen Seite gedeckt ist. Im Falle einer bestehenden Feuerversicherung gilt die Haftung der Gesellschaft für das Feuerrisiko nur sekundär, d. h. nur dann und insoweit, als die betreffende Feuerversicherung zur vollen Entschädigung nicht ausreicht. Etwa entgegenstehende Bestimmungen in den betreffenden Feuerversicherungspolicen gelten für die Gesellschaft als nicht bestehend und ohne rechtliche Verbindlichkeit.

Im übrigen gelten die für die Seereise laut angehefteten Bedingungen für den Seetransport stipulierten Konditionen, Franchisen und Serien auch für die damit zusammenhängende Fluß- und/oder Landreise.

Art. V. Die Versicherungssumme darf stillschweigend 10 % (zehn Prozent) imaginären Gewinn einschließen; sollen mehr als 10 % mitversichert werden, so muß dies jedesmal ausdrücklich erwähnt und von der Gesellschaft genehmigt werden. Wenn vor erfolgter definitiver Aufgabe ein Unfall eintritt, so gelten 10 % imaginärer Gewinn nur dann mitversichert, wenn er nachweislich bei allen Bezügen von dem Versicherten eingeschlossen wurde. Die Versicherung auf imaginären Gewinn oder Mehrwert, Zoll, Kommission, Provision, behaltene Ankunft od. dgl. Interessen ohne gleichzeitige Versicherung der Güter, sowie sog. Nachversicherungen aller Art sind nur nach besonderer Übereinkunft gestattet.

Art. VI. Der Versicherte ist verpflichtet, sämtliche nach Maßgabe des Inhalts dieser Police durch dieselbe gedeckten und daher auf dieselbe gehörenden Versicherungen auf diese Police zu bewirken, und zu diesem Behufe sämtliche Abladungen in das dieser Police beigegebene Versicherungsjournal einzutragen und anzumelden, auch wenn schon vor oder gleichzeitig mit der Eintragung die glückliche Ankunft des versicherten Gegenstandes bekannt sein sollte.

Die Eintragung muß unter fortlaufender Nummer und in chronologischer Reihenfolge, bei Verlust des Anrechts auf Schadensersatz, spätestens am nächsten Werktage nach Empfang der Nachricht einer beabsichtigten oder geschehenen Abladung erfolgen und der Gesellschaft mitgeteilt werden; Radierungen, Nach- und Zwischenschreibungen sind unzulässig

Art. VII. Dagegen sind auf diese Police nach Inhalt derselben gehörende Deklarationen auch für den Fall zulässig und für die Gesellschaft bindend, daß ein Unglücksfall bereits früher oder gleichzeitig gemeldet resp. bekannt geworden sein sollte, dies aber nur dann, wenn der Versicherte alle in dieser Police vorgeschriebenen Verpflichtungen genau und gewissenhaft erfullt oder erfullt hat

Art. VIII. Die Gesellschaft ist jederzeit, namentlich aber in Schadensfällen, berechtigt, durch die Bücher des Versicherten den Nachweis zu fordern, daß wirklich alle nach dem Inhalt dieser Police auf dieselbe gehörenden Deklarationen in das Versicherungsjournal eingetragen und angemeldet worden sind oder durch ihre Bevollmächtigten durch Einsichtnahme der Bücher, sich davon zu überzeugen. Bei nicht vorschriftsmäßiger Aufgabe ist die Gesellschaft für den Schaden, welcher die Waren vor ihrer Anmeldung zur Versicherung betroffen haben sollte, nicht verantwortlich, obwohl ihr für solche Posten die volle Prämie gebührt. — Letzteres ist auch der Fall, wenn es sich herausstellt, daß Posten, die nach den Bestimmungen der gegenwärtigen Police hätten angemeldet werden sollen, gar nicht aufgegeben wurden.

Art IX. Bei Seeversendungen ist der Versicherte in Fällen, wo er die Angabe des Segel- oder Dampfschiffes, in welches die versicherten Güter geladen werden sollen, nach Art. VIII nicht sofort machen kann, verpflichtet, die betreffenden Spediteure in den Hafenplätzen anzuweisen, daß sie die Verladungsanzeigen, deren Formulare dem Versicherten von der Gesellschaft geliefert werden, in allen Rubriken gehörig ausgefüllt, noch vor Abgang der Güter, an die Direktion der Gesellschaft oder an die unterzeichnete Vertretung kostenfrei abschicken, ebenso ist der Versicherte verpflichtet, in den Verschiffungsdokumenten die von der . . . . Versicherungsgesellschaft geleistete Versicherung zu erwähnen und die Havariekommissare der Gesellschaft am Bestimmungsorte namhaft zu machen.

Art X. Bei Seeversicherungen mit hölzernen Schiffen ist der Versicherte bei Verlust aller seiner Ansprüche verpflichtet, die durch diese Generalpolice versicherten oder zu versichernden Güter nur in gute seefähige Schiffe zu verladen, die auch für die betreffende Reise geeignet sind und mindestens eine der folgenden Klassen besitzen:

A. 1. Germanischer Lloyd; 3./3. 1. 1. Bureau Veritas, Hamburger oder Bremer Register; A. 1. schwarz, Englischer Lloyd;
A. 1. Norske Veritas oder A. 1 Holländ. Register.

Für geringer klassifizierte Schiffe oder für solche, welche nicht in den genannten Schiffsregistern klassifiziert sind, sowie für alle im Mittel- oder Adriatischen Meer oder der Levante beheimateten Schiffe, tritt eine, von Fall zu Fall bei der Deklaration mit der Gesellschaft zu vereinbarende Prämienzulage ein. — Kommt eine solche Vereinbarung nicht zustande, so wird die Deklaration, ev. falls schon ein Risiko gelaufen ist, unter Berechnung einer Ristornogebühr nach Billigkeit, von dieser Police ausgeschlossen. Bis die Verhandlungen von der einen oder der anderen Seite abgebrochen sind, läuft die Gefahr indessen zu Lasten der Gesellschaft. Für Abladungen mit eisernen Schiffen bleibt ev. Klassenbestimmung vorbehalten.

Bei Versicherungen auf Binnengewässern muß, bei Verlust aller Ansprüche aus der betreffenden Versicherung, das zum Transport zu verwendende Fahrzeug gut qualifiziert sein und namentlich:

a) auf dem Rhein: das Rheinschiffahrts-Tauglichkeitsattest; speziell für Reisen von und nach Belgien ein Revisionsattest I. Klasse des Rheinschiffsregisterverbandes besitzen;
b) auf der Elbe und den östlich von derselben, bis einschließlich der Weichsel, laufenden Flüssen mit einem von einer Schiffsrevisionskommission der Vereinigten Transportversicherungsgesellschaften (Nordische Kombination) ausgestellten zur Zeit der Versicherung gültigen Revisionsattest nach Maßgabe der Bestimmungen des Generalprämientarifs, versehen sein.

Verladungen mit solchen Schiffen, welche seitens der Gesellschaft noch besonders als ausgeschlossen bezeichnet werden, sind nicht gestattet.

Sobald und solange die Schiffahrt des Eises wegen geschlossen ist, dürfen Versicherungsposten nicht ins Journal eingetragen werden; geschieht dies dennoch, so tritt das Risiko für solche Posten erst nach notorisch wieder eröffneter Schiffahrt, beim Antritt der Reise in Kraft. Soll das Standrisiko aber gleichwohl mit der Einladung beginnen, so ist solches ausdrücklich in dem Journal zu bemerken und ist alsdann für dieses Extrarisiko eine näher zu vereinbarende Winterstandsprämie zu entrichten.

Art. XI. Ein Verzeichnis der Havarieagenten der Gesellschaft, welche in Schadensfällen hinzuzuziehen sind, ist hier angeheftet.

Art. XII. Die Prämien für die erfolgten Versicherungen werden nach den durch die Police getroffenen Vereinbarungen oder, in deren Ermangelung, nach den jeweiligen Tarifen der Gesellschaft am Schlusse jeden Monates laut Assekuranzjournal berechnet und sind sofort nach Zustellung der Rechnung bar zu bezahlen. — Geschieht dies nicht, so ist die Gesellschaft zur Einklagung der fälligen Prämien, sowie zur sofortigen Aufhebung dieser Police und Nullitätserklärung aller noch laufenden Risiken berechtigt. Es bedarf hierzu nur einer schriftlichen Benachrichtigung seitens der Gesellschaft, ohne jegliche gerichtliche Formalität. — Dies alles unbeschadet der der Gesellschaft zustehenden anderweitigen Rechte.

Bei Schadenszahlungen steht der Gesellschaft außerdem das Recht zu, alle noch unbezahlten Prämien in Anrechnung zu bringen.

Art. XIII. Gegenwärtige Police ist vom 19. auf unbestimmte Dauer geschlossen und bleibt in Kraft bis zum . (diesen Tag bis mittags 12 Uhr einbegriffen) desjenigen auf den Beginn der Police jeweilig folgenden fünften Jahres, in welchem sie wenigstens sechs Monate vorher von der einen oder anderen Seite schriftlich gekündigt worden ist. — Die Kündigung des Versicherten muß, wenn sie Gültigkeit haben soll, direkt an die Direktion der . Versicherungsgesellschaft in vermittels eingeschriebenen Briefes erfolgen.

Art XIV. Nach einem Schaden, Schadensanspruch oder einer Schadenszahlung ist die . Versicherungsgesellschaft berechtigt, die Police durch einfache briefliche, vierwöchentliche Kündigung aufzuheben und die nachträgliche Zahlung der etwa noch rückständigen verdienten Prämie zu verlangen. — Im Falle einer solchen Kündigung gilt die Versicherung nicht mehr für diejenigen Güter, welche nach dem Tage, an welchem die Kündigungsfrist abläuft, versandt bzw bezogen werden. — Für alle vorher vertragsmäßig versicherten Posten bleibt die Gesellschaft bis zum vertragsmäßigen Ablauf derselben haftbar.

Art. XV. Es können auch andere als die in der Police speziell bezeichneten Transporte auf Grund der gegenwärtigen allgemeinen und besonderen Bedingungen, nach vorhergegangener Vereinbarung zwischen den Kontrahenten, versichert werden.

Art. XVI. Die eventuell auf diese Police zu entrichtende gesetzliche Stempelabgabe, auch wenn sie erst später erhoben werden sollte, und die daraus sich ergebende Verantwortlichkeit, trägt der Versicherte.

Art. XVII. Es ist ausdrücklich vereinbart, daß die der . Versicherungsgesellschaft nach dieser Generalpolice zustehenden Rechte in keiner Weise dadurch präjudiziert werden sollen, daß sie es dem Versicherten gegenüber nicht moniert hat, wenn er seinen Verpflichtungen aus diesem Vertrage in irgendeiner Form nicht oder nicht ordnungsmäßig nachgekommen ist.

Zusatzbedingungen.

Zum Beweise der Annahme gegenwärtiger Generalpolice hat der Versicherte eine Abschrift derselben gegengezeichnet.

Mit dieser Generalpolice einverstanden

Die versicherte Firma:

.... am .... 19.........

Die Versicherungsgesellschaft:

.... am .... 19.........

Dem Unikat dieser Police sind als integrierende Teile beigefügt:

a) Allgemeine Bedingungen für .... Transporte
„ „ „ .... „

b) .... Havariekommissar-Verzeichnis
.... „ „ .

....

c) Tarife: ....

....

....

....

Police und Buch ℳ ....
Stempel . . . . . „ ....
Summa ℳ ....

Dies blieb auch noch so, als die Verladungen mit Dampfschiffen noch in der Minderzahl waren: für jedes Risiko wurde eine besondere Police ausgestellt, zu der noch Nachträge gemacht wurden, wenn bei Empfang der Konnossemente sich Abweichungen von der vorläufig beantragten Versicherung ergaben.

Inzwischen haben sich die Verhältnisse geändert. Die Abfahrten der Dampfer folgen immer schneller aufeinander, und es ist nichts Seltenes, daß ein Dampfer die Einnahme seiner Ladung in zwei bis drei Tagen bewerkstelligt; dabei kommt es oft vor, daß manche für ihn bestimmte Waren zu spät eintreffen und dann erst mit nächster Gelegenheit verschifft werden können. Die für Verladung der Waren mit dem ersten Dampfer genommene Einzelversicherung wäre dann wertlos, und dies würde häufig eintreten, ohne daß der Inhaber der Police überhaupt Meldung davon erhielte.

Außerdem ist es heutzutage dem Kaufmann meist gar nicht mehr möglich, vor der Verschiffung der Güter den Namen des in Betracht kommenden Dampfers anzugeben, da er seine Waren einem Spediteur zur Weiterbeförderung an die Rhederei übergibt, die wiederum die Verladung mit dem gerade in Bereitschaft liegenden Schiffe vornimmt, so daß die Konnossemente den Beteiligten erst nach der Abfahrt zugehen. Selbst dann ist noch keine unbedingte Sicherheit vorhanden, daß die Verladung auch mit dem in den Konnossementen angegebenen Dampfer erfolgt ist, denn hinter dem Namen des Dampfers steht gewöhnlich noch eine Klausel, wonach der Rhederei das Recht vorbehalten bleibt, auch mit einem beliebigen andern Dampfer zu verladen. Gegen alle diese Zufälligkeiten können die Kaufleute, die einen regelmäßigen Versand oder regelmäßige Bezüge haben, sich durch eine Generalpolice ausreichend decken, wobei sie gegenüber der Einzelversicherung nicht nur die Wohltat völliger Sicherheit genießen, sondern auch noch die Vorteile größerer Bequemlichkeit und Kostenersparnis für sich haben.

Das Handelsgesetzbuch und ihm entsprechend die ASVB. (§ 817 HGB., § 64 ASVB.) haben denn auch unter Berücksichtigung dieser modernen Handels- und Seeverkehrsverhältnisse eine Bestimmung getroffen, wonach auch o h n e Bezeichnung des Schiffes oder der Schiffe, in denen die Güter befördert werden (in unbestimmten oder unbenannten Schiffen), trotz dieser Unvollständigkeit ein beide Teile bindender Versicherungsvertrag abgeschlossen werden kann. Dem Versicherten ist in solchen Fällen nur die Verpflichtung auferlegt, sobald er Nachricht erhält, in welches Schiff versicherte Güter abgeladen sind, diese Nachricht dem Versicherer mitzuteilen, widrigenfalls dieser für keinen Unfall haftet, der den abgeladenen Gütern zustößt.

Die Generalpolice stellt nun eine durch die Praxis eingeführte Erweiterung dieser durch das Gesetz und die ASVB. geschaffenen Versicherungsart dar.

Durch Eingehung einer Generalpolice verpflichtet sich der Versicherte, alle Versendungen oder Bezüge, die Gegenstand der Police sind, der Gesellschaft zur Versicherung aufzugeben, während die Gesellschaft sich verbindlich macht, für alle von der Transportversicherung zu vergütenden Schäden auch dann aufzukommen, wenn diese eintreten, ehe ihr oder dem Versicherten bekannt ist, daß die Waren sich unterwegs befinden oder mit welchem Transportmittel sie befördert werden.

Bei zusammengesetzten Land-, Fluß- und Seetransporten stellt die Generalpolice gewissermaßen ein Band dar, das von der einen zur andern Transportart ohne Unterbrechung weiterleitet, die ganze Reise von Anfang bis zu Ende begleitend und schützend.

Da für die Versicherung der einzelnen Transportarten die allgemeinen Bedingungen der Land-, Fluß- oder Seepolicen immer die Grundlage bilden, so werden sie den Generalpolicen als wesentliche Bestandteile des Vertrags beigefügt. Nun ist aber die Wirkung jeder dieser Einzelpolicen ganz genau umschrieben, und zwar fällt sie immer mit dem tatsächlichen Beginn und Ende des durch sie zu versichernden Transportes zusammen, so daß alle vorhergehenden oder sich anschließenden Um- und Überladungen oder Lagerungen im Gewahrsam des Spediteurs usw. ungedeckt bleiben würden. Die Lücken zwischen diesen Deckungen werden durch die Bestimmung des Art. IV der besonderen Bedingungen der Generalpolice ausgefüllt (siehe Anlage K.). Die an dieser Stelle getroffene Einschränkung des Risikos des Versicherers für die Lagerung am Bestimmungsort (auf acht Tage) hat ihren Grund darin, daß die Gesellschaft

Fortsetzung des Textes s. S. 180.

Anlage L.

Auszug aus dem

Laufende Nr.	Datum der Eintragung		Art d. Transportmittels ob Schiff, Eisenbahn, Post, od. Fuhre, wenn zur See und od. auf Binnengewässern. Namen d. Dampfers od. Seglers, und/oder des Flußschiffes, ob letzteres geschleppt od. ungeschleppt, gedeckt oder offen ist.	Namen des Kapitäns, Schiffers oder Fuhrmanns	Versicherte Reise (ev. mit Angabe von Umladungen und/oder Anlaufen während der Reise)	
	Monat	Tag			von	nach

Versicherungsjournal.

Versicherungsgegenstand						Prämiensatz	Prämienbetrag		Bemerkungen (Visum des Agenten oder der Direktion)
Der Kolli				Der Ware					
Zeichen	Nr.	Gewicht	Zahl u. Art	Natur	Versicherungs-Summe		*M*	*Pf*	

(Unterschrift des Versicherten) ....

es nach Möglichkeit vermeiden muß, durch das Zusammenströmen bei ihr versicherter Waren in ein und demselben Hafenorte dort ein Risiko von ungewöhnlicher Höhe aufgebürdet zu erhalten, dessen genauen Betrag sie nur im Falle einer Brandkatastrophe erfahren würde.

Diese Bestimmung schützt den Versicherten auch für den Fall, daß seine Sendung nicht mit dem im Konnossement bezeichneten Dampfer, sondern erst mit einem nachfolgenden verladen wird, ohne daß er oder die Gesellschaft hiervon Nachricht erhält.

Wenn erwünscht, kann diese Bestimmung noch erweitert werden, indem man derselben folgenden Satz voranstellt: „Die Versicherung gilt im durchlaufenden Risiko, d. h. von dem Augenblicke an, wo die Waren die Magazine der Absender verlassen, bis zu ihrem Eintritte in die Magazine der Empfänger."

Man spricht dann von einer Deckung „von Haus zu Haus" oder auch „im durchlaufenden Risiko".

Da es sich bei der Generalpolice um einen allgemeinen Vertrag handelt, so entfällt natürlich die Stellung der Einzelanträge, dagegen erhält der Versicherte zur Police ein Versicherungsheft, auch Beibuch, Generalpolicebuch oder Versicherungsjournal genannt, in dem Rubriken zur Eintragung der
Anlage L. erforderlichen Angaben vorgesehen sind (siehe Anlage L), welche Eintragungen der Versicherte nach den Bestimmungen des Art. VI der besonderen Bedingungen der Generalpolice zu machen hat (siehe Anlage K).

Diese Eintragungen in das Versicherungsjournal müssen spätestens am nächsten Werktage nach Empfang der Nachricht einer beabsichtigten oder geschehenen Abladung erfolgen, auch müssen dieselben mangels einer anderweitigen, eine längere Frist vorsehenden Vereinbarung, innerhalb dieser Frist dem Vertreter der Gesellschaft zur Kenntnis gebracht werden, der sie entweder im Original oder in Abschrift der Gesellschaft unverzüglich zu übermitteln hat, damit diese in der Lage ist, die jeweils auf Grund der Eintragungen zu Lasten des Versicherten gehenden Prämienbeträge festzustellen (Art. XII der Anlage K) und zu prüfen, ob ihre Beteiligung auf die einzelnen Schiffe usw. nicht die Anwendung von Rückversicherungsmitteln notwendig macht. In jeder Generalpolice werden allerdings gewisse Höchstbeträge vereinbart (Art. II der Anlage K), über die hinaus die Gesellschaft für ein einzelnes Transportmittel dem Versicherten nicht zu haften hat, jedoch muß die Gesellschaft mit der Möglichkeit rechnen, daß für ein und dasselbe Transportmittel Anmeldungen auf verschiedene Generalpolicen zusammentreffen können.

Beim Abschlusse einer Generalpolice hat der Versicherte keine Prämie zu zahlen, sondern nachdem die Prämiensätze vereinbart und in der Police festgesetzt sind, werden ihm diese für die von ihm gemachten Anmeldungen am Ende des Monats berechnet oder je nach Vereinbarung vierteljährlich eingezogen.

Durch den Abschluß einer Generalpolice erspart sich der Versicherte die jedesmaligen Policengebühren, die er bei Einzelversicherungen zu zahlen hätte, gegen Erlegung einer geringen einmaligen Gebühr.

Man sieht, für den Handel ist diese Form der Versicherung von größtem Vorteil, denn sie bedeutet für jedes Geschäft mit regerem Güterverkehr:

die vollkommenste Deckung, die größte Bequemlichkeit in der Geschäftshandhabung und eine Ersparnis gegenüber der Versicherung durch Einzelpolicen.

Die Generalpolice ist nicht ein pactum de contrahendo, ein Vorvertrag, auf Grund dessen etwa später die einzelnen Abladungen erst einzeln versichert würden, sondern sie ist ein fester Versicherungsvertrag, bei dem alle Essentialien eines Versicherungsvertrags vorhanden sind: **Das Interesse** des Versicherten, (die Güter) ist wenigstens objektiv bestimmt, indem z. B. alle seine Versendungen oder Bezüge, die während eines bestimmten Zeitraums erfolgen, oder seine sämtlichen Abladungen während eines bestimmten Zeitraums von gewissen Abgangsorten nach gewissen Bestimmungsorten versichert werden; ebenso sind die **Bedingungen** und die **Prämiensätze,** zu denen die einzelnen Warengattungen versichert gelten sollen, in der Generalpolice aufgeführt, und schließlich ist auch die Gefahr, die der Versicherer läuft, in der Regel vollständig, mit Ausnahme der möglicherweise noch offen gelassenen Bezeichnung des Transportmittels, mit dem die Güter befördert werden (vgl. oben S. 176f.), bestimmt.

Es sind also alle den Bedingungen der Generalpolice entsprechenden Abladungen von vornherein, also bereits vor der jeweiligen Deklaration versichert, und zwar ohne Unterschied, ob die Deklaration vor oder nach Bekanntwerden eines Unfalls erfolgt. Die Deklaration ist daher eine Vertragspflicht des Versicherten, deren Erfüllung im Prinzip das Recht des Versicherten auf Ersatz nicht bedingt.

Bei einem derartigen rein auf Treu und Glauben begründeten Vertrage (Ehrenberg[1]) sagt mit Recht, wenn schon der Versicherungsvertrag überhaupt als ein contractus uberrimae fidei bezeichnet werde, so verdiene der laufende Versicherungsvertrag diese Bezeichnung in noch viel höherem Grade), bei dem der Versicherer in weitestgehendem Maße auf die Redlichkeit des Versicherten angewiesen oder seiner Unredlichkeit ausgeliefert ist, ist es natürlich, daß der Versicherer sich, so gut er unter Berücksichtigung der gesamten Verhältnisse dazu in der Lage ist, gegen etwaige Benachteiligungen zu schützen sucht, indem er dem Versicherten bei Verlust des Anrechts auf Schadensersatz die unverzügliche und vollkommen einwandfreie Eintragung (ohne Radierungen, Änderungen, Zwischen- und Nachschreibungen) in das Versicherungsjournal sowie die alsbaldige Anmeldung derselben zur Pflicht macht (Art. VI Anlage K) und sich das Recht der Einsicht in die Geschäftsbücher und Skripturen des Versicherten behufs Vergleichung mit dem Versicherungsjournal ausbedingt (Art. VIII Anlage K).

Ebenso, wie der Versicherte aus dem Vertrage das Recht herleiten kann, fur alle policemäßigen Abladungen gedeckt zu sein, ebenso hat der Versicherer das Recht, die Prämien für alle Abladungen zu fordern. Das kann er jedoch nur, wenn der Versicherte seiner Deklarationspflicht getreulich nachkommt, gleichviel, ob er vor erfolgter Eintragung einer Abladung in das Versicherungsjournal Kenntnis von der glücklichen Ankunft des Gutes hat oder nicht. Daß die Deklaration (Eintragung in das Versicherungsjournal und Anmeldung beim

[1]) Victor Ehrenberg: Die gesetzliche Regelung der laufenden Versicherung Z. f. d. V. W. Bd III S. 206.

Versicherer oder dessen Vertreter) für den Versicherer auch in technischer Beziehung von Bedeutung ist, haben wir oben S. 180 f. schon hervorgehoben.

Von dem Rechte der Einsicht in die Geschäftsbücher des Versicherten wird der Versicherer im wohlverstandenen eigenen Interesse nur im alleräußersten Falle Gebrauch machen, da das hierin liegende Mißtrauensvotum wohl in jedem Falle zum Abbruch der geschäftlichen Beziehungen führen wird[1]).

So gut aber wie der Versicherte unter Umständen Transporte von Waren, oder auf Routen oder mit Beförderungsmitteln, die er policemäßig zu deklarieren hätte, unterdrücken kann, ebenso kann er solche Transporte, welche policemäßig nicht unter die betreffende Versicherung fallen, durch seine Generalpolice bei der Gesellschaft versichern, muß jedoch in diesen Fällen jeweils die besondere Genehmigung der Gesellschaft einholen, widrigenfalls die betreffende Versicherung unverbindlich ist (Art. XV Anlage K).

Die Generalpolicen werden stets in mindestens zwei Exemplaren ausgestellt, von denen das eine dem Versicherten behändigt wird, während das andere, nachdem es vom Versicherten unterschrieben ist, bei der Direktion der Gesellschaft verbleibt.

IV. Die Prämienbewegung in der Seeversicherung und ihr Zusammenhang mit der Entwicklung des Nachrichtenverkehrs, der Verbesserung der Schiffsbautechnik und der Seeverkehrsverhältnisse. — Sonstige Einflüsse auf die Prämiengestaltung.

In keinem Versicherungszweige können wir im Laufe der gesamten Entwicklung eine derartig rückläufige Bewegung in der Höhe der Prämien beobachten, wie in der Seeversicherung. Deshalb dürfte es wohl nicht des Interesses entbehren, den Gründen dieser auffallenden Erscheinung nachzugehen.

Bei jedem Versicherungszweige, ja selbst bei der auf rein

[1]) Vgl. auch: Die Generalpolice in der Transportversicherung in Wallmann's Versicherungszeitschrift 1892. Bd. XXVI S. 137 ff., 155 ff., 169 ff.

wissenschaftlicher Grundlage beruhenden Lebensversicherung, bemerken wir, daß die Prämienbemessung in den Anfangsstadien der Entwicklung reichlich hoch ist, um dann mit den zunehmenden Erfahrungen über das notwendige Verhältnis der Prämien zum Risiko einerseits objektiv eine rückläufige Bewegung einzuschlagen, andrerseits dadurch eine relative Verminderung zu erfahren, daß die Bedingungen, zu denen die Versicherung gewährt wird, zugunsten der Versicherten vielfache Verbesserungen erfahren.

Die Gründe, die hierbei eine Rolle spielen, sind die bei Einführung eines Versicherungszweigs mangelnde Erfahrung über das Maß des Notwendigen, welche bei vorsichtiger Geschäftsgebarung naturgemäß zu allzu reichlicher Bemessung der Prämien führen muß; allmählich wächst die Erfahrung, die Konkurrenz übt ihren nivellierenden Einfluß aus und die für den einzelnen Versicherungszweig maßgebenden allgemeinen Verhältnisse werden durch Fortschritte auf dem Gebiete der einschlägigen Technik oder durch sonstige Umstände (wie z. B. in der Feuerversicherung durch die Bauart, die Beleuchtungs- und Heiztechnik, in der Lebensversicherung durch die sanitären und hygienischen Maßnahmen, durch die gesamte Lebenshaltung usw.) im Laufe der Entwicklung verbessert, so daß eine Ermäßigung der notwendigen Prämien die natürliche Folge ist.

Dazu kommt, daß mit der Ausbreitung und regeren Benutzung der Versicherung die Möglichkeit eines besseren Ausgleichs geschaffen wird, die schließlich auch zur Verringerung der Gesamtkosten der Versicherung führen muß.

Im Mittelalter, als von der Seeversicherung nur ein relativ geringer Gebrauch gemacht wurde — beschränkte sich doch damals diesselbe nur auf die Fälle besonders erheblicher Risiken (wertvolle Güter, weite und gefährliche Reisen) —, als die Seeschiffahrt im Verhältnisse zur späteren Entwicklung quantitativ und qualitativ noch sehr unvollkommen war und als zu den elementaren Gefahren noch die außerordentliche Gefahr des Seeraubs hinzukam (siehe S. 54 ff.), erreichten die Prämien eine für unsere heutigen Anschauungen erschreckende Höhe.

Um 1442 betrug die Prämie für die Fahrt von London nach Pisa 12—15 %, 1512 wurde die Reise von Kreta nach

London zu 10 % versichert; 1561 wurde in Antwerpen eine Versicherung auf die Reise von Hamburg nach London zur Prämie von 5 % abgeschlossen[1]). Nach einem Prospekt von Wilhelm Ußlinx aus dem Jahre 1625 betrug die Prämie von Holland nach der Türkei 14 %, nach Venedig 13 %, nach Livorno, Genua, Marseille 10 %, von Hamburg nach Spanien 12 %.

Den ersten nachhaltigen Einfluß auf die Bemessung der Prämien übte die Ausbreitung und Vervollkommnung des Nachrichtenverkehrs aus. Die Ausbildung eines regelmäßigen Nachrichtenverkehrs bot dem Seeversicherer die Möglichkeit, von allen politischen und sonst für ihn bedeutsamen Ereignissen Kenntnis zu erhalten, so daß er hiernach den Preis der Versicherung den ihm bekannt gewordenen Verhältnissen anpassen konnte. Dadurch kam schon eine gewisse Bewegung in die bis dahin wohl ziemlich starren Prämienverhältnisse. Von noch größerer Bedeutung war für die Seeversicherung die Ausbildung des Nachrichtenverkehrs, der besonders die Verhältnisse des Schiffahrtswesens berücksichtigte.

Hier waren es wieder die Engländer, die bahnbrechend vorangingen und im Laufe der Zeit Mustergültiges schufen.

Bereits bei der Darstellung der geschichtlichen Entwicklung der Klassifikationsgesellschaften (S. 93) haben wir erwähnt, daß der bekannte Edward Lloyd in London gegen das Ende des XVII. Jahrhunderts eine wegen der vielen Schiffsnachrichten aus englischen und überseeischen Häfen für die Seeversicherer interessante Zeitung, die vom Jahre 1696 an jeden Dienstag, Donnerstag und Samstag erschien, herausgab.

Lloyd ließ jedoch diese Zeitung wegen einer Zwistigkeit, die er mit den Behörden hatte, nach kurzer Zeit wieder eingehen, um sie erst nach 30 Jahren unter dem Namen „Lloyd's List" von neuem herauszugeben[2]).

Seit dem Jahre 1726 bis auf den heutigen Tag — heute mit dem Untertitel „Shipping and Mercantile Gazette" — spielt Lloyd's List auf dem Gebiete des Schiffsnachrichtenverkehrs eine ausschlaggebende Rolle.

---

[1]) G. A. Kiesselbach, a. a. O., S. 9.

[2]) F. Martin, a. a. O., S. 76 ff.

Sie erscheint täglich, mit Ausnahme der Sonn- und Feiertage, in Großfolioformat und hat durchschnittlich 12 Seiten Text mit verschiedenen Rubriken. Zunächst gibt sie die Bewegungen der Schiffe, Segler und Dampfer, in der Küstenfahrt an, ihre Ankunfts- und Abfahrtsdaten in den einzelnen Häfen.

Sodann gibt sie in einer zweiten Rubrik Auskunft über die Schiffsbewegungen in der großen Fahrt; ferner enthält Lloyd's List alle nennenswerten Unfälle alphabetisch nach dem Namen der Fahrzeuge geordnet; auch über die treibenden Schiffsüberreste (Wracks), die für die Schiffahrt sehr hinderlich und gefährlich sein können, wird in dieser Zeitung unter genauen Angaben der Orte, an welchen die Schiffstrümmer gesichtet wurden, berichtet.

Endlich wird dortselbst regelmäßig Auskunft gegeben über die Schiffe, die von andern unterwegs angesprochen wurden, mit genauer Bezeichnung der Stelle und der Zeit, wo und wann die Begegnung stattgefunden hat[1]).

Die Grundlage für diese genaue und prompte Berichterstattung, die nicht nur für die gesamte Seeversicherung, sondern für den gesamten Seehandel der Welt von weittragender Bedeutung ist, beruht in erster Linie auf der Einrichtung der über die ganze Welt verbreiteten Agenturen der Association of Lloyd's Underwriters in Londons. Diese Lloyd's Agenten senden täglich telegraphische Berichte über alle wichtigen Ereignisse usw. auf dem Gebiete der Seeschiffahrt an die Lloyd's Börse nach London.

Dort werden die eingehenden Depeschen geordnet und gesichtet und alsdann in den Räumen der Börse zur Kenntnisnahme für die Mitglieder angeschlagen und auch den Mitgliedern durch besondere Boten in Zwischenräumen von je 10 Minuten während des ganzen Tags zugesandt. Ferner werden von der Lloyd's Börse aus die eingehenden Nachrichten telegraphisch an andere Börsen, wie Liverpool, Glasgow, Havre, Hamburg usw. weitergegeben. Tag und Nacht sind die betreffenden Lloyd's Bureaus geöffnet und ununterbrochen wird der Depeschendienst erledigt. Ein seit 1838 bei Lloyd's geführtes Register

---

[1]) Näheres siehe: C. Herzog, a. a. O., S. 106 f.

genannt „The Index“ gibt heute genaue Auskunft über die täglichen Bewegungen von ungefähr 60000 Schiffen der englischen und auch ausländischen Handelsmarine, so daß jederzeit über die Schicksale der betreffenden Schiffe aus diesen Registern das Neueste entnommen werden kann [1]).

Aus diesen Quellen wird die „Lloyd's List“ gespeist.

Neben dieser Zeitung, die von Lloyd's selbst herausgegeben wird, erscheint allwöchentlich, ebenfalls im eigenen Verlag von Lloyd's der sogenannte „Weekly Shipping Index“. Das ist eine Rekapitulation aller in der „Lloyd's List“ enthaltenen Schadennachrichten und ferner ein Verzeichnis sämtlicher Segler und Dampfer von einer gewissen nennenswerten Größe, welche sich augenblicklich in der „großen Fahrt“ befinden, mit einer großen Anzahl von Bemerkungen zu den einzelnen Schiffen, wie z. B. Klasse im Schiffsregister, Name des Kapitäns, Tragfähigkeit, Flagge, Abfahrts- und Bestimmungshafen, Abfahrts- und Ankunftszeit usw. [2]).

Daß auch die deutschen Versicherer die außerordentliche Wichtigkeit der Ausbildung des Nachrichtenverkehrs für eine rationelle Geschäftsführung erkannten und alles, was in ihren Kräften stand, aufwandten, um sie zu fördern, ersehen wir aus der eine erstaunliche Fülle von Material bietenden Arbeit von Kiesselbach über die Entwicklung der Seeversicherung in Hamburg [3]).

Hiernach gab es in Hamburg im 16. Jahrhundert nur einige wenige Botenkurse, welche die Stadt mit Nachrichten aus anderen Städten versahen; erst im 17. Jahrhundert wurde das Netz der hamburgischen Postverbindungen weiter ausgedehnt und Hamburg entwickelte sich um diese Zeit zum Mittelpunkt für den nordischen Nachrichtenverkehr.

Die rasche und große Entwicklung des Postwesens im 17. Jahrhundert muß den Pulsschlag des ganzen geschäftlichen Lebens nicht unerheblich beschleunigt haben. Das Zusammenlaufen so vieler Fäden des Nachrichtennetzes in Hamburg

---

[1]) F. Martin, a. a. O., S. 368 ff.

[2]) C. Herzog, a. a. O, S. 107.

[3]) G. A Kiesselbach, a. a. O., S 36 f., 61 ff., 76 ff., 85, 101 ff.

brachte dem Versicherungsgeschäft dortselbst aber ganz besondere Vorteile, indem es ihm eine Überlegenheit über andere weniger günstig gestellte Plätze gab; die Vorherrschaft Hamburgs im Assekuranzgeschäft des Nordens hat zweifellos zu einem wesentlichen Teile ihren Grund in Hamburgs zentraler Lage im Nachrichtenverkehr.

Um diesen Nachrichtenverkehr besonders für das Versicherungsgeschäft zu unterstützen, folgten die Hamburger Versicherer, namentlich bereits die ersten Assekuranzkompagnien, dem englischen Vorbild und stellten an den wichtigsten Plätzen des Auslandes ständige Vertreter an, welche neben anderen Pflichten die Aufgabe hatten, den Versicherern alle für das Versicherungsgeschäft bedeutsamen Nachrichten auf dem schnellsten Wege zu übermitteln.

Als später — im Jahre 1797 — der Assekuranzverein, welcher noch heute unter dem Namen „Verein Hamburger Assekuradeure“ besteht, gegründet wurde, machte sich dieser die Instandhaltung und Verbesserung des Nachrichtenwesens zu einer seiner Hauptaufgaben. Alle für das Versicherungsgeschäft wichtigen Nachrichten bestrebte er sich, den Mitgliedern auf raschestem Wege zugänglich zu machen und sie über alle Vorkommnisse auf dem laufenden zu erhalten. Jedes Mitglied mußte alle Nachrichten, die es erhielt, sogleich den übrigen Mitgliedern zur Kenntnisnahme vorlegen. Der Londoner Agent hatte stets Lloyd's Lists einzusenden.

Im Jahre 1836 wurde besonders für Schiffsmeldungen eine optische Telegraphenleitung von Hamburg nach Kuxhaven eingerichtet, die 1846 eine Zweiglinie nach Bremerhaven und Bremen erhielt.

1848 verdrängte eine elektromagnetische Telegraphenleitung nach Kuxhaven die optische Verbindung. In der Mitte der fünfziger Jahre des vorigen Jahrhunderts erhielt Hamburg telegraphische Verbindung nach ganz Deutschland, Österreich, Belgien, Frankreich, Großbritannien, Dänemark, Norwegen, Schweden und Rußland, das Jahr 1859 brachte die unmittelbare Kabelverbindung Hamburgs mit England und die dauernde Verbindung zwischen Europa und Amerika kam 1866 zustande.

Auch Schiffszeitungen nach dem Vorbilde der Lloyd's List

wurden in Deutschland gegründet, wie z. B. in Hamburg, Bremen, Stettin usw.

Zu dieser hier in kurzen Zügen dargestellten Entwicklung des Schiffsnachrichtenverkehrs kam bereits in der zweiten Hälfte des 18. Jahrhunderts **eine rasche Zunahme** des Versicherungsgeschäfts durch das Aufblühen der transatlantischen Länder und den dadurch herbeigeführten verstärkten Seehandel. Die Folge davon war, wie wir bei der Darstellung der geschichtlichen Entwicklung der Seeversicherung gesehen haben, die Errichtung von zahlreichen Seeversicherungsgesellschaften in Deutschland. Beide Umstände, die inzwischen eingetretene Verbesserung des Nachrichtenverkehrs und die einsetzende vermehrte Konkurrenz, sowie daneben die erhöhte Ausgleichsmöglichkeit durch die Zunahme der Geschäfte übten einen wesentlich ins Gewicht fallenden Druck auf die Prämien der Seeversicherung aus. Die sinkende Tendenz der Prämien läßt sich am besten verfolgen an der Hand der von Kiesselbach seinem Buche beigegebenen Tabellen[1]) über den Stand der Sommer- und Winterprämien an der hamburgischen Börse von 1737—1802 und von 1815—1873. Hier finden wir in der zweiten Hälfte des XVIII. Jahrhunderts für Reisen zwischen Hamburg und Holland eine Durchschnittswinterprämie von 2 % und eine Durchschnittssommerprämie von 1 %; für Reisen zwischen Hamburg und Venedig eine Durchschnittswinterprämie von 7 % und eine Durchschnittssommerprämie von 3 ½ % usw. Bei der Bemessung der letztangeführten Prämien ist die noch immer, namentlich bei den Reisen nach dem Westen, drohende Barbareskengefahr mit in Berechnung gezogen. Für die Reisen nach der Ostküste Nordamerikas betrug um die Wende des 19. Jahrhunderts die Sommerprämie 2 ½ bis 3 %, die Winterprämie 5—5 ½ %.

Von ungleich größerem Einfluß auf die Ermäßigung der Prämien, als die bisher angeführten Momente, waren die im Laufe des vorigen Jahrhunderts sich vollziehenden Umgestaltungen auf dem Gebiete der Schiffsbautechnik. Diese brachten eine vollständige Umwertung des Risikos der Seeschiffahrt mit sich.

[1]) G. A. Kiesselbach, a. a. O., Anlage 7.

In erster Linie ist hier zu erwähnen die Anwendung des Dampfes in der Seeschiffahrt.

Bis zum Anfang des vorigen Jahrhunderts wurde die Schiffahrt nur durch Segelschiffe betrieben. Anfang des 19. Jahrhunderts wurden einzelne Versuche gemacht, um den Dampf in der Schiffahrt zu verwenden, aber erst in der zweiten Hälfte des 19. Jahrhunderts gewann die Dampfschiffahrt eine größere Bedeutung im Verkehr. Der erste Dampfer, der sich auf die hohe See, den Atlantischen Ozean, hinauswagte, war im Jahre 1818 ein englischer Dampfer.

1822 wurde im Lloyds Register das erste Dampfschiff klassifiziert. Es war 294 Tonnen groß und war in Greenock gebaut. Im Jahre 1827 waren im Lloyd's Register 81 und 1832 100 Dampfer verzeichnet. In Deutschland dauerte es bis zur Mitte des 19. Jahrhunderts, bis das erste Dampfschiff, die „Helena Sloman" von Hamburg aus über den Ozean fuhr.

Das Dampfschiff, in seiner Bewegung vom Winde unabhängig, dem Segler an Geschwindigkeit ungemein überlegen, verminderte und verkürzte das Risiko der Seefahrt sehr erheblich.

Mit der Einführung der Dampfmaschinen begann man aber auch gleichzeitig sich einem neuen Schiffsbaumaterial zuzuwenden. An Stelle des Holzes trat das Eisen. Bis dahin waren sämtliche Schiffe nur aus Holz gebaut, Metall wurde höchstens zum Beschlagen des Rumpfes verwendet, um ihn besser gegen die Abnutzung und das Faulen zu schützen. Durch die Verwendung des Holzmaterials zum Schiffsbau war man an verhältnismäßig enge Grenzen bezüglich der Größe der Schiffe gebunden. Man konnte die Fahrzeuge nur so groß bauen, als es möglich war mit Rücksicht auf die Haltbarkeit der Innenverbände, die bei größeren Dimensionen niemals verläßlich für die See hergestellt werden können. Ferner mußten an die Eigenschaften des Holzes beim Schiffsbau besonders hohe Anforderungen gestellt werden, sollte das Schiff ein entsprechend hohes Alter erhoffen lassen. Das Holz mußte durchaus gesund, es mußte in der entsprechenden Jahreszeit gefällt und vollkommen ausgetrocknet sein und die gezimmerten Formen mußten eine geraume Zeit auf dem Stapel liegen, ehe sie zusammengefügt wurden, Anforderungen, denen selten in vollem Umfange entsprochen werden konnte.

Alles dies wurde anders und günstiger, als man anfing, das Eisen als Schiffskonstruktionsmaterial zu verwenden.

Das Eisen läßt sich unmittelbar nach der Erzeugung verwenden und stets je nach Bedarf beschaffen. Durch Schmieden, Walzen, Schneiden kann man ihm jede beliebige und bleibende Form geben; seine Zähigkeit und Festigkeit sichern den Verband aller Teile des Schiffskörpers; die Vernietung ersetzt jede andere Verbindungsart, die beim Holz angewendet werden muß. Die Feuersgefahr ist bedeutend geringer, wie bei hölzernen Schiffen und die wasserdichten Zwischenwände, welche im Innern des Schiffes leicht eingebaut werden können, sichern es in vielen Fällen vor dem Untergang durch Vollaufen. Selbst in Fällen von Kollision, wobei einzelne Abteilungen eingestoßen werden, bewahrt das Leerbleiben der anderen das Schiff vor dem Sinken [1]). Durch die Verwendung des Eisens war man auch in der Lage, den Umfang und den Rauminhalt der Schiffe wesentlich zu vergrößern.

Das erste eiserne Dampfschiff wurde im Jahre 1821 in Schottland hergestellt.

Die ersten Fahrzeuge, bei welchen die Dampfkraft für die Fortbewegung zur Anwendung gelangte, waren mit Schaufelrädern versehen, die neben gewissen Vorteilen mancherlei Nachteile für die Schiffahrt hatten, vor allen den, daß die Räder, die weit über die Schiffe hinausstanden, leicht Beschädigungen ausgesetzt waren. Mitte der vierziger Jahre des vorigen Jahrhunderts fing man an, die Schaufelräder durch die Schiffsschrauben zu ersetzen, die vermöge ihrer Lage Beschädigungen weniger ausgesetzt sind, als die Räder und auch sonst so große Vorzüge den Rädern gegenüber aufweisen, daß sie die Raddampfer vollkommen aus dem Seeverkehr verdrängt haben.

Bei diesen grundlegenden Umgestaltungen in der Schiffsbautechnik, auf welche die Klassifikationsgesellschaften einen maßgebenden Einfluß ausübten und die um die Mitte des vorigen Jahrhunderts in der Seeschiffahrt allgemein Aufnahme gefunden hatten, konnte es nicht ausbleiben, daß die Versicherer in der Bemessung ihrer Prämien den geänderten Verhältnissen Rechnung tragen mußten.

---

[1]) A. Stutz, a. a. O. S. 49 ff.

Wir ersehen aus der oben angezogenen Tabelle bei Kiesselbach, daß die Sommerprämie für die Reise von Hamburg nach Holland im Jahre 1850 von 1 % auf $^3/_8$ %, die Winterprämie von 2 % auf 1 $^3/_4$ % zurückgegangen ist; für die Reise von Hamburg nach Venedig stellt sich dieser Rückgang für die Sommerprämie von 3 $^1/_2$ % auf 1 $^1/_4$ %, für die Winterprämie von 7 % auf 3 $^1/_4$ %, wobei allerdings auch der Wegfall der Barbareskengefahr mit in Betracht kommt. Für die Reise nach der Ostküste Nordamerikas betrug um die Mitte des 19. Jahrhunderts die Sommerprämie 1 %, die Winterprämie 2 $^1/_2$—2 $^3/_4$ %. Im allgemeinen sind die Prämien in diesem Zeitraume um mehr als die Hälfte gesunken.

Hatte man mit der Einführung der Dampfkraft und mit der Ersetzung des Holzes durch Eisen innerhalb weniger Jahrzehnte einen völligen Bruch mit den Verhältnissen der Schiffahrt der vorangegangenen Jahrhunderte herbeigeführt, so eilte die Technik in der Vervollkommnung des Schiffsbaus von der Mitte des vorigen Jahrhunderts an mit Tausendmeilenstiefeln voran.

Die eben neu erworbene Errungenschaft, das Eisen als Konstruktionsmaterial der Schiffe, mußte nach kurzer Zeit seinem geschmeidigeren Bruder, dem Stahl, den Platz räumen; bereits 1878 wurden elf stählerne Handelsschiffe gebaut und seit dem Jahre 1894 können wir vom Bau eiserner Handelsschiffe kaum mehr sprechen, da fast nur noch Stahl verwendet wird.

Der Stahl hat dem Eisen gegenüber für den Schiffbau eine ganze Reihe von Vorzügen, vor allem durch seine größere Zähigkeit und Dehnbarkeit. Die Stahlplatte verträgt eine fünfmal größere Deformation, ehe sie einreißt oder bricht, als Eisen; man kann sich diesen besonderen Vorzug des Stahls für die Seeschiffahrt leicht vergegenwärtigen, wenn man die vielen Unbilden bedenkt, denen der Schiffskörper, abgesehen von den Fällen der Kollision, durch die Gefahren der Elemente ausgesetzt ist.

Aber ein weiterer großer Vorzug des Stahls ist hier noch besonders zu erwähnen: Betrug bereits das Mindergewicht eines eisernen Schiffes ungefähr 25—30 % von dem Gewichte eines gleich großen hölzernen Schiffes[1]), eine Ersparnis am Eigen-

[1]) Otto Schlick: Handbuch für den Eisenschiffbau 1902 Einleitung S. 8.

gewicht, die naturgemäß der Tragfähigkeit des Schiffes zugute kam und die einen erheblichen wirtschaftlichen Vorteil bedeutete, so erlaubte die Festigkeit des Stahls eine weitere Gewichtsverminderung von einem Fünftel, da die Klassifikationsgesellschaften nur vier Fünftel der für eiserne Schiffe vorgeschriebenen Materialstärken verlangen. Dieses am Baumaterial ersparte Gewicht konnte aber wiederum zur Vermehrung des Gewichts der Ladung verwendet werden.

Durch das neue Baumaterial, den Stahl, ist man ferner in die Lage versetzt worden, den Schiffen eine um das Vielfache größere Dimensionierung zu geben. Während man mit den Holzschiffen nicht über 200 Fuß Länge hinausging, ist man bei den modernen Riesenschiffen bereits über das Vierfache dieser Länge hinausgegangen.

Die englische „Olympic“ hat eine Länge von 852,5 engl. Fuß, eine Breite von 92,5 und eine Tiefe von 59,5 Fuß, sowie einen Raumgehalt von 45 324 Brutto-Registertonnen; bei dem deutschen Dampfer „Imperator“ stellen sich diese Maße auf 882,9, 98,3 und 57,1 engl. Fuß und auf 52 117 Brutto-Registertonnen Raumgehalt. Das erste Dampfschiff hatte, wie oben erwähnt, 294 Tonnen Raumgehalt.

Wie sehr sich der Rauminhalt der Dampfschiffe vermehrt hat, möge aus folgenden Zahlen entnommen werden: Das Generalregister des Bureau „Veritas“ vom Jahre 1875 enthielt damals 5519 Dampfschiffe von 5 364 492 Brutto-Registertonnen Rauminhalt. Das im letzten Jahre herausgegebene Registerbuch enthält 17 135 Dampfschiffe von 39 843 841 Brutto-Registertonnen. Die Dampferflotte hat sich also in diesem Zeitraum ihrem Rauminhalt nach ungefähr verachtfacht, der Schiffszahl nach etwas mehr als verdreifacht.

Auch auf dem Gebiete der Schiffsmaschinen und des Kesselbaues sind namhafte Fortschritte zu verzeichnen: Anfangs der siebziger Jahre des vorigen Jahrhunderts herrschte noch die Niederdruckmaschine vor; jetzt werden nur Hochdruckmaschinen für Handelsdampfschiffe gebaut. Die Hochdruckmaschinen nützen die Expansionskraft des Dampfes in zwei bis vier Stufen und in einer größeren Anzahl von Zylindern aus. Man hat Kompound-, dreifache und vierfache Expansionsmaschinen. Durch diese Verteilung der Arbeitsleistung auf mehrere Stufen und die Erhöhung des Dampfdrucks ist eine große Kohlenersparnis ermöglicht worden.

Auch im Kesselbau hat das Stahlmaterial in den letzten Jahren gegenüber dem Schweißeisen vollkommen die Oberhand gewonnen. Durch die Benutzung eines höheren Dampfdrucks und dem daraus verminderten Kohlenbedarf, ferner durch die Verwendung des Stahls als Kesselbaumaterial wird eine Raumersparnis im Schiff erzielt, welche wiederum der Ladung zugute kommt.

Ferner bedürfen größere Schiffe per Tonne Tragfähigkeit zur Erzielung derselben Geschwindigkeit weniger Maschinenkraft und folglich auch weniger Kohlen als kleinere. Ein Schiff von 5000 Brutto-Registertonnen z. B. bedarf zur Erzielung einer Geschwindigkeit von 13 Knoten (Seemeilen) einer Maschine von rund 3500 Pferdekräften, ein solches von 15000 Bruttoregistertonnen hat nicht die dreifache, sondern nur die doppelte Maschinenkraft zur Erzielung der gleichen Geschwindigkeit nötig. Die Transportkosten des großen Schiffes sind daher um ein Drittel billiger als die des kleinen.

An Stelle der Dampfmaschinen versucht man es jetzt auch mit Ölmotoren zum Zwecke des Antriebs. Man verspricht sich hiervon eine Verminderung des Gewichts des mitzuführenden Heizmaterials, eine Verringerung der Kosten für den Brennstoff und eine vermehrte Ladefähigkeit, weil die Maschinenanlage, vor allem infolge des Fortfalls der Kesselanlage, weniger Raum beansprucht und für das mitzuführende Öl kleinere Bunkerräume erforderlich sind. Außerdem wird hierdurch ein großer Teil des Heizpersonals entbehrlich.

In neuerer Zeit ist man auch dazu übergegangen, die Schraubendampfschiffe mit zwei, ja sogar mit drei Schrauben auszurüsten. Abgesehen von der dadurch erzielten höheren Geschwindigkeit und Manövrierfähigkeit dient die andere Schraube auch als Sicherheitsfaktor. Da jede Schraube von einer besonderen Maschine getrieben wird, so bleibt beim Zusammenbruche der einen immer noch die andere in Reserve. Man konstruiert jetzt nicht nur Passagierdampfer, sondern auch Frachtdampfer als Zweischraubenschiffe.

Turbinendampfer, welche jetzt auch Eingang in die Handelsschiffahrt gefunden haben, sind gewöhnlich mit drei Wellenleitungen und mehreren Schrauben auf jeder Welle ausgerüstet.

Während die ersten Dampfer mit einer sehr mäßigen Geschwindigkeit, etwa drei bis vier Knoten die Stunde, liefen, stieg die Geschwindigkeit in den siebziger Jahren des vorigen Jahrhunderts auf acht bis zehn Knoten. Heute ist die Durchschnittsgeschwindigkeit eines guten Frachtdampfers acht bis zwölf Knoten, während sie sich bei den erstklassigen Passagierbooten bis auf 22 bis 25 Knoten per Stunde steigert.

Auch beim Bau von Segelschiffen, der übrigens im Verhältnis zu früheren Zeiten sehr zurückgegangen ist — das Generalregister des Bureau „Veritas“ von 1875 enthielt 57258 Segelschiffe mit 15009001 Netto-Registertonnen, dasjenige von 1913 nur mehr 21924 mit 5629942 Netto-Registertonnen — ist das Holzmaterial durch Eisen und Stahl ersetzt worden, wodurch die Dimensionen derselben außerordentlich vergrößert werden konnten. Der größte deutsche Segler, das Schiff „Preußen“ [1]), der Rhederei Laeiß in Hamburg angehörend, hatte 5081 Tonnen Bruttotragfähigkeit. Die Bemastung der Segelschiffe hat mit der Größe der Fahrzeuge ebenfalls zugenommen. Während man früher höchstens dreimastige Fahrzeuge kannte, gibt es heute vier-, sechs- und achtmastige Segler. Für viele Takelmanöver sind auf diesen Schiffen Dampfmaschinen vorhanden, um die Anzahl der sonst erforderlichen Mannschaften zu beschränken.

Entsprechend der veränderten Bauart, Größe usw. sind auch die Werte der Schiffe gestiegen. Während man früher ein gutes hölzernes Segelschiff von 200 Tonnen für 10000 M. kaufen konnte, kostet ein großes eisernes oder stählernes Segelschiff der heutigen Zeit 300000—500000 M. Die Frachtdampfer im Anfange der Dampfschiffahrt kosteten bei der damaligen Durchschnittsgröße von 1000 Tonnen 70000—80000 M.; heute kostet ein guter Frachtdampfer, allerdings bei größerer Tonnenzahl, 400000—600000 M., und die neuen Passagier-

---

[1]) Dieser Segler strandete im Jahre 1911 an der englischen Küste und wurde wrack.

dampfer der Hamburg-Amerikalinie und des Norddeutschen Lloyd haben einen Wert von vielen Millionen. Die in der Nacht vom 14. bis 15. April 1912 gesunkene, der White Star Linie gehörige, „Titanic" repräsentierte einen Bauwert von annähernd 30 Millionen Mark.

Neben den angeführten Verbesserungen im Schiffsbau sind hier noch die modernen Sicherheitseinrichtungen in den Schiffen zu erwähnen: Fast jeder Seedampfer ist heutzutage mit einem Doppelboden versehen. Die mit einem solchen ausgestatteten Schiffe sind dadurch vor dem Versinken und überhaupt vor dem Eindringen des Seewassers in den inneren Raum doppelt geschützt.

Einen sehr hohen Grad von Sicherheit besitzen diejenigen Dampfer, welche durch starke wasserdichte Querschotte mit einer genügenden Anzahl von wasserdichten Abteilungen versehen sind, so daß, selbst wenn zwei benachbarte Abteilungen infolge einer Kollision voll Wasser laufen, das Schiff immer noch schwimmfähig bleibt. Die deutschen Schnelldampfer und großen Passagier- und Frachtdampfer werden seit dem Jahre 1896 auf diese Weise gesichert.

Ferner ist an dieser Stelle hervorzuheben, daß mannigfache Fortschritte im Bau neuer Schiffstypen, in der Stabilität der Schiffe, in der rationellen Verstauung der Güter durch den Erlaß von Stauvorschriften, die Anstellung von Stauinspektoren für gewisse Warengattungen an bestimmten überseeischen Plätzen und die Einführung von Stauattesten, in der Bauausführung, ferner durch die im Jahre 1903 seitens der Seeberufsgenossenschaft erfolgte Regelung der Tiefladefrage usw. gemacht worden sind[1]).

Aber nicht nur im Schiffsbau hat sich infolge der dargestellten und angedeuteten Fortschritte eine vollständige Umwälzung ergeben, sondern auch in vielen andern auf die Sicherheit der Seeschiffahrt bezüglichen Verhältnissen.

---

[1]) Näheres siehe: Rudolf Ulrich: Die neueren Fortschritte der Schiffbautechnik in ihrer Bedeutung für die Transportversicherung. Z. f. d. g. V. W., Bd. V S. 1ff., ferner C. Herzog a. a. O. S. 108ff.

Auf dem Gebiete der Küstenbeleuchtung, der Fahrwasserbezeichnung, des Rettungswesens, des Strandrechts, der maritimen Meteorologie, des Seestraßenrechts, des internationalen Signalkodex, der Unterwasserschallsignale usw. vollzogen sich gleichfalls Veränderungen und Neuerungen, welche dazu beitragen, das Risiko des Versicherers zu verringern.

Man denke nur an die in der Praxis schon vielfach erprobten segensreichen Wirkungen der drahtlosen Telegraphie, bezüglich deren wir uns heute erst in den Anfangsstadien der Entwicklung befinden und von deren Einfluß auf die Sicherheit der Seeschiffahrt wir noch unendlich viel erhoffen dürfen[1]).

In neuester Zeit gewinnt die drahtlose Telegraphie eine wachsende Bedeutung für die Bekanntgabe der Lage gefährlicher Wracks. In England, Deutschland und Nordamerika bestehen Vorschriften, wonach nach jeder Sichtung eines Wracks die Lage desselben auf telegraphischem Wege weiterzumelden ist. Auch für die Berichterstattung über die Wetterlage, insbesondere über die gefährlichen Eisverhältnisse im Atlantischen Ozean bewährt sich die drahtlose Telegraphie in steigendem Maße.

Alle diese Verbesserungen machten sich in fortwährendem Sinken der Prämien bemerkbar. Während im Anfange der fünfziger Jahre des vorigen Jahrhunderts die Prämie für Reisen zwischen Hamburg und der Ostküste Nordamerikas im Sommer noch $1-1^1/_4\,^0/_0$ betrug, wird jetzt für Transporte auf erstklassigen Dampfern $^5/_{16}\,^0/_0$, auf gewissen Dampfern sogar nur $^1/_5 - ^1/_4\,^0/_0$ bezahlt. Besonders bemerkenswert sind die Unterschiede zwischen den früheren und heutigen Winterprämien; während z. B. für die oben genannte Reise heute die Winterprämien auf gewisse Dampfer gar nicht, auf andere Dampfer nur um $^1/_{16}\,^0/_0$ von den Sommerprämien abweichen, standen dieselben in den fünfziger Jahren des vorigen Jahrhunderts stets um $1-1^3/_4\,^0/_0$ höher als die Sommerprämien.

Wenn nun auch zugegeben werden muß, daß die Seeversicherer mit vollem Recht diesen Verbesserungen der Risiken

---

[1]) A. Lodemann: Die Bedeutung der drahtlosen Telegraphie für die Versicherung, insbesondere die Seeversicherung. Z. f. d. g. V. W., Bd. VII S. 189ff.

durch Verringerung der Prämiensätze Rechnung tragen, so fragt es sich doch, ob durch die Umgestaltung der Seeschiffahrt im Laufe des letzten Jahrhunderts die Verhältnisse vom Standpunkt der Seeversicherer aus nur günstiger geworden sind, ob nicht der Verringerung der Gefahrumstände auf der einen Seite eine Erhöhung derselben auf der andern Seite gegenübersteht, welch letztere die Seeversicherer abhalten sollte, in der Prämienfrage immer und immer weitere Zugeständnisse zu machen, sei es, daß sie die Prämie ermäßigen, sei es, daß sie den Umfang der Gefahr erweitern. Diese letztere Frage ist zweifellos zu bejahen.

Den Verbesserungen der Risiken in den mannigfaltigsten Beziehungen stehen heute vom Standpunkt der Versicherer aus derartige Gefahrhäufungen gegenüber, daß unseres Erachtens die von dem Versicherer heute geforderte Prämie nicht den für ihn in Betracht kommenden tatsächlichen Gesamtgefahrumständen entspricht, vielmehr durch andere Ursachen und Verhältnisse unter dies Niveau herabgedrückt ist.

Wir werden weiter unten den zahlenmäßigen Beweis dafür antreten, daß die Prämien der Seeversicherer die Grenze des Angemessenen unterschritten haben und daß im Falle des Eintritts besonders ungünstiger Jahre die Gefahr besteht, daß die Widerstandsfähigkeit unserer Seeassekuranz einen starken Stoß erleidet. Das wäre aber für unsere gesamte Volkswirtschaft im höchsten Grade zu bedauern, da eine starke Assekuranz das Rückgrat des gesamten Handels und der Industrie ist. Es bedarf hier wohl keiner weiteren Ausführungen, welchen Schaden unsere gesamte Volkswirtschaft erleiden würde, wenn für den Kaufmann die Sicherheit, welche ihm die Assekuranz für alle seine Unternehmungen bietet, geschwächt würde.

Wenn wir die zwei Momente nochmals kurz betrachten, die unter den Umgestaltungen der Seeschiffahrt im letzten Jahrhundert am meisten in die Augen springen, so sind dies zweifellos die Anwendung des Dampfes in der Seeschiffahrt und die Verwendung des Eisens und des Stahls im Schiffsbau und die hierdurch ins Gigantische gewachsene Abmessung der Schiffe.

Diese beiden Momente bringen aber dem Versicherer neben den zugestandenen und oben dargelegten Verbesserungen der Risiken eine derartige Fülle neuer und gehäufter Gefahrumstände, daß man wohl nicht mit Unrecht annehmen darf, daß den nach diesen beiden Richtungen hin durch die Entwicklung geschaffenen günstigen Momenten ein starkes Gegengewicht durch die Entstehung neuer und erhöhter Gefahren gegenübersteht.

Man denke nur an die bei der Anwendung des Dampfes außerordentlich gewachsene Feuersgefahr und die durch dieselbe erst geschaffene Explosionsgefahr. Schiffsbrände gehören zu den alltäglichen Ercheinungen; sie entstehen sehr häufig durch Selbstentzündung der Kohlen und weisen eine ständig steigende Tendenz auf; ebenso haben die Versicherer eine große Reihe katastrophaler Explosionsschäden zu verzeichnen[1]). Ferner kommt in Betracht die durch die gesteigerte Schnelligkeit der Schiffe in ganz anderem Umfange wie früher drohende Kollisionsgefahr. Wir wollen hier nur an die erschütternde Katastrophe der „Titanic" erinnern.

Was das zweite Moment der Umgestaltung anbelangt, nämlich die Verwendung des Eisens und Stahls und die dadurch hervorgerufene Vergrößerung der Schiffstypen, so ist für die Gesamtheit der Assekuranz durch die enorme Anhäufung von Werten auf den selbst ungeheure Werte repräsentierenden Schiffen ein besonders ungünstiger Gefahrumstand dadurch entstanden, daß durch ein und denselben Seeunfall Verluste, die in die Millionen gehen, eintreten können[2]), während für den einzelnen Versicherer, wenigstens den rationellen und vorsichtigen Versicherer, die Verhältnisse insofern ungünstiger geworden sind, als er an diesen großen, auf einem Schiffsboden

---

[1]) Vgl. die Protokolle der Generalversammlungen des Internationalen Transportversicherungsverbandes, der eine Statistik über die an Bord vorkommenden Feuerschäden fuhrt (s. S. 219).

[2]) Der Verlust des britischen Dampfers „Pericles", der im Jahre 1911 mit einer Ladung Wolle strandete, verursachte z. B. den Ladungsversicherern einen Schaden von 7 Millionen und den Kaskoversicherern einen solchen von 5 Millionen Mark.

beförderten Werten sich nur mit demselben relativ kleinen Betrage (seinem Maximum) beteiligen kann, mit dem er sich früher vielleicht an einer vielfachen Anzahl von Transporten beteiligen konnte, als der Transport dieser Werte noch auf viele Schiffe verteilt werden mußte. An eine Erhöhung der Maxima, die in irgendeinem annähernden Verhältnis zu der Zunahme der Größe der Schiffe gestanden wäre, konnte natürlich nicht gedacht werden. Ein großer Teil des Geschäftes entgeht auf diese Weise dem Einzelversicherer für seine eigene Rechnung; wenn er es macht, so arbeitet er höchstens für den Rückversicherer. Die vom Internationalen Transportversicherungsverbande aufgemachte Statistik beweist uns denn auch, daß die im Verbande vereinigten Gesellschaften in ihrer Gesamtheit in den letzten fünf Jahren über die Hälfte ihrer Bruttoprämien-Einnahmen an die Rückversicherer abgeben mußten. Ein Interesse, gleichzeitig für den Rückversicherer Geschäfte abzuschließen, kann allerdings der Erstversicherer insoweit haben, als er von seinem Rückversicherer auch auf dessen Geschäfte beteiligt wird und er durch eine vermehrte Besetzung der verschiedenen Risikenkategorien sich eine erhöhte Ausgleichsmöglichkeit, auf die, wie wir sehen werden, heutzutage das Hauptgewicht gelegt werden muß, verschafft.

Auch bei eintretenden Kaskoschäden stellt die außerordentliche Vergrößerung der Schiffstypen für den Versicherer ein recht ungünstiges Moment dar, da sich nur selten Docks vorfinden, welche so große Schiffe zwecks Reparatur aufzunehmen imstande sind.

Zu diesen gefahrerhöhenden Umständen, die ihre Ursache in der Entwicklung der Schiffsbautechnik haben, kommt noch ein Umstand, der das Risiko der Versicherer ungemein erweitert hat, die ständig zunehmende Überwälzung der dem Rheder auferlegten Verantwortlichkeit auf die Versicherer. Die Rheder zeichnen sich durch Zusatzklauseln (Befreiungsklauseln) in den Konnossementen von der ihnen gesetzlich auferlegten Verantwortlichkeit frei, und so müssen die Versicherer den Versicherten gegenüber die aus Verschulden des Rheders entstehenden Schäden übernehmen. Dadurch ist eine neue Kategorie von ins Unendliche wachsenden Reklamationen zu Lasten der Versicherer entstanden, die ihren Grund in Fehlern und Nachlässigkeiten des Rheders und in Diebstählen an Bord haben[1]).

Ferner ist an dieser Stelle noch die ständig steigende Tendenz der Diebstahlschäden während des Lagerrisikos zu erwähnen. Waren diese Schäden früher hauptsächlich bei Transporten nach der Westküste Südamerikas (La-Plata-Häfen und Brasilien) und der Levante bemerkbar, so ist in neuerer Zeit diese Gefahr auch in europäischen Häfen (London, Hamburg, Antwerpen) ungemein gewachsen. In London sind in jüngster Zeit die Verhältnisse so unerträglich geworden, daß man sich zu einer Reorganisation der Hafenpolizei entschlossen hat. Auch im Hafen von New-York haben die Güterberaubungen eine große Zunahme erfahren, so daß man auch dort energische Maßnahmen dagegen in Aussicht nehmen mußte.

Zu alledem ist im Zusammenhange mit der Wehrvorlage des Jahres 1913 noch eine erhebliche neue Belastung des Transportversicherungsgeschäfts durch das Gesetz wegen Änderung des Reichsstempelgesetzes vom 3. Juli 1913 getreten.

Während bis dahin in den meisten deutschen Bundesstaaten die Transportversicherung von Stempelabgaben befreit war, ist durch das erwähnte Gesetz auf Warenversicherungen eine Stempelabgabe von 1 $^0/_{0}$, auf Kaskoversicherungen eine solche von $^1/_2$ $^0/_0$ der Prämie gelegt worden. Wenn auch nach dem Gesetz diese Stempelabgaben den Versicherungsnehmer treffen, so werden sie doch ohne Zweifel ungünstig auf das Transportversicherungsgeschäft selbst zurückwirken, was um so mehr ins Gewicht fällt, als den deutschen Versicherern im letzten Jahr ohnehin weitere Lasten durch die Einführung der Angestelltenversicherung auferlegt worden sind und als die

---

[1]) Louis Itier: Die Konnossementsklauseln mit Bezug auf die Seeversicherung. Assekuranzjahrbuch von Ehrenzweig Bd. XXIII II. Teil S. 163 ff. Wien 1902. In diesen hier geschilderten vom Standpunkt der Versicherer aus beklagenswerten Verhältnissen ist allerdings in jüngster Zeit durch die oben (S. 64 Fußnote 1) erwähnte Vereinbarung über das Einheitskonnossement, in dem die Rheder grundsätzlich die Haftpflicht für kommerzielles Verschulden der Schiffsbesatzung übernehmen (allerdings mit der Einschränkung, daß eine Haftpflicht für Diebstahlschäden nur bestehen soll, wenn der Diebstahl durch die Mannschaft des Schiffes verübt wurde), wenigstens eine kleine Besserung eingetreten.

Versicherungsgesellschaften zu dem einmaligen außerordentlichen Wehrbeitrag herangezogen werden[1]).

Man ersieht hieraus, daß eine ganze Reihe von Umständen in Betracht kommt, die geeignet ist, den Vorteilen, welche die Entwicklung der Schiffsbautechnik usw. den Versicherern gebracht hat, Nachteile entgegenzustellen, die ein starkes Gegengewicht bilden und die den Versicherer ständig belehren, daß er mit seinen Zugeständnissen bezüglich der Prämie und der Bedingungen an die Grenze seines Existenzminimums angelangt ist.

Wenn wir die wichtigsten Zahlen der Betriebsrechnung der im Internationalen Transportversicherungsverband zusammengeschlossenen Seeversicherer für die letzten fünf Jahre einer Betrachtung unterziehen, so ergibt sich folgendes Bild:

	1908	1909	1910	1911	1912
Bruttopramien	300 894 382	309 991 075	326 459 954	378 201 624	434 930 022
Nettopramien	150 528 016	156 005 040	161 044 040	183 025 458	210 113 046
Schaden	78,49 %	75,54 %	74,27 %	73,87 %	73,20 %
Kosten .	20,70 %	22,04 %	20,92 %	20,83 %	20,12 %
Erhöhung der Pramienreserve	0,43 %	0,58 %	2,43 %	2,74 %	3,92 %
Nettogewinn	0,38 %	1,84 %	2,38 %	2,56 %	2,75 %

Wir sehen hier eine von Jahr zu Jahr erheblicher steigende Bruttoprämieneinnahme, woraus wir neben der Zunahme des Seeverkehrs den Schluß ziehen können, daß die Seeversicherer bestrebt sind, durch Ansammlung eines möglichst umfangreichen Portefeuilles, selbst wenn dasselbe der Prämienhöhe und dem Schadenprozentsatz nach nicht befriedigend ist, die tatsächlichen Ziffern ihrer Gewinnergebnisse zu erhöhen. Wir möchten uns einer etwas trivialen Ausdrucksweise bedienen und sagen: Die Seeversicherer handeln heute nach dem Grundsatz: die Masse muß es bringen.

Die Schäden, die im Durchschnitt der letzten fünf Jahre drei Viertel der gesamten Nettoprämien absorbiert haben und die nicht unerheblichen Kosten von durchschnittlich 20,92 % lassen neben der notwendigen Ergänzung der Prämienreserven einen geradezu kläglichen Nettogewinn.

Wenn ein derartig riskantes Geschäft, wie es das Transportversicherungsgeschäft ist, in einem Jahre der Hochkonjunktur,

---

[1]) Dr. Erich Greiff: Der Reichsversicherungsstempel. Berlin 1913 S. 98, 118 ff

in dem Handel, Industrie und Seeschiffahrt hohe Gewinne erzielt haben, nur mit einem Nettogewinn von $2\,^3/_4\,\%$ abschneidet, wie dies für 1912 der Fall ist und wenn dieser Gewinnprozentsatz zugleich der höchste eines Jahrfünfts ist, während sich der niedrigste auf 0,38 % beläuft, dann muß man doch die Überzeugung gewinnen, daß die Seeversicherer bei Betrachtung einerseits der hohen Schadenprozentsätze, andererseits der äußerst geringen Nettogewinne längst schon an eine angemessene Erhöhung der offenbar unzureichenden Prämien herangegangen wären, wenn ihnen in dieser Beziehung nicht unüberwindliche Hindernisse entgegenstünden.

Diese Hindernisse bestehen darin, daß die Seeversicherer es nicht wie die übrigen Versicherer mehr oder minder mit einer nationalen Konkurrenz zu tun haben, sondern mit einer internationalen im vollen Sinne des Wortes und noch dazu teilweise mit einer Konkurrenz, die vermöge der besonderen Gestaltung ihrer Verhältnisse kaum zu paralysieren ist.

Wir haben im Verlaufe unserer Darstellung schon des öfteren Gelegenheit gehabt, der Association of Lloyd's Unterwriters Erwähnung zu tun.

Diese Lloyd's Unterwriters sind nicht etwa, wie vielfach in Laienkreisen angenommen wird, eine Versicherungsgesellschaft, hinter der ein starkes Garantiekapital steht, sondern wir haben es hier mit Einzelversicherern zu tun, die sich zum Zwecke des Versicherungsgeschäfts zu gewissen Gruppen zusammenschließen. Ebenso wie es nun unter diesen Gruppen äußerst solide und kapitalkräftige gibt, die in Assekuranzkreisen als über jeden Zweifel erhaben angesehen werden, ebenso gibt es darunter schwächere Elemente, die unter Umständen beim Eintritt großer Schäden versagen. Die Erfahrung hat gelehrt, daß nicht selten Zahlungsunfähigkeit solcher Einzelversicherer eintritt. Wenn die Mitglieder von Lloyd's Association auch ein Depot von 7000 £ (140000 M.) als Sicherheit hinterlegen müssen, so ist damit bei der Unkontrollierbarkeit ihrer Geschäfte in qualitativer und quantitativer Beziehung doch auch nicht annähernd die Gewähr für die Zahlungsfähigkeit derselben gegeben, wie sie bei einer soliden und kräftigen Versicherungsgesellschaft, über deren finanzielle Kraft und Lage jederzeit die veröffentlichten Jahresabschlüsse Auskunft geben, besteht.

Dazu kommt, daß der Versicherte im Streitfalle gezwungen ist, gegen jeden einzelnen Versicherer der Gruppe, bei der er seine Versicherung untergebracht hat, zu prozessieren, ein Umstand, der bei der bekannten Kostspieligkeit des englischen Prozeßverfahrens schwer ins Gewicht fallen muß.

Da nun diese Einzelversicherer im Verhältnis zu den Versicherungsgesellschaften nur geringe Verwaltungskosten aufwenden müssen, da sie ja den ganzen gewaltigen Apparat einer Gesellschaft — die Kosten der im Internationalen Transportversicherungsverbande zusammengeschlossenen Versicherungsgesellschaften belaufen sich nach der obigen Tabelle auf durchschnittlich 20,92 % der Nettoprämie — nicht bezahlen müssen, so sind sie in der Lage, die Versicherung um ein geringeres Entgelt zu gewähren als die Versicherungsgesellschaften.

Durch den billigeren Preis lassen sich aber viele Kaufleute verleiten, die Versicherung bei Lloyd's zu nehmen, ohne einen Einblick in die Verhältnisse der einzelnen Gruppe zu haben, bei der sie abschließen.

Wie verkehrt dies vom kaufmännischen Standpunkte aus ist, wegen der geringen Ersparnis an Prämie, sich einem völlig unbekannten Versicherer anzuvertrauen, hat schon mancher Geschäftsmann beim Eintritt von Schäden verspüren müssen.

Aus diesem Grunde ist es auch sehr unvorteilhaft für den Kaufmann, die vom Auslande bezogenen Güter „cif“ (d. h. einschließlich cost, insurance, freight — Kosten, Versicherung und Fracht) statt c. f. (d. h. cost, freight) zu kaufen.

Der Verkäufer wird natürlich in solchen Fällen die Versicherung zum billigsten Preise, ohne Rücksicht auf Garantiemittel und Bedingungen des Versicherers, abschließen, und der Käufer muß, da er den Verkäufer nur selten bezüglich der Versicherung vertraglich vorher bindet, sich mit der oft in den Bedingungen unvorteilhaften Versicherung begnügen, wenn er nicht gar im Schadenfalle wegen Zahlungsunfähigkeit des betreffenden Versicherers größere finanzielle Einbußen oder sonstige Nachteile durch einen an die Versicherung sich anschließenden Prozeß erleidet.

Der englische und amerikanische Kaufmann bezieht in der Regel seine Waren im vollen Bewußtsein der dadurch ermöglichten Komplikationen nicht „cif“, sondern „c. f.“; er läßt sich vom Verkäufer die Preisdifferenz zwischen dem Kaufe „cif“ und „c. f.“ herauszahlen und nimmt seine Versicherung bei der Gesellschaft, der er sein Vertrauen schenkt[1])

An dieser Stelle müssen wir aber noch einer anderen wichtigen Frage Erwähnung tun, die vor einigen Jahren sogar Anlaß zu einer Besprechung im Reichstage gegeben hat, die infolgedessen auch in den verschiedensten kaufmännischen Interessenverbänden viel Staub aufgewirbelt hat und die wohl auch so bald nicht mehr von der Tagesordnung verschwinden zu wollen scheint, obwohl die hier am meisten interessierten englischen Versicherer sich alle Mühe gegeben haben, die deutschen Kaufleute durch besondere Erklärungen zu beruhigen.

Es ist dies die Frage der Rechtsstellung deutscher Versicherter im Falle eines Krieges zwischen Deutschland und England.

Als im Jahre 1905 Kriegsgerüchte im Umlauf waren, fanden in der Versicherungsfachpresse sowohl wie in den in den Seeplätzen erscheinenden Zeitungen lebhafte Erörterungen über die Rechtsgültigkeit der mit englischen Versicherern abgeschlossenen Verträge statt. Die hierdurch hervorgerufene Beunruhigung weiter Kreise war derartig groß, daß sich die in Deutschland tätigen englischen Feuerversicherungsunternehmungen veranlaßt sahen, ihren Versicherten die Erfüllung der abgeschlossenen Versicherungsverträge für den Kriegsfall in einem Rundschreiben nochmals ausdrücklich zu versprechen[2]).

In der Sitzung des Deutschen Reichstags vom 19. Februar 1906 lenkte der Abgeordnete Bassermann die öffentliche Aufmerksamkeit auf diese Frage hin.

Hierdurch und im Anschluß an die II. Haager Friedenskonferenz von 1907 wurde diese Angelegenheit in wissenschaft-

[1]) C. Herzog a. a. O. S. 151 ff.

[2]) Vgl. Annalen des gesamten Versicherungswesens Jahrgang 1905 Nr. 37, 38 und 39 und Weser-Zeitung vom 9. August, 3. und 7. September 1905.

lichen Zeitschriften[1]) und Verbänden (Institut de droit international), in den Versicherungsfachblättern[2]) und den Tageszeitungen vielfach weiter erörtert und besprochen.

Die Rechtslage ist danach unbestrittenermaßen folgende:

I. Im Falle eines Krieges mit England sind alle während des Krieges mit Angehörigen eines feindlichen Staates geschlossenen Versicherungsverträge nichtig.

II. Ansprüche aus Versicherungsverträgen, die vor Kriegsausbruch geschlossen sind, sind

a) wenn der Schadenfall erst während des Krieges eintritt, gleichfalls dauernd unklagbar,

b) wenn der Schadenfall vor dem Kriege eingetreten und der Anspruch vor dem Kriegsausbruch fällig geworden ist, während der Dauer des Krieges unklagbar[3]).

Diese Rechtslage wurde auf der diesjährigen Konferenz des Comité Maritime International in Kopenhagen, auf deren Tagesordnung die Gültigkeit von Versicherungsverträgen im Kriegsfalle stand, anerkannt; die auf jener Konferenz durch ihren Präsidenten Sir Edward Beauchamp vertretenen Lloyd's Unterwriters erkannten auf Grund eines Gutachtens ihrer Rechtsbeistände, das auf dem Kongreß verlesen wurde, die Rechtslage gleichfalls, wie sie oben dargestellt ist, an; dagegen bestritten sie, was in den bisherigen Erörterungen in der Zeit vor dem Kongreß vielfach zum Ausdruck gekommen war, daß nach dem Common law ein gesetzliches Verbot, nach welchem der englische Versicherer einen Schaden, der vor oder während des Krieges eingetreten ist, Angehörigen des feindlichen Staates nicht ersetzen dürfe, bestehe. Der englische Versicherer, welcher an einen feindlichen Untertanen zahle, verstoße gegen kein Gesetz und mache sich nicht strafbar (wegen

---

[1]) Josef Kohler: England und die Haager Landkriegsordnung. Zeitschrift für Völkerrecht und Bundesstaatsrecht Bd. V Heft IV S. 384ff.

[2]) Dr. Hans Wehberg: Der Einfluß des Krieges auf Versicherungsverträge Z. f. d. g. V. W. Bd. X S. 511ff

[3]) Vgl. auch: Dr. Hans Wehberg: Deutsch-englische Verträge im Kriegsfalle nach englischem und internationalem Rechte Bank-Archiv Jahrgang XI Nr. 22, Berlin 1912.

Hochverrats). Der Ursprung dieser Rechtssätze[1]) sei in gerichtlichen Entscheidungen aus der Zeit der Napoleonischen Kriege zu suchen. In neuerer Zeit seien diese Fragen zwar niemals vor Gericht erörtert worden, es scheine aber bei den englischen Gerichten eine Neigung gegen die strenge Anwendung dieser Rechtssätze zu bestehen, welche aus einer Zeit stammen, in denen die Bedingungen des internationalen Handels sich wesentlich von denen der Gegenwart unterschieden.

Gleichzeitig gaben die Lloyd's Unterwriters durch ihren Präsidenten unter anderem folgende Erklärung ab: „Die Stellung, welche die englischen Versicherer eingenommen haben und an der sie festzuhalten entschlossen sind, ist, daß sie keinen Seeversicherungsvertrag bestreiten werden, weil er ein feindliches Gut schützt, sondern alle diese Verträge würden in Kriegszeiten so gewissenhaft erfüllt werden wie im Frieden. Für meine Person füge ich hinzu, daß diese Stellung der englischen Versicherer meiner Meinung nach die einzige ist, welche sich mit Ehrbarkeit und gutem Glauben verträgt."

Der Kongreß beschloß einstimmig, daß es wünschenswert sei, wenn über die fraglichen Punkte eine internationale Verständigung erzielt werden könne und setzte eine Kommission ein, deren Aufgabe es sein soll, internationale gesetzliche Bestimmungen vorzubereiten, die die Frage auch rechtlich in einheitlicher Weise für die Seeversicherer aller Länder regeln.

Auch auf dem Madrider Kongreß der International Law Association, der im Oktober dieses Jahres stattfand, stand auf Veranlassung der deutschen Landesgruppe das Thema „Der Einfluß des Krieges auf die Schuldverhältnisse Privater" auf der Tagesordnung. Auch auf diesem Kongreß wurde die Rechtslage, wie oben dargestellt, anerkannt und gleichfalls eine Kommission eingesetzt, welche den eventuellen Einfluß des Krieges auf die Privatverträge prüfen soll. Die von der Kommission vorgeschlagenen Regeln sollen dann einer weiteren Konferenz der International Law Association zur Beschlußfassung unterbreitet werden.

Wie stellen sich nun zurzeit die Verhältnisse dar?

---

[1]) In England gibt es bekanntlich kein kodifiziertes Recht.

Die Rechtslage über den Einfluß eines Krieges auf die Gültigkeit der Verträge ist unbestritten. Die englischen Versicherer erklären, daß sie keine Verpflichtung aus Seeversicherungsverträgen mit Rücksicht darauf, daß diese feindliche Güter decken, zurückweisen. Sie haben diese Erklärung zweifellos in bestem Glauben und mit dem bestimmten Willen, daran festzuhalten, abgegeben.

Ob sie aber imstande sein werden, auf Grund des Common law, ihr Versprechen zu halten, ob sie sich nicht der Gefahr aussetzen, wegen Hochverrats eventuell belangt zu werden, darüber besteht auch heute noch keine Klärung.

Die deutschen Kaufleute, die also Verträge mit englischen Versicherern, die nicht in Deutschland zum Geschäftsbetrieb befugt sind und gleichzeitig eine angemessene Kaution hinterlegt haben [1]), Versicherungsverträge abschließen, müssen sich bewußt sein, daß sie immer mit einem Faktor der Unsicherheit zu rechnen haben [2]).

---

[1]) Von den seit dem Inkrafttreten des VAG. zugelassenen ausländischen Versicherungsgesellschaften wurde jeweils die Hinterlegung einer angemessenen Kaution verlangt; von den zur Zeit des Inkrafttretens des Gesetzes bereits im Deutschen Reiche arbeitenden englischen Gesellschaften hat eine Anzahl freiwillig eine Sicherstellung der deutschen Versicherten durch Hinterlegung einer Kaution in die Wege geleitet.

[2]) Während des Druckes dieser Arbeit wurde die hier behandelte Frage zweimal zum Gegenstand breiterer öffentlicher Erörterungen gemacht. Einmal in der Sitzung der deutschen Vereinigung für internationales Recht vom 1. Dezember in Berlin und das andere Mal in der Sitzung des Deutschen Vereins für Versicherungswissenschaft am 12 und 13. Dezember in Berlin. Die Ergebnisse dieser Besprechungen decken sich mit unseren obigen Ausführungen.

IV. Abschnitt.

Verbände und Statistik.

I. Der Verein Hamburger Assekuradeure[1]).

Schon sehr frühzeitig führten die „gemeinsamen Interessen“ die Versicherer auf den Weg der Vereinbarungen über gewisse Geschäftsgrundsätze, denen sie sich zur Aufrechterhaltung einer gesunden und leistungsfähigen Assekuranz unterwarfen.

Bereits in den letzten Jahrzehnten des 17. Jahrhunderts bestand unter den Versicherern Hamburgs eine Vereinigung zur Förderung ihrer gemeinsamen Interessen. Über ihre Organisation ist uns freilich nichts überliefert; wir kennen nur die Namen ihrer vier Deputierten aus dem Jahre 1687.

Der Zweck der Vereinigung war die Festsetzung gewisser, alle Mitglieder bindender Bestimmungen über die Vertragsbedingungen, um die Konkurrenz der Assekuradeure untereinander zu mindern, die Haftung des Versicherers zu ermäßigen und die Pflichten des Versicherten zu steigern.

Die erste dieser Vereinbarungen kam 1677 zustande und verdankte ihre Entstehung dem schweren Drucke, den die damaligen Kriegszeiten mit ihren großen Verlusten auf die Assekuranzbörse ausübten. Die Vereinbarungen wurden jedesmal auf eine bestimmte Reihe von Jahren eingegangen und vor deren Ablaufe erneuert. Man nannte sie „Vergleiche der Assekuratoren“. Mit dem Ablaufe des letzten dieser uns bekannten Vergleiche aus dem Jahre 1704 am 1. Februar 1707 hören die Spuren einer Organisation unter den Assekuradeuren wieder auf.

---

[1]) Die nachfolgenden Ausführungen sind größtenteils den Werken von Kiesselbach und Plaß entnommen. Siehe näheres bei Kiesselbach S. 34 f., 64 ff., 76 ff., 84 f., 93 ff., 101 ff. und bei Plaß S. 541 ff.

Im Jahre 1797 wurde der heute noch bestehende „Verein hamburgischer Assekuradeure“ gegründet, dem bald alle Bevollmächtigten der Hamburger Seeversicherungsgesellschaften und sämtliche Privatassekuradeure beitraten.

Nach dem abschriftlich im Archiv des Vereins aufbewahrten Statut von 1797 war sein Zweck „Mitteilung der da und dort erhaltenen neuen Nachrichten von Vorfällen und Ereignissen, die das Geschäft angehen; gemeinschaftlicher Gebrauch der mit zu diesem Behuf angeschafften öffentlichen auswärtigen Blätter und unterhaltende freundschaftliche Beredungen über manche vorkommende besondere Fälle, die auf den Gang des Geschäftes einwirken oder doch durch Austausch der Meinungen darüber demselben nützlich werden können“. Als eine seiner vornehmlichsten Aufgaben sah es der Verein an, Anregungen zur Hebung der Verkehrsinteressen zu geben: Für die Verbesserung des Fahrwassers, insbesondere auf der Elbe, für die erste Ausbildung der Telegraphie und für viele andere Verbesserungen im Schiffsverkehr hat er nicht nur wiederholt Anlaß gegeben, sondern auch Opfer gebracht. Für die Erzielung eines einheitlichen Seeversicherungsrechts sind die im Verein ausgebildeten Geschäftsgebräuche vielfach die Grundlage der einzelnen Bestimmungen geworden.

Auch die Schiffsbesichtigung zog der Verein in den Kreis seiner Aufgaben und stellte für diesen Zweck einen besonderen Schiffsbesichtiger an, bis sich später dessen Tätigkeit als unzureichend erwies und die an allen Hafenplätzen vertretenen großen Klassifikationsgesellschaften diese Arbeit übernahmen.

Ferner gehört zu seinen wichtigsten Aufgaben die Pflicht, an allen in Betracht kommenden Hafenplätzen Korrespondenten und Havarieagenten zu unterhalten. Diese haben die Aufgaben, gegen Entgelt die Interessen der hamburgischen Seeversicherungsgesellschaften bei vorkommenden Seeschäden und Havarien wahrzunehmen [1]) und namentlich auch die für das Seeversicherungsgeschäft dienlichen Nachrichten auf dem schnellsten Wege zu übermitteln.

---

[1]) Instruktion für die überseeischen Vertreter des Vereins Hamburger Assekuradeure (Havariebureau).

Dem Verein gehörten von Anbeginn an nur Bevollmächtigte Hamburger Seeversicherungsgesellschaften und Hamburger Privatversicherer an; seit dem Auftreten auswärtiger Gesellschaften in Hamburg herrschte bei den Vertretern dieser Gesellschaften der Wunsch, ebenfalls im Verein mitzuwirken. Ein hierauf bezüglicher Antrag wurde jedoch im Jahre 1861 abgelehnt. Als dieser im Jahre 1864 wiederholt wurde, lehnte man ihn materiell wieder ab, ermächtigte indes den Vorstand, die auswärtigen Vertreter bei Havariebesprechungen mit heranzuziehen. Bis zum Jahre 1882 beruhigte man sich bei diesem Zugeständnis, dann kam die Frage der Aufnahme der auswärtigen Vertreter von neuem in Anregung.

Um einerseits den Wünschen dieser entgegenzukommen, andererseits ihren alten Verein für sich zu bewahren, errichteten die Hamburger Assekuradeure eine selbständige Zweigabteilung des Vereins unter dem Namen „Havariebureau“ und boten dadurch den Vertretern auswärtiger Gesellschaften gemeinsame Wahrnehmung der Interessen in Schadenfällen.

Am 1. Februar 1886 erfolgte die Eröffnung des Havariebureaus.

Sein besonderes Augenmerk richtete der Verein, allerdings jahrzehntelang mit geringem Erfolge, den Vereinbarungen über die Bemessung der Prämien zu. Bereits im Jahre 1814 waren Versuche nach dieser Richtung gemacht worden. 1821 entschlossen sich die Assekuradeure wegen des anhaltenden Sinkens der Prämien in den Jahren 1819 und 1820 zu einen „Prämienverein“ zusammenzutreten und die Prämie zu tarifieren. Von langem Bestande scheint indessen diese Vereinigung nicht gewesen zu sein. Einen neuen Anstoß gab der niedrige Stand der Prämien und die drohenden politischen Gefahren im Jahre 1831; es wurden nun namentlich die Prämien für die Reisen, für welche Kriegsgefahr in Betracht kam, festgesetzt. Schon nach ein und einhalb Monaten wurde indessen die Prämientarifierung wieder eingestellt. Nachdem im Dezember 1841 die Angelegenheit im Verein wieder angeregt worden war, wurde 1842 von neuem mit der Vereinbarung der Prämiensätze begonnen, aber auch dieses Mal war die Einrichtung nicht von langer Dauer. Ein Fortschritt zeigte sich bei der Wiederaufnahme der Prämientarifierung im Jahre 1846, indem die Assekuradeure sich durch Beschluß vom 31. März 1846 auf ein Jahr bei Konventionalstrafe verpflichteten, nicht zu niedrigeren Prämien, als den im Tarife bestimmten, abzuschließen. Zu einer Erneuerung dieses Beschlusses nach Ablauf des Jahres ist es jedoch nicht gekommen.

Auch die in den sechziger Jahren des vorigen Jahrhunderts innerhalb des Vereins gemachten Anregungen auf Festsetzung von Minimalprämien stießen teils auf schroffen Widerstand, teils konnten sie, soweit sie zu einer praktischen Gestaltung führten, nicht strikte durchgehalten werden.

Bei der damals bereits bestehenden Konkurrenz der vielen auch in Hamburg tätigen auswärtigen Gesellschaften bedurfte es erst eines auf internationaler Grundlage bestehenden Übereinkommens, ehe man mit größerem Erfolge an die Aufgabe einer durchführbaren und wirksamen Prämientarifierung herangehen konnte. Dieses Übereinkommen wurde infolge der scharfen Konkurrenz der verschiedenen Assekuranzbörsen untereinander und der Teilnahme ein und derselben Gesellschaft an dem Geschäfte verschiedener Versicherungsmärkte in Gestalt des Internationalen Transportversicherungsverbandes im Jahre 1874 von einer großen Zahl deutscher, österreichischer, schweizer, russischer und anderer Gesellschaften geschlossen. Bereits in der ersten ordentlichen Generalversammlung dieses Verbandes wurde folgender Beschluß gefaßt:

„Die von den Seeplätzen von den daselbst zu errichtenden Lokalverbänden aufzustellenden Minimalprämientarife, an deren Aufstellung auch die daselbst bestehenden, nicht zum Verbande gehörigen Platzgesellschaften möglichst zu beteiligen sind, sollen für alle Mitglieder des Verbandes obligatorisch sein."

Dieser Beschluß hat sich jedoch als verfrüht erwiesen und wurde einstweilen durch einen Beschluß vom Jahre 1881 ersetzt, der dahin ging, sogenannte informatorische Prämientarife auszuarbeiten. In Angriff genommen werden sollte neben einer Reihe von allgemeinen Tarifen ein sogenannter Hamburger Platztarif, welcher die für das Hamburger Geschäft, und zwar nur für Warenversicherungen in Frage kommenden Prämien feststellte.

Der Verein Hamburger Assekuradeure begann alsbald die Aufstellung dieses Lokalprämientarifs und bereits im Herbst 1882 konnte derselbe der Generalversammlung des Verbandes vorgelegt werden.

Aber die Konkurrenz der außerhalb des Verbandes stehenden Gesellschaften brachte es bald dahin, daß der nicht „obligatorische“, sondern nur „informatorische“ Hamburger Platztarif seinen Wert völlig verlor.

Im Jahre 1890 gingen die im Vereine „Havariebureau Hamburger Assekuradeure“ vereinigten Versicherer und die Assekuranzmakler neuerdings daran, einen Hamburger Platztarif für gewisse Reisen, und zwar nur für Güterversicherungen aufzustellen. Der Hamburger Platztarif trägt zwar die Aufschrift „Konditionen und Prämien zur laufenden Police“, die darin festgesetzten Prämien gelten jedoch auch für Versicherungen einzelner Reisen. Dieser Tarif wurde im Gegensatz zu dem früheren als bindend für die Versicherer erklärt.

Alljährlich tritt auch heute noch eine aus Vertretern der Versicherer und Assekuranzmakler gebildete Kommission zusammen, um an dem Tarife die nach den im jeweilig letzten Jahre gesammelten Erfahrungen erforderlichen Abänderungen vorzunehmen.

Der Tarif enthält in erster Linie Prämiensätze auf transatlantische Reisen zwischen Europa einerseits und den verschiedenen Teilen Amerikas, Afrikas, Australiens, sowie China und Japan und den Philippinen andererseits[1]).

Prämientarife für Kaskoversicherungen haben sich infolge der Verschiedenheit dieser Risikos in größerem Umfange nicht aufstellen lassen. Um indessen auch für Kaskoversicherungen einem unverhältnismäßigen Prämiendruck entgegenzuarbeiten besteht unter den Hamburger Assekuradeuren ein Abkommen, nach welchem die Prämie von einem aus mehreren Versicherern bestehenden Komitee bestimmt wird, und nach welchem kein Hamburger Versicherer eine Police zeichnet, bevor sie nicht von einem Komiteemitglied gezeichnet und dadurch die Prämie festgesetzt ist.

---

[1]) Näheres siehe Kiesselbach, a. a. O., S. 106f.

II. Der Verein Bremer Seeversicherungsgesellschaften und der Verein Lübecker Seeversicherer[1].

Als im Jahre 1818 in Bremen bereits fünf Seeassekuranzkompagnien bestanden und dort eine sechste gegründet werden sollte, taten sich die Gesellschaften zusammen und gründeten den ersten „Versicherungsverein“, der den Interessenten die Verpflichtung auferlegte, sich bei keiner weiteren Assekuranzkompagnie zu interessieren, weil die derzeit bestehenden fünf Versicherungsinstitute für die Seegeschäfte ausreichend befunden wurden.

Es war also lediglich der Ausschluß der weiteren Konkurrenz, den der „Verein Bremer Seeversicherungsgesellschaften“ anstrebte. Um dem durch diesen Zusammenschluß geschaffenen Übergewichte der Gesellschaften entgegenzutreten, gründeten die in Bremen vorhandenen Privatassekuradeure, deren Zahl sich damals auf etwa 15—20 belief, verschiedene „Vereine von Privatassekuradeuren“ (1827 und 1836).

Geschichtliches Material über die Tätigkeit dieser Bremer Vereine ist uns nicht erhalten. Zweifellos ist aber die Schaffung der „Bremer Seeversicherungsbedingungen“, die am 1. Januar 1854 in Kraft traten und im Jahre 1875 als „Versicherungsbedingungen der bremischen Seeversicherungsgesellschaften“ revidiert worden sind, ihr Werk.

Der „Verein Bremer Seeversicherungsgesellschaften“ wurde im Jahre 1880 wegen innerer Zerwürfnisse aufgelöst und in demselben Jahre wurde ein neuer Verein unter dem bisherigen Namen ins Leben gerufen.

Als Zweck bezeichnet sein Statut „den gemeinschaftlichen Interessen der hiesigen Seeversicherer einen Mittelpunkt und eine Vertretung zu bieten, die schleunige Ergreifung von zweckdienlichen Maßregeln in Havariefällen, sowie die Aufrechterhaltung einer gewissen Ordnung im Versicherungsgeschäft des hiesigen Platzes zu ermöglichen.“

---

[1]) Plaß, a. a. O, S. 516ff. und 535.

In gleicher Weise, wie der „Verein Hamburger Assekuradeure“ unterhält der Bremer Verein an allen wichtigen Hafenplätzen Agenten, welche die Interessen der Bremer Versicherer, namentlich in Havariefällen, vertreten[1]).

Der Verein bearbeitet die Havariesachen für seine Mitglieder und stellt Prämientarife auf. Für letztere Aufgabe sind Kommissionen eingesetzt, und zwar für Waren (exklusive Baumwolle), für Baumwolle und für Kasko.

Auch Bremen hat, wie Hamburg, seit 1891 einen bindenden Platztarif für gewisse Reisen.

An der Lübecker Börse besteht seit dem Jahre 1888 gleichfalls ein „Verein Lübecker Seeversicherer“, dem außer der einzigen heimischen Kompagnie, 23 auswärtige Versicherungsgesellschaften und Versicherer beitraten. Der Hauptzweck des Vereins besteht in gemeinsamen Maßnahmen in schweren Havariefällen.

III. Der Internationale Transportversicherungsverband.

Auf eine am 10. Juli 1873 erfolgte Anregung zweier deutscher Transportversicherungsgesellschaften, der „Fortuna“ in Berlin (Direktor Buschius) und des Rheinisch-Westfälischen Lloyd in M.-Gladbach (Direktor Kley) traten am 11. Januar 1874 in Berlin 31 Gesellschaften deutscher, österreichischer, schweizer, russischer usw. Nation zu dem Internationalen Transportversicherungsverband zusammen.

Heute zählt der Verband nach dem Berichte des Ausschusses für die ordentliche Generalversammlung 1913 114 Mitglieder sämtlicher europäischer Staaten mit Ausnahme Englands.

Wenn auch in den letzten Jahren infolge des allgemein schlechten Verlaufs des Transportversicherungsgeschäfts eine gewisse Annäherung der englischen Versicherer an den Internationalen Transportversicherungsverband eingetreten ist, die auch darin zum Ausdruck kommt, daß die verschiedenen in Eng-

[1]) Instruktion für die überseeischen Vertreter des Vereins Bremer Seeversicherungsgesellschaften.

land bestehenden Vereinigungen von Versicherern zu den Generalversammlungen des Internationalen Transportversicherungsverbandes Vertreter entsenden, so haben sich doch die englischen Versicherer bisher des Beitritts zum Verbande enthalten. Damit ist aber die Durchführung einer Reihe von Verbandsbestrebungen, die auf die Verbesserung der Notlage des Transportversicherungsgeschäfts abzielen, gehemmt und erschwert[1]).

Das Statut des Internationalen Transportversicherungsverbandes ist im Jahre 1881 revidiert worden und bezeichnet als allgemeinen Zweck des Verbandes die Vertretung, Wahrung und Förderung der Interessen des gesamten Transportversicherungswesens. Als besondere Zwecke hat er sich folgende Aufgaben gestellt:

1. Aufbesserung der Prämien;
2. die Redaktion angemessener Versicherungsbedingungen;
3. die Durchführung angemessener Schadenregulierungsgrundsätze;
4. den Erlaß sachgemäßer Gesetze anzuregen;
5. die Förderung der Statistik;
6. die Verbindung mit anderen gleiche Zwecke verfolgenden Vereinen anzustreben;
7. die Herbeiführung bestmöglicher freundschaftlicher Kollegialität unter seinen Mitgliedern.

Der Verband, der zurzeit zur Bewältigung seiner Aufgaben 47 Kommissionen gebildet hat, hat in den 40 Jahren seines Bestandes eine umfassende Tätigkeit auf allen Gebieten, die er sich als Arbeitsfeld erkoren hat, ausgeübt.

Was in erster Linie die Aufbesserung der Prämien anbetrifft, so haben die Ansichten über die Zweckmäßigkeit und Durchführbarkeit der Aufstellung von Prämientarifen, namentlich verbindlicher Natur, unter den Verbandsgesellschaften mit Rücksicht auf die internen sowohl, als auch auf die internationalen Verhältnisse vielfach geschwankt. Seit dem Jahre 1890 hat man jedoch mit der Aufstellung von obligatorischen Tarifen angefangen (siehe S. 213 und 215) und hat seit dieser Zeit eine stattliche Reihe von solchen Tarifen, namentlich für be-

[1]) Ein Verzeichnis der Vereine der Seeversicherer der übrigen Länder ist im Seeversicherungsjahrbuch 1913 S. 225ff. enthalten.

stimmte Warensendungen (Baumwolle von den Vereinigten Staaten nach Italien, Salpeterladungen von der Westküste Südamerikas, Holz von Häfen des Adriatischen Meeres usw.) aufgestellt und durchgeführt.

Auf dem Gebiete der Regelung der Versicherungsbedingungen hat der Verband bisher eine ganz besondere Tätigkeit entfaltet.

Neben der Bearbeitung der allgemeinen Versicherungsbedingungen, namentlich durch Aufstellung eines einheitlichen binnenländischen Formulars für die Versicherung von Gütertransporten zur See (siehe Anlage B S. 107 ff.), sowie von neuen einheitlichen Generalpoliceformularen für Warenversicherungen in Hamburg (siehe Anlage K S. 169 ff.) und eines Einzelpoliceformulars für Kasko-, Zeit- (siehe Anlage H S. 162 ff.) und Reiseversicherungen (siehe Anlage G S. 157 ff.) widmete sich der Verband in eingehender Weise der Regelung von besonderen Versicherungsbedingungen (Spezialpoliceklauseln), wie z. B. bezüglich des Diebstahlrisikos, der Kriegsgefahr, der Eisgefahr, der Lichtergefahr, des Risikos der Deckladung, namentlich in der Holzfahrt, usw. usw.

Bezüglich der Durchführung angemessener Schadenregulierungsgrundsätze ist besonders zu erwähnen die Mitwirkung des Verbandes bei der Aufstellung der York and Antwerp Rules 1890.

Durch die Mitgliedschaft in einer Reihe wissenschaftlicher Korporationen, die auf den Erlaß einheitlicher internationaler Gesetze abzielen, wie z. B. der International Law Association in London und des Comité Maritime International in Brüssel sowie durch die rege Beteiligung an den Bestrebungen derselben hat der Verband von jeher seinen beratenden Einfluß auf die Gesetzgebung auszuüben gesucht.

Auch auf den Erlaß von Spezialgesetzen einzelner Länder hat er durch Gutachten und Eingaben einzuwirken verstanden.

Einer ganz besonderen Ausführung bedürfen die Bestrebungen und Leistungen des Verbandes auf dem Gebiete der Statistik. Der Aufstellung einer umfangreichen Prämienbedarfsstatistik ist anfänglich eine große Bedeutung beigelegt worden. Man hat aber bald eingesehen, daß die damit verbundene Arbeit und die Kosten nicht im richtigen Verhältnisse zu dem wirklichen Nutzen stehen würden und hat das Projekt fallen lassen. Die Veränderungen in den das Seeversicherungswesen betreffenden und beeinflussenden Verhältnissen folgen in so kurzen Zeiträumen aufeinander und sind großenteils so einschneidender und grundlegender Art, daß eine solche Ziele verfolgende Statistik bis zur jeweiligen Fertigstellung längst durch die Umgestaltung der Verhältnisse überholt und deshalb wertlos wäre (vgl. S. 183ff.). Später ist dann für einzelne notleidende Geschäfte der Gedanke wieder aufgenommen worden, und es wird jetzt seit einer langen Reihe von Jahren eine Prämienbedarfsstatistik für Beziehungen von Rohbaumwolle aus den Vereinigten Staaten Amerikas nach Europa und für Beziehungen von Rohbaumwolle und Jute von Ostindien nach dem Mittelländischen und Adriatischen Meere sowie nach der Nordsee im Verbandsbureau angefertigt. Aber auch dieser Statistik ist kein großer Wert beizumessen, weil von den einzelnen Gesellschaften das Geschäft nach ganz verschiedenen Prinzipien gemacht wird und es sehr darauf ankommt, ob die Baumwolle an Händler kommt oder ob sie direkt der Fabrik versichert wird.

Man hat auch versucht, eine Routenstatistik einzurichten, um zu sehen, wie sich das Geschäft auf den einzelnen Routen ganz unabhängig von den verschiedenen Waren, die auf der Route verladen werden, gestaltet. Auch diese Statistik hat keinen Wert, weil durch die Einstellung von neuen Dampferlinien u. dgl. sich das Risiko mit einem Schlage gänzlich verändern kann.

Eine von e i n z e l n e n Gesellschaften geführte Statistik, die wir an dieser Stelle gleich miterwähnen wollen, kann mit Rücksicht auf den immerhin beschränkten Kreis des ihnen zur Verfügung stehenden eigenen geschäftlichen Materials und aus den oben auseinandergesetzten Gründen der raschen Veränderlichkeit der gesamten Verhältnisse, natürlich noch weniger den Zwecken der P r ä m i e n e r m i t t l u n g dienen, wie die Verbandsstatistik dies getan haben würde. Für die Prämienermittlung in der Seeversicherung spielt eben nicht die Statistik, wie für andere Versicherungszweige, eine ausschlaggebende Rolle, sondern ausschließlich die Erfahrung und ein aus dieser hervorgehendes richtiges Gefühl für die Angemessenheit der Prämie.

Die Einzelgesellschaften beschränken sich deshalb in der Regel, soweit sie überhaupt Statistik treiben, auf die sogenannte Kundenstatistik, d. h. sie verfolgen das Geschäft der einzelnen Kunden in der Weise ganz genau, daß sie die Prämien und Schäden, welche jede Police liefert, aufzeichnen und danach ihre Entschließungen bezüglich Fortsetzung oder Aufhebung der Versicherung oder bezüglich der Erhöhung der Prämien fassen. Aber auch diese Statistik muß sehr vorsichtig gehandhabt werden, weil auch in dem Geschäfte der einzelnen Kunden, durch Änderung der Beziehungen, Änderungen des Risikos eintreten, die berücksichtigt werden müssen. Ein Kunde z. B., der bisher nur nach England und nach dem Norden verschifft hat, kann plötzlich ein ungünstiges Geschäft liefern, wenn derselbe Verschiffungen nach der Levante aufnimmt, die, was Partikularhavereien anbetrifft, als sehr ungünstig angesehen werden müssen.

Einzelne Gesellschaften machen sich auch besondere Übersichten über eine bestimmte Rhederei, oder ein besonderes Geschäft, wie z. B. Salpeter in Seglern von der Westküste Südamerikas oder Holz innerhalb der Ostsee auf unklassifizierten Seglern usw., ferner kommt noch in Frage eine Statistik über gewisse Agenten und Rückversicherungsverbindungen. Jedenfalls spielt auch bei den Einzelgesellschaften die Statistik wegen der Unsicherheit ihrer Resultate eine untergeordnete Rolle.

Auch eine Statistik über die an Bord der Schiffe und in den Häfen (während des Ladens und Löschens und in den Zoll- und Lagerhäusern) vorgekommenen Feuerschäden wird vom Verbande geführt, seitdem die Zahl solcher Schäden in beängstigender Weise zugenommen hat (Anfang dieses Jahrhunderts), wobei bezüglich der ersteren den sogenannten Bunkerbränden, bei denen die Selbstentzündung der alten Rückstände (Kohlengrus) eine große Rolle spielt, ein besonderes Augenmerk geschenkt wird.

Auch eine Aufstellung über die Resultate des deutschen Seekaskogeschäfts ist vom Verbande den Mitgliedern geliefert worden (1910).

Daneben läuft eine Seeunfallstatistik. Es wird über jeden einzelnen in den Seezeitungen gemeldeten Seeunfall eine Karte angelegt, welche alle zugänglichen Einzelheiten enthält. Daraus wird monatlich und jährlich je eine Übersicht, umfassend die Art der Unfälle (Totalverluste der Dampfer und Segler sowie Beschädigungen der Seeschiffe) und die Ladung zusammengestellt und den Verbandsgesellschaften übersandt. Ferner erscheint im Verlage des Verbandes ein Handbuch für deutsche Handelsdampfer, in welchem unter anderem bei jedem einzelnen Schiffe die Unfälle angeführt sind, von denen es im Laufe der Jahre betroffen worden ist (siehe S. 102).

Endlich wird aus den Jahresberichten der Gesellschaften eine statistische Übersicht angefertigt, welche die Bruttoprämien, die Rückversicherungsprämien, die Nettoprämien, die bezahlten und reservierten Schäden, die Provisionen und Kosten, die Erhöhungen der Prämienreserven und den Gewinn oder Verlust angibt[1]).

Ebenso, wie die übrigen Vereinigungen von Seeversicherern (siehe S. 210 und 215), unterhält der Internationale Transportversicherungsverband an allen wichtigen Hafenplätzen Agenten, die die Interessen seiner Mitglieder, namentlich in Havariefällen, vertreten[2]).

IV. Die Internationale Vereinigung der Seeversicherer.

Am 18. bis 20. September 1900 trat in Paris eine Konferenz von Seeversicherern zusammen, die sich namentlich mit den Fragen der übereinstimmenden internationalen Regelung des Lagerrisikos, des Kriegsrisikos, des Diebstahlrisikos und der Haftung der Rheder aus den Konnossementen beschäftigte. Eine „Commission Permanente“, die aus Delegierten aller Länder

---

[1]) Ein kurzer Überblick über die Statistik des letzten Jahrzehnts bezüglich der Ergebnisse der Transportversicherung, der Totalverluste nach Schadensursachen und nach Ladungen sowie der Feuerschäden findet sich im Seeversicherungsjahrbuch 1913 S. 228 ff.

[2]) Instruktionen für Havariekommissare aufgestellt vom Internationalen Transportversicherungsverband. Seeversicherungsjahrbuch 1913 S. 76 ff.

bestand, wurde mit der Aufgabe betraut, die in Paris gefaßten Resolutionen in die Praxis der verschiedenen Länder einzuführen. Diese Kommission ist im Laufe der nächsten Jahre wiederholt zusammengetreten und ist auch schriftlich in Fühlung mit den einzelnen Ländern geblieben. Sehr erschwert wurden aber die Arbeiten der „Commission Permanente“ durch den Umstand, daß derselben eine feste Organisation nicht gegeben wurde. In einer Sitzung von Vertretern der Seeversicherer aller Länder am 16. September 1911 in München wurde deshalb beschlossen, die Gründung einer Internationalen Vereinigung der Seeversicherer anzustreben, der es obliegen sollte, alle Fragen internationalen Charakters, welche für die Seeversicherung von Bedeutung sind, zu studieren und einer gemeinsamen Behandlung seitens der Versicherer aller Länder zuzuführen[1]).

Von der Versammlung wurde eine Kommission eingesetzt, die einen Statutenentwurf ausarbeitete und allen beteiligten Vereinen und Versicherungsgesellschaften vorlegte. Auf Grund dieses Entwurfs wurde dann am 28. November 1911 in Paris die „Internationale Vereinigung der Seeversicherer“ in einer Versammlung von über 150 Vertretern der Seeversicherer aller europäischen Länder gegründet.

In der Versammlung kam es zu einer Verständigung über die Behandlung des Lagerrisikos am La Plata und die Schaffung einheitlicher Kriegsklauseln[2]).

V. Der Zentralverband der Privatversicherung.

Am 24. Januar 1911 schlossen sich in Berlin alle in Deutschland bestehenden Privatversicherungsverbände zu einem Zentralverband zusammen unter dem Namen „Vereinigung der deutschen Privatversicherung“ und mit dem

[1]) Vgl. Protokoll der 49. Generalversammlung des Internationalen Transportversicherungsverbandes vom 18 bis 20. September 1911 S. 68 ff.

[2]) Die Satzungen, die Mitglieder der „Commission Permanente“, die Mitglieder und die Korrespondenten der Vereinigung und das Abkommen, betreffend Lagerrisiko am La Plata, siehe Seeversicherungsjahrbuch 1913 S. 8 ff.

Zweck der Wahrung und Förderung der Interessen der gesamten Privatversicherung.

Da der Name der Vereinigung Anlaß zu Verwechslungen mit andern Privatversicherungsverbänden gab, beschloß die Generalversammlung am 11. Januar 1913 die Annahme des Namens „Zentralverband der Privatversicherung“.

Eine für die Seeversicherung bemerkenswerte Tätigkeit hat der Verband bisher nicht entfaltet.

Sachregister.

Die Zahlen verweisen auf die Seiten.

A.

Abandon 74 ff.
Abonnementspolice 156 ff.
Abschreibepolice 156.
Allgemeine Seeversicherungsbedingungen von 1867 41, 86, 106.
Andienung 87.
Anzeigepflicht bei Unfällen 82.
Assekuranzkompagnien 30 ff.
Assekuranzmakler 62.
Aufhebung der Versicherung 88 ff.
Ausbesserungskosten 77.

B.

Bagatellschäden 105 f.
Baratterie 58.
Beckengelder 54.
Beibuch 180.
Berliner Assekuranzkompagnie 32, 35.
Beschränkung der Haftung, vertragsmäßige 59.
Besichtigungsurkunde 83 f.
Binnentransportversicherung 32.
Bodmerei, Definition 45.
Bodmereigelder 45 f.
Bureau Veritas 94 f.

C.

Cabotage 97.
Chartepartie, Definition 64.

D.

Dauer der Versicherung 68 ff.
Deckungsversicherung 90.
Deklarationspflicht des Versicherten 180, 182.
Dekortfranchise 128 f.
Dispache 61 ff., 86.
Doppelversicherung 51.

E.

Einzelassekuradeure 29, 31.
Einzelpolice 156.
Embargo 75.
Exzedentenfranchise 128 f.
Exzedentenrückversicherungsvertrag 148 ff.

F.

Fälligkeit der Prämie 49.
Foenus nauticum 8.
Flußmaximaltabelle 141.
Frachtgelder 45, 70.
Franchisenklausel 106.
Franchisentabelle 106, 120.

G.

Gefahr, Umfang der 57 ff.; Geschichtliches 52 ff.; Beginn und Ende der G. bei Reiseversicherungen 69 ff., bei Zeitversicherungen 71 ff.; Teilung u Verteilung der G. 137 ff.
Gefahrenrückversicherung 155.
Gegenstand der Seeversicherung 42 ff.
Generalpolice 156 ff., 181 ff.
Generalpolicebuch 180.
Gerichtsstand 119.
Germanischer Lloyd 95.

Geschichtliche Entwicklung der Transportversicherung 1ff.
Gewinn, erwarteter 46.
Güterversicherung 49, 92, 131, 135.

H.

Haftung des Versicherers 51, 57ff.; vertragliche Beschränkung der H 59, 129ff.; gesetzl Beschränkung der H. 66f., 105.
Hamburger Assekuranzkompagnie 32ff
Havarieagent 210.
Havariebureau Hamburger Assekuradeure 211, 213.
Havariekommissar 62.
Haverei, große 60ff; besondere H. 73; kleine H. 73.
Havereigelder 45f.
Heuerforderung 47f.

I.

Imaginärer Gewinn 46, 59, 69.
Individualisierung des Risikos 92ff
Inkrafttreten des Seeversicherungsvertrages 49.
Integralzahlung 128.
Interessen, versicherbare 44ff.
Internationaler Transportversicherungsverband 212.
Internationale Vereinigung der Seeversicherer 220f.

K.

Kargoversicherung 53.
Kaskoversicherung 49, 52, 92, 131, 135
Klassenzeichen 96f.
Klassifikation der Schiffe 92ff.
Klassifikationsinstitute 94ff.
Klassifikationsregister 93ff, 100.
Klassifikationstabelle 98.
Klauseln, welche den Umfang der Gefahr einschränken 129ff.
Kondemnation 77.
Konnossement, Definition 64; durchgehendes K. 36f.
Konnossementsklausel 200.
Konvoischiff 28, 56.
Krieg, Wirkungen des K. auf die Versicherungsverträge 205ff.
Kumulierung von Risiken 148f.
Küstenfahrt 97.

L.

Landtransportversicherung 35f.
Leichterung 60.
Lex Rhodia de iactu 6, 61.
Lloyd's Register of British and Foreign Shipping 93.

M.

Maximalkontrolle 149.
Maximaltabelle 139ff.
Minimalprämientarif 212.

N.

Nothafelung 61.

O.

Offene Police 51.

P.

Partialschäden 76f.; Berechnung des Schadens bei P. 80.
Pauschalpolice 156.
Pecunia traiecticia 8.
Pflichten des Versicherten im Versicherungsfalle 81ff.
Police, Verpflichtung zur Ausstellung einer P. 50; offene P. 51; taxierte P. 52; Einzelpolice und laufende P. 156ff.
Police d'honneur 43.
Polbildung 155.
Prämie, Fälligkeit 49.
Prämienbewegung in der Seeversicherung 183ff.
Prämientarifierung 211ff.
Preußische Neue Assekuranzkompagnie 33.

Priorität des Erstversicherers 154.
Provision 47, 59, 69.

Q.

Quotenrückversicherungsvertrag 150ff.; Arten des Q. 154f

R.

Reiseversicherung 68ff.
Reparaturunfähigkeit 77.
Reparaturunwürdigkeit 77.
Retrozession 47.
Rhodia, lex, de iactu 6, 61.
Risiko, durchgehendes 70.
Ristorno 88f.
Ristornogebühr 88f.
Routendeckung 148.
Rückversicherung 46f., 139ff., 155; R. der Rückversicherung 47
Rückversicherungsabkommen 151.
Rückzahlung der Prämie 88ff.

S.

Schaden, direkter und indirekter 58f.
Schadensberechnung 86.
Schiffsklassifikation 92ff.
Schiffslisten 93ff.
Schiffswurf 60.
Seedarlehn 8ff.
Seemaximaltabelle 140.
Seeunfallstatistik 219f.
Seeversicherung, Gegenstand der S. 42ff.; Vertragsparteien bei der S. 48ff.
Seeversicherungsgesellschaften 30ff.
Seeversicherungspolice 157, 162; S. auf Güter 106, 123
Serienbildung 122; nach Originalnummern 122; nach Landungsnummern 122, 127.
Sklavenkasse 54.
Statistik 217ff.
Strandungsklausel 129f.
Streitigkeiten, Gerichtsstand bei 119.
Stromversicherungsgeschäft 35.
Summenrückversicherung 155.

T.

Tabelle für die Serieneinteilung 121f.
Tagebuch des Schiffers 83.
Tarifierung der Prämien 211ff.
Taxation 83f.
Taxationsurkunde 83f.
Taxenbildung s. Serienbildung.
Taxierte Police 52.
Totalschaden, Totalverlust 73f.
Transport, durchgehender 36f
Transportversicherung, geschichtliche Entwicklung der 1ff.; allgemeine T. 36ff.
Transportversicherungsverband, internationaler 212, 215ff.

U.

Überfahrtsgelder 45, 70f.
Überversicherung 51, 89.
Umfang der Gefahr 57ff.; Geschichtliches 52ff.; U. des Schadens 72ff.
Unterversicherung 51.
Urkunden, die als Belege zum Nachweis eines entstandenen Schadens dienen 83.

V.

Veräußerung der versicherten Sache 90.
Verbände von Seeversicherungsgesellschaften 209ff.
Verein Bremer Seeversicherungsgesellschaften 214f.
Verein Hamburger Assekuradeure 209ff
Vereinigung, internationale, der Seeversicherer 220f.
Verein Lübecker Seeversicherer 215.
Verjährung 91, 119.
Verklarung 83.
Versicherungsdarlehn 11ff.
Versicherungsdauer 68ff.
Versicherungsheft 178ff.
Versicherungsjournal 178ff.
Versicherungsprämie 47, 49.
Versicherungssumme 50f.

Versicherungswert 43, 51.
Vertragsparteien bei der Seeversicherung 48.

W.

Wettassekuranzen 43.
Wiederbesichtigungsperiode 96.

Y.

York-Antwerp Rules 64f.

Z.

Zahlungsunfähigkeit des Versicherers 90, des Versicherungsnehmers 90.
Zeitversicherung 68, 71f.
Zentralverband der Privatversicherung 221f.

Druck von C. Schulze & Co, G. m. b H, Gräfenhainichen.

FSC
www.fsc.org
MIX
Papier | Fördert gute Waldnutzung
FSC® C083411

Kolibri 360 GmbH
Ferdinand-Jühlke-Straße 7
99095 Erfurt, Deutschland
produktsicherheit@kolibri360.de